CERATI

La biografía

Juan Morris

CERATI

La biografía

Grijalbo

Cerati
La biografía

Primera edición en Argentina: agosto, 2015
Segunda edición en Argentina: agosto, 2015
Primera edición en México: septiembre, 2015

D. R. © 2015, Juan Morris

D.R. © 2015, Random House Mondadori S.A.
    Humberto I, 555, Buenos Aires.
    www.megustaleer.com.ar

D. R. © 2015, derechos de edición para México y América Central
    en lengua castellana:
    Penguin Random House Grupo Editorial, S.A. de C.V.
    Blvd. Miguel de Cervantes Saavedra núm. 301, 1er piso,
    colonia Granada, delegación Miguel Hidalgo, C.P. 11520,
    México, D.F.

www.megustaleer.com.mx

Comentarios sobre la edición y el contenido de este libro a:
megustaleer@penguinrandomhouse.com

ISBN 978-607-313-771-3

Impreso en México/*Printed in Mexico*

"El niño se había alejado de su madre, dando bandazos por el pasto en dirección a la estructura de juegos. Su madre lo vio marcharse, orgullosa, conmovida, sin saber que cada vez que se alejaban de ti tambaleándose, volvían un poco cambiados, diez segundos mayores y más cerca del momento en que te dejaban para siempre. Igual que los pescadores de perlas cuando se entrenan, que cada vez que se sumergen pasan unos segundos más debajo del agua."

Telegraph Avenue, MICHAEL CHABON

1. Última vez

—¿Dije muchas estupideces?

Sentado en el sillón del camarín, Gustavo Cerati fumaba un Jockey suave largo y miraba su teléfono con ansiedad. Todavía tenía puesto el traje blanco que había usado en el show. Era la medianoche del sábado y, mientras esperaba que Chloé le respondiera desde Madrid, empezaba a avergonzarse de todo lo que había dicho en el escenario.

Media hora antes había terminado el último show del tour de *Fuerza natural* por Latinoamérica y Estados Unidos. Gustavo estaba contento y agotado, empezando a relajarse después de un mes y medio de aviones, hoteles, fiestas y conciertos. Había sido una de esas noches en las que todo salía bien: el campus de la Universidad Simón Bolívar de Caracas estaba lleno y la banda había sonado como un organismo vivo y poderoso.

Después de comer con el resto del equipo en una de las carpas montadas detrás del escenario, el sonidista Adrián Taverna y el guitarrista Richard Coleman acababan de entrar a su camarín para charlar un rato. Eran sus más viejos amigos, se conocían desde comienzos de los 80, antes de que Soda Stereo grabara su primer disco. Cuando terminaban los conciertos, Taverna solía pasar un rato por su camarín para hablar sobre cómo había salido todo. Era una especie de ritual.

—Fue el show más exitoso de la gira —les dijo Gustavo apenas los vio llegar.

Mientras se sentaban, una moza entró y dejó sobre la mesa una bandeja con un medallón de lomo y una ensalada. Gustavo terminó de fumar su cigarrillo y les preguntó con una sonrisa si había dicho muchas estupideces.

—Sí, como siempre —le contestó Coleman.

Era uno de los pocos que no se mostraba afectado por su estatus de estrella de rock y se divertía diciéndole lo que otros no se animaban. Taverna lo miró con cara de aturdido. Sabía que Gustavo siempre se sentía inseguro cuando hablaba entre las canciones. Entonces, Coleman agregó:

—Pero a la gente le encanta que digas estupideces.

Los tres se rieron. Hacía calor. Era una noche espesa en Caracas. En el camarín había un espejo, luces ambientales, dos sillones blancos, unas sillas de plástico y una mesa con frutas, botellitas de agua y latas de cerveza. El lugar estaba en un pequeño valle rodeado de montañas. Durante el show, varias nubes habían invadido el escenario dejando a la banda a ciegas.

—Ya sé a qué viniste —le dijo Gustavo a Taverna mientras comía el bife—. Me di cuenta que sonó bien.

Dos noches antes habían tenido algo parecido a una discusión. La anteúltima fecha de la gira había sido en el Coliseo El Campín, en Bogotá, un anfiteatro de cemento y techo de chapa con una acústica difícil. Gustavo, fastidiado por el mal sonido, pero también por la poca gente que había ido a verlos, se lo había recriminado a Taverna en los camarines.

Cuando volvía al hotel a la madrugada después de tocar, Gustavo abría su MacBook y se quedaba un rato chateando por Facebook mientras buscaba en internet los videos del show que la gente había filmado con sus celulares para analizar cómo había sonado la banda y cómo se veían los efectos de luces. Era fanático de los videos de sus fanáticos. Los miraba con detenimiento, estudiándose a sí mismo desde la perspectiva del público, ajustando su imagen mental y sus neurosis a la realidad. Un momento de contemplación disociativa antes de dormirse. Taverna le decía que esos videos tenían un audio pésimo y no servían para tomar de referencia, pero Gustavo le respondía que igual se daba cuenta.

Mientras charlaban esa noche en Venezuela, Taverna lo notó apagado. Nicolás Bernaudo, su asistente, entró para avisarle que uno de los productores venezolanos del show quería saludarlo y Taverna y Coleman aprovecharon para ir a sus camarines.

—Che, ¿te pasa algo? —le preguntó Taverna antes de salir.

—No... Estoy cansado.

—Bueno, aprovechá para descansar que mañana tenés que viajar. ¿Querés hacer algo?

—No, no, quiero dormir hoy.

Taverna salió del camarín desconcertado con la respuesta que acababa de escuchar. En casi treinta años compartiendo giras y shows, Gustavo nunca se había ido a dormir después de tocar.

Esa charla no duró más de diez minutos, pero fue la más larga que tuvieron en toda la gira. Gustavo había pasado casi todo el tiempo con Chloé Bello, una modelo de veintitrés años con la que había empezado a salir en el verano. Sólo se cruzaba con los músicos en el lobby de los hoteles, las pruebas de sonido y el escenario. Recién los últimos días, cuando Chloé viajó a España, Gustavo estuvo con sus músicos.

Afuera del camarín general estaba lleno de gente y Taverna encontró al resto de la banda organizando la foto grupal que sacaban cuando terminaban algún tramo de la gira. Fernando Samalea, el baterista, estaba trepado a una silla de plástico, acomodando la cámara arriba de un mueble para que disparara en automático. Mientras se amontonaban según las indicaciones de Samalea, se dieron cuenta de que faltaba Gustavo y alguien le gritó que fuera, que solo faltaba él.

Gustavo apareció a último momento y se paró atrás de Taverna. El primer disparo de la cámara salió sin flash, así que Samalea pidió que nadie se moviera y se volvió a subir a la silla para reprogramarla. Taverna se dio vuelta para decirle algo a Gustavo y lo vio pálido, con los ojos desorbitados.

—¿Te sentís bien? —le preguntó.

Gustavo abrió la boca para contestarle, pero no acertó a decirle nada. Fue como si los músculos de su mandíbula no encontraran las palabras. Entonces la cámara disparó su flash y todo el equipo quedó registrado en la última foto de la gira. A su alrededor el grupo se empezó dispersar y Gustavo caminó confundido hacia su camarín.

Mientras lo veía alejarse, Taverna le pidió a Bernaudo que lo acompañara a ver qué le pasaba. Cuando entraron, Gustavo estaba tirado en el sillón, con el saco a un costado, la camisa desabrochada y la boca entreabierta. Pensaron que tenía un pico de presión o que tal vez le había dado un infarto. Bernaudo corrió a buscar a los paramédicos y al ratito volvió con dos chicos que no tendrían más de veinte años y que al ver a Gustavo Cerati descompensado no supieron qué hacer. Charly Michel, el kinesiólogo que viajaba con el equipo, revisó qué remedios tenían los paramédicos en sus bolsos y les pidió que fueran a buscar la camilla. Gustavo se podía mover pero estaba como abrumado, lento, y no podía hablar.

Afuera, los músicos y los invitados empezaron a notar los movimientos extraños sin entender qué pasaba. Cuando los paramédicos volvieron con la camilla, Fernando Travi, el manager de Gustavo, les pidió a los encargados de seguridad que desalojaran a toda la gente que no era del equipo. El ruido de ese momento fue el bullicio festivo del final de gira apagándose mientras la gente salía hasta convertirse en el pequeño eco de las voces de los que estaban ahí. Cuando el murmullo se apagó del todo, los músicos y técnicos que quedaban escucharon el *bip-bip* de una máquina de monitoreo cardíaco que sonaba desde el camarín.

Pasó casi una hora hasta que lograron desalojar completamente el lugar: no querían que la descompensación se convirtiera en noticia. Un rato más tarde, dentro de la ambulancia, mientras atravesaban los suburbios residenciales de Caracas a la medianoche, Gustavo todavía parecía estar experimentando cómo el software de su conciencia se enrarecía: estaba acostado en la camilla con los ojos abiertos pero con la mirada perdida.

Dejaron atrás una zona industrial con fábricas, concesionarias de autos y un bingo abandonado antes de llegar al Centro Médico Docente La Trinidad. Cuando bajaron la camilla en la entrada del sector de Emergencias, se encontraron con que los pasillos estaban a oscuras: se había cortado la luz. Mientras avanzaban se cruzaron con una enfermera que les dijo que el grupo electrógeno del hospital sólo funcionaba para la terapia intensiva y los quirófanos, así que volvieron a cargarlo en la ambulancia y lo llevaron hasta otro centro de estudios de la ciudad para que lo atendieran.

Una hora después, cuando terminaron de hacerle los exámenes, lo volvieron a trasladar a La Trinidad. Ya había vuelto la luz y lo dejaron unas horas en observación en la guardia, pero como no presentaba ninguna mejoría ni los médicos tenían un diagnóstico de su estado, a eso de las cuatro de la mañana lo alojaron en la suite presidencial del tercer piso y llamaron por teléfono a un cardiólogo, que les dijo que recién iba a poder ir a las diez.

La habitación tenía una sala de estar contigua en la que se acomodaron Taverna, Michel y Travi. A las cinco de la mañana Taverna pidió un taxi para volverse a dormir al hotel. Recién entonces Michel y Travi tuvieron tiempo de pensar que mucha gente de la organización había visto cómo sacaban a Gustavo en camilla: la noticia no iba a tardar en filtrarse. Decidieron dar una versión oficial desde su cuenta de Twitter.

"Gustavo tuvo una descompensación luego del show en Caracas, pero informamos que se está recuperando favorablemente", escribió Travi desde su iPhone.

A esa altura de la noche, una enfermera le había dado un sedante y Gustavo dormía.

Como volaban al día siguiente, los músicos habían dejado sus valijas hechas antes de salir para el estadio. Era la última noche y tenían planeado ir a una fiesta en la que habían contratado al tecladista Leandro Fresco para que pasara música. Sabían que se iban a acostar demasiado tarde para ponerse a guardar la ropa al día siguiente, a último momento, con las combis esperando abajo para llevarlos al aeropuerto.

Esa noche, con Gustavo viajando en la ambulancia rumbo a un hospital de la ciudad, todos decidieron volver al hotel pero nadie pudo dormir. A las dos de la mañana estaban reunidos en la habitación que compartían los dos guitarristas, Coleman y Gonzalo Córdoba, atentos a las pocas novedades que les llegaban a través de Macarena Amarante, la road manager del tour. Trataban de entender qué había pasado. No sabían si era un pico de presión, un infarto, o algo peor. Se preguntaban si habría sido el estrés que le había caído después del show, un ataque al corazón, la cocaína, pero no, Coleman había estado con él y lo había visto relajado, comiendo un bife.

El segundo tramo del tour internacional de *Fuerza natural* había empezado tres semanas antes en Lima, la noche del 24 de abril.

El show que Gustavo y su equipo habían diseñado para la gira estaba dividido en dos. En la primera parte, salían vestidos de negro y el setlist se concentraba casi completamente en *Fuerza natural*. En la segunda parte, salían vestidos de blanco y se sumergían en el resto de su carrera solista y en algunas canciones de *Colores santos*, el disco que había grabado con Daniel Melero en 1992. El final era con "Lago en el cielo", su tema de *Ahí vamos* que terminaba con Gustavo tocando un solo de guitarra.

El show en Lima fue en un escenario montado contra la tribuna norte del Estadio San Marcos de Lima, frente a unas 8 mil personas. Ricardo Arjona estaba presentando su álbum *Quinto piso* en la explanada del Estadio Monumental de Lima ante unas 20 mil personas, con un escenario que incluía una rampa mecánica, un bar y la réplica de un edificio de cinco pisos, y los medios habían creado una pica entre los dos conciertos.

—Ahora vamos a tocar una de Arjona —bromeó Gustavo en un momento de la noche.

Al día siguiente volaron hacia Los Ángeles y tuvieron tres días libres antes de tocar en el Club Nokia, un teatro para 2.300 personas. Después de las giras interminables de seis meses de Soda Stereo por Latinoamérica, durante su carrera solista Gustavo había ido condensando los tours al máximo. Duraban un mes como máximo y solía tener varios días para descansar y pasear.

Cada vez le gustaba menos viajar en avión y, además, los médicos se lo habían contraindicado por la trombosis que había sufrido en 2006. Más allá de los dos paquetes diarios de Jockey suaves largos que fumaba y su vida nocturna de estrella de rock, las horas de vuelo acumuladas en sus últimos treinta años habían sido un factor decisivo para que se le formara el coágulo en la pierna derecha.

Después de la trombosis había logrado dejar de fumar durante unos seis meses, pero el estrés del operativo secreto del regreso de Soda Stereo en 2007 lo había llevado a fumar de nuevo. El último verano había empezado a salir con Chloé y se había dejado arrastrar por el hechizo de juventud de sus veintitrés años. En marzo la había invitado a la gira y casi no se habían separado.

En Los Angeles, Taverna se lo cruzó sólo dos veces. Una tarde en el lobby mientras salía a pasear con Chloé y, a la mañana siguiente, después de desayunar, alquilando un Toyota a la vuelta del hotel y quejándose porque en ese lugar sólo tenían autos japoneses.

Gustavo se había convertido en un comprador compulsivo durante las giras. Además de salir con bolsas y bolsas de las disquerías, también volvía a Buenos Aires con libros sobre numerología, astrología, física e historia de las civilizaciones antiguas. Podía gastarse mil dólares en un par de botas de cuero y se compraba tanta ropa que sus amigos lo cargaban porque nunca se ponía dos veces lo mismo.

El último día en Los Angeles entró a un local de instrumentos y vio una Mosrite Double Neck custom que le encantó. Era una guitarra con doble diapasón de edición limitada y no pudo resistirse a comprarla. Se la mandaron una semana más tarde cuando, después de tocar en Tijuana y Acapulco, la gira pasó por Miami.

Ahí tuvieron cuatro días libres y Gustavo alquiló un convertible para pasear por las playas con Chloé. Había convertido la gira en una luna de miel en estado de estrella de rock y, como cada vez que se enamoraba, sus amigos ya le habían escuchado planes de casarse en Marruecos. Después del show, ella viajaba a España para posar en algunas campañas gráficas y la gira seguía por Colombia y Venezuela, así que esos días en Miami fueron una despedida.

La noche del show en el Waterfront Theatre, cargó el estuche con su guitarra nueva en el maletero de la combi y, al llegar al teatro, lo llamó a Taverna a su camarín para mostrársela.

—Vení a ver qué me compré —le dijo.

Cuando Taverna vio el estuche, le preguntó extrañado:

—¿Te compraste un teclado?

—No, mirá —le contestó Gustavo con una sonrisa, y abrió el estuche de su nueva guitarra—. De esta hay solo diez en el mundo nada más, y no sabés cómo suena.

Se quedó unos segundos mirándola y le preguntó:

—¿En qué tema la meto?

A Taverna el sonido de esa guitarra no le gustaba demasiado y, sobre todo, le creaba un problema: que Gustavo la usara implicaba reprogramar otra vez los efectos del sonido del show. Pero él quería estrenar su juguete nuevo y se le ocurrió volver a sumar en la lista "Trátame suavemente", un tema del primer disco de Soda Stereo que le encantaba a Chloé y que ya había tocado en Tijuana para ella.

Cuando Chloé se fue a Europa, Gustavo pasó los días que quedaban junto al resto de la banda y, en ese último tramo, la gira cobró velocidad: en cinco días tuvieron tres shows. Martes en Medellín, jueves en Bogotá y sábado en Caracas. Gustavo nunca dormía mucho y en las giras era bastante inquieto, pero durante esos días en los que sus compañeros volvieron a compartir cierta cotidianeidad con él, lo notaron un poco fastidioso.

En Venezuela se alojaron en el hotel Meliá, un edificio en

el centro de la ciudad con un lobby tapizado de alfombras españolas antiguas, pisos de mármol cremoso, lámparas de cristal y una concha marina cubierta de oro enmarcada en la recepción. Cuando llegaron, después de que la road manager terminara de hacer el check-in de todo el equipo, mientras el grupo se empezaba a dispersar en el lobby, Taverna le dijo a Gustavo que aprovechara para descansar.

—Sí, voy a pedir *room service* y me voy a dormir temprano —le contestó mientras se metía en el ascensor.

Sin embargo, el sueño le duró poco y a mitad de la noche salió sin que sus compañeros se enteraran. Nunca supieron a dónde había ido. A la mañana siguiente se levantó tarde, almorzó en el hotel y fue con los músicos a la prueba de sonido. Era un día soleado y el escenario estaba rodeado de montañas. Sobre el pasto estaban terminando de acomodar sillas de plástico para el público. Gustavo solía ajustar la afinación y los efectos de sus guitarras tocando temas clásicos de grupos argentinos de los 70. A veces tocaba "Cementerio club", de Pescado Rabioso, alguna canción de Vox Dei y, para probar la guitarra acústica, casi siempre tocaba "Mi cuarto", del dúo Vivencia, y "From the Beginning", de Emerson, Lake & Palmer.

Una vez terminada la prueba, Gustavo volvió al hotel y descansó un rato en su habitación. A la tardecita se conectó a Skype para hablar con el director Andy Fogwill, que estaba en Buenos Aires trabajando en los últimos detalles del video de "Magia", que iba a convertirse en el tercer corte de *Fuerza natural*. La idea era que los videos del disco conformaran una road-movie psicodélica. Después de charlar sobre algunas nuevas modificaciones, Gustavo le dijo que tenía que irse a tocar y antes de bajar la tapa de su Mac, se despidió diciéndole:

—¡Ahora... *it's showtime!*

Al día siguiente, Gustavo se despertó en la clínica consciente pero confundido. El sueño no había tenido su efecto reparador y después de unas horas de inconsciencia se sintió, por primera vez, en un cuerpo que no le respondía del todo. No podía hablar y su costado derecho estaba entumecido, como si sus funciones cerebrales estuvieran replegándose de una parte de su cuerpo.

Cuando Taverna volvió a la clínica a media mañana, lo encontró acostado en la cama, agarrándose el brazo derecho y tocándolo con curiosidad y cierta desesperación.

—¿Cómo te sentís? —le preguntó.

Pero Gustavo no respondió. Se tocaba el brazo, lo agarraba y lo levantaba sin conseguir que se moviera. Un rato después se puso a golpear la baranda de la cama con la mano izquierda con un ritmo fastidiado, lleno de impotencia.

En un momento, se sentó en la cama y trató de levantarse, pero tenía varias cánulas conectadas, así que Taverna tuvo que ayudarlo a caminar esos dos metros hasta el baño. Cuando entró, se vio en el espejo, se quedó quieto y empezó a tocarse la cara, extrañado. Lo miró a Taverna a través del espejo y después volvió a mirarse. La comisura derecha de la boca se le había dormido y le daba un rictus de rigidez al lado derecho de su rostro. Su cara ya no era del todo su cara.

Al mediodía una enfermera entró a la habitación con la bandeja del almuerzo. Taverna le dijo que no creía que Gustavo tuviera hambre, pero él le agarró el brazo fuerte dándole a entender que sí. Entonces, Taverna le pidió que la dejara sobre un mueble que había y agarró el control remoto de la cama para levantar el respaldo y que Gustavo quedara sentado. Mientras el respaldo subía, no pudo resistirse y se puso a jugar con los botones, volviéndole a bajar el torso y levantándole las piernas: fue la primera vez en el día que la cara de Gustavo adoptó un gesto parecido a una sonrisa. Finalmente Taverna lo dejó con el respaldo levantado y le acercó la bandeja. Cuando la apoyó sobre la cama, le sorprendió que sin tener todavía un diagnóstico sobre qué le pasaba a Gustavo le dieran un menú común de caldo de verdura, pollo con salsa, ensalada y banana frita.

Después de tomar la sopa muy despacio, Gustavo agarró el tenedor con la mano izquierda y trató de desmechar el pollo, pero sólo logró salpicar las sábanas con la salsa y desparramar la comida. Taverna lo ayudó a cortar y Gustavo comió con la voracidad de siempre. Su amigo pensó que tenía que ser una buena señal. Era mediodía y el sol pesado del Caribe entraba por la ventana, así que después de sacarle la bandeja, limpiar un poco las migas y volver a bajar la cama para acostarlo, cerró un poco la persiana dejando la habitación en una suave penumbra.

—¿Querés dormir un rato?

Gustavo hizo un gesto de que le daba lo mismo. Desde la ventana había una linda vista de los cerros de Caracas. Un rato después, un enfermero lo buscó para hacerle una prueba de contraste y unas placas en el pecho. Cuando lo volvieron a llevar a la habitación, Gustavo estaba inquieto; el resto de la tarde forzó la motricidad cada vez más blanda con la que su cuerpo obedecía las órdenes que le daba: se levantaba de la cama para ir hasta el sillón, se sentaba un rato ahí a mirar tele, volvía a la cama, se levantaba otra vez.

A la hora del té Taverna le preguntó si tenía hambre y Gustavo movió la cabeza indicando que sí. Con Bernaudo, su asistente, trataron de averiguar qué quería comer. Como le gustaban las arepas, le preguntaron si quería una. Gustavo volvió a contestar que sí. Después le preguntaron si quería de carne, de queso o de pollo, pero ya la comunicación fue imposible. Bernaudo fue hasta un puesto y volvió con una de carne desmechada, una de queso y una reina pepeada, de pollo y palta.

Sentado en el sillón, Gustavo se comió la de carne desmechada y media de queso. Cuando terminó, se acostó en la cama y le hizo una seña a Taverna para que prendiera la tele. Taverna agarró el control remoto, prendió el televisor y empezó a hacer zapping hasta que Gustavo le sacó el control y se puso a pasar los canales sin detenerse en ninguno.

—Pero pará en alguno —le dijo Taverna.

Después de dar varias vueltas por la programación con el control remoto, que sí le respondía y con velocidad, dejó una película ya empezada. Era *Dark City*, un film noir de ciencia ficción en el que el protagonista es acusado de asesinato pero sufre de amnesia y no recuerda qué pasó, así que tiene que darse a la fuga para escapar de la policía y, sobre todo, ganar tiempo contra su memoria: su cerebro lo está traicionando.

Mientras veían la película una enfermera entró a la habitación con la cena. Una bandeja con un plato de fideos, otra sopa, una papa hervida y gelatina. Esa noche se quedaron Charly Michel y la corista Anita Álvarez de Toledo, una de sus mejores amigas. Taverna regresó al hotel pensando que al día siguiente iban a volver a casa.

A fines de marzo, unas semanas antes de que empezara la gira, Gustavo estaba a bordo de su Audi A6, cruzando la zona de bares de Palermo Hollywood rumbo a una fiesta y hablando por celular con su amigo Eduardo Capilla.

—¿Por dónde andás, Capi?

—Estoy llegando a casa, Gus, ¿vos?

—Uy, estoy justo a un par de cuadras, esperame en la esquina y nos vemos un ratito.

Mientras se lo decía, Gustavo dobló en una de las calles y un par de minutos después estaba frenando en la esquina de Niceto Vega y Bonpland, donde esperaba su amigo. Fueron hasta La Pérgola, una pizzería clásica del barrio a dos cuadras que le gustaba a Gustavo, pero estaba cerrada y se quedaron un rato hablando en el auto.

Aunque solía moverse en la ciudad con un Peugeot 206 gris, un auto más chico y menos llamativo, más cómodo para pasar desapercibido y menos lujoso para atraer ladrones, esa noche había salido con el Audi, que había comprado a fines de 2006 después de probar el sistema de sonido marca Bose que traía incorporado.

Gustavo era fanático de escuchar música en el auto. En Unísono, el estudio que había construido en Florida en 2004, el playón delantero donde estacionaba era una parte fundamental del canal de parto de las canciones. Mientras grababa en el estudio, siempre se iba con el pendrive al auto: los temas no existían del todo hasta que no escuchaba cómo sonaban ahí, cómo se desenvolvían en el mundo real.

Esa noche en Palermo, Capilla lo notó más acelerado que de costumbre.

—Che, Gus, ¿por qué no te conseguís un chofer? —le dijo.

En unos días Gustavo iba a viajar a Rosario a tocar en el teatro Metropolitano, después a Neuquén, Mendoza y el 24 de abril ya despegaba con todo su equipo hacia Lima para empezar el segundo tramo de la gira internacional de *Fuerza natural* por Perú, Estados Unidos, México, Colombia y Venezuela.

Durante los primeros meses del año había estado tan concentrado en Chloé que sus amigos casi no lo habían visto; sólo tenían noticias suyas cuando cruzaban algún mensaje por el chat de BlackBerry.

Con Capilla se habían hecho amigos a fines de los 70, a través del DJ Carlos Alfonsín, que por entonces estudiaba publicidad con Gustavo en la Universidad del Salvador y vivía con Capilla en un departamento en Barrio Norte. Rápidamente, los tres se convirtieron en una brigada nocturna navegando el mapa de fiestas que había de lunes a viernes en la ciudad. El comienzo de los 80 ya se respiraba en el aire y Gustavo, que venía de un colegio parroquial de Villa Ortúzar, estaba descubriendo un mundo nuevo.

Tres años después, cuando Gustavo armó Soda Stereo con Zeta Bosio y Charly Alberti, Capilla se hizo cargo de la escenografía de los shows y se convirtió en uno de sus mejores amigos. Cuando estaba deprimido era uno de los pocos con los que hablaba y lo había elegido como padrino de Benito, su primer hijo.

Gustavo lo miró con algo de enojo y le contestó:

—No, quedate tranquilo, estoy bien.

La segunda noche en la clínica Gustavo también durmió poco y, a la mañana, cuando las enfermeras entraron a la habitación para controlar su estado, lo encontraron sacudiéndose y agarrándose la cabeza con su brazo izquierdo. Tenía los ojos apretados, como si estuviera sufriendo un dolor insoportable.

Taverna llegó a la clínica cuando unos camilleros estaban sacando a Gustavo de la habitación para hacerle una tomografía y lo acompañó. En la sala, ayudó a levantarlo para acomodarlo en la camilla de plástico y le sacó una cadenita con un parlante que tenía en el cuello.

Acostado en el tomógrafo, Gustavo se movía dolorido y los enfermeros le pedían:

—Gustavo, quédate quieto, por favor, quédate quieto.

Como no lograban que se calmara, le pidieron a Taverna que entrara y lo sostuviera.

—Ya está, Gus, ya termina —le dijo Taverna, pero Gustavo siguió moviéndose, hasta que en un momento pareció quedarse dormido.

Después lo volvieron a acostar en la camilla y lo empujaron por los pasillos hacia otra sala para hacerle un centellograma. Cada tanto abría los ojos muy despacio y los volvía a cerrar. Cuando llegaron, la camilla no pasaba por la puerta y Taverna tuvo que cargarlo.

—Agarrate —le dijo. Mientras lo levantaba, Gustavo tiró su brazo por atrás del hombro de su amigo.

Taverna lo sentó en la máquina donde le iban a hacer el estudio. Tenía la mirada perdida y la boca entreabierta. Después del estudio lo volvió a cargar en la camilla, lo tapó con una frazada y los enfermeros lo llevaron al cuarto piso para hacerle otro análisis.

Media hora más tarde lo dejaron en la habitación y decidieron avisarle a la familia. Gustavo había sufrido un ACV y su cerebro se había inflamado tanto que estaba haciendo presión contra el cráneo. Tenían que operarlo con urgencia.

2. El viejo mundo

Antonio Prieto cantaba para unas parejas que simulaban tomar algo en las mesas de café concert que rodeaban el plató. Tenía puesto un smoking, el pelo peinado con una raya al costado tirante y, mientras la cámara se aproximaba, Prieto cerraba los ojos, como refugiándose en la ensoñación de sus boleros, acercándose y alejándose del micrófono con gestos de telenovela.

En su casa, Lillian Clarke lo miraba mientras respiraba aliviada en una tregua de las contracciones recostada en el sillón del living. Había pasado toda la tarde cambiando de posición con la superstición de que, tal vez, acomodarse de alguna manera pudiera funcionar como un dique contra la próxima marea, una forma de confundir al dolor. Era un lunes a la tarde, pero en la televisión era siempre de noche.

Lillian estaba ensayando su nueva vida de ama de casa, desplegando el paisaje mental de las emergencias, noches sin dormir y enfermedades que iba a tener que adivinar cuando naciera su hijo; imaginando cómo el llanto de su primogénito iba a llenar ese departamento con hambre, sueño y pañales para lavar. Quería estudiar una carrera, anotarse en clases de teatro, dedicarse a leer, rendir exámenes, ser una mujer moderna en una era en la que las mujeres se habían convertido en una potencia económica emergente, pero después de terminar el colegio había tenido que empezar a trabajar en Teléfonos del Estado para ayudar a su familia y ahora esa fantasía parecía estar más lejos que nunca.

En la televisión, los boleros de Antonio Prieto sonaban como fantasías de fuga, promesas de un amor peligroso y a la vez inofensivo. Lillian tenía veintitrés años y, como casi todas las chicas de su edad, estaba enamorada del cantante chileno, que había conquistado Latinoamérica con su versión del vals "Violetas imperiales". Cada vez que prendía la radio o el televisor aparecía él cantando en algún programa.

A Juan José Cerati le iba cada vez mejor en el departamento contable de Esso. Después de su primer ascenso, habían podido dejar la pensión en la que vivían para alquilar ese departamentito en la esquina de Hornos y Olavarría, en Barracas, un barrio industrial de clase media baja al sur de la ciudad de Buenos Aires. Y ahora, con la noticia del embarazo, habían decidido que ya no necesitaban que ella trabajara y había renunciado a su puesto como taquidactilógrafa.

Esa tarde, Lillian sintió que el ritmo de las contracciones empezaba a galopar dentro suyo. Trató de inspirar, exhalar y volver a inspirar como le habían enseñado en el curso de preparto pero no funcionó. Como pudo, se levantó del sillón, caminó hasta el teléfono y llamó a Juan José a la oficina para avisarle que la fuera a buscar urgente en un taxi.

Por la obra social de los petroleros les tocaba la clínica Mater Dei, un sanatorio en Barrio Parque, una zona residencial al norte de la ciudad. Después de examinarla, el obstetra que la atendió decidió dejarla internada. Esa noche, en la habitación, Lillian trató de dormir un rato, pero a mitad de la madrugada rompió bolsa y comenzó el trabajo de parto: las contracciones siguieron hasta el amanecer.

El bebé nació a las seis y media, cuando empezaba a clarear. Después del parto, una de las monjas se lo apoyó unos segundos en el pecho y Lillian lo sintió por primera vez contra su piel. Era la mañana del 11 de agosto de 1959.

Lo llamaron Gustavo Adrián Cerati, porque a Lillian le gustaba el sonido de esos nombres, una resonancia con carácter: Gustavo era blando, Adrián era fuerte y Cerati también era suave, una combinación musical con comienzo, clímax y desenlace.

Durante los primeros meses, mientras aprendía a descifrar el lenguaje del llanto, le pareció que era casualidad, pensó que su estado de confusión hormonal estaba contaminando también su imaginación, así que empezó a hacer un experimento. Cada vez que Prieto aparecía cantando en algún programa, ella se acercaba con Gustavo a la televisión y nunca fallaba. Podía tenerlo en brazos mientras caminaba en círculos para que se durmiera, podía estar acostándolo en la cuna o amamantándolo y, si lo escuchaba, Gustavo automáticamente se ponía a llorar. Algo en el vibrato de su voz provocaba un llanto inmediato, un reflejo animal, que ella asociaba a la memoria traumática de las contracciones, la música de sus últimas horas flotando en la placenta, cuando el cuerpo de su madre se había dispuesto a expulsarlo al vacío.

Juan José Cerati llegó a Buenos Aires a los dieciocho años y su aventura empezó como empiezan en las películas todas las grandes aventuras de los que llegan para conquistar su destino en la gran ciudad: después de bajarse de un micro en la terminal de Retiro, caminó cuadras y cuadras a la deriva, deslumbrado y perdido, buscando dónde quedarse y terminó alojándose en el cuarto de una pensión de mala muerte en el centro. El pelo se le había empezado a caer en la adolescencia y para sus compañeros de Colegio Nacional era "El Pelado Cerati". Había nacido y vivido toda su infancia y adolescencia en Concordia, una pequeña ciudad sobre la costa del río Uruguay, en la provincia de Entre Ríos, y mientras terminaba el colegio había empezado a trabajar por las noches en LT 15 Radio Concordia para ahorrar algo de plata.

El Pelado tenía oído, así que rápidamente empezó a pasar música y un tiempo después se ganó un lugar como locutor: tenía una voz grave perfecta para la radio y podría haber hecho carrera, pero tenía otro plan. Quería estudiar en Buenos Aires para recibirse de contador y abrirse camino en alguna empresa: llegar a ser un ejecutivo.

Sabía que las vidas se hacían así, inventándolas: tomándose un micro a la ciudad o un barco a un nuevo continente, como su padre. Ambrosio Cerati se había escapado de la posguerra europea en 1923 en busca de un futuro a la altura de sus ambiciones y se había construido un destino en Sudamérica.

Ambrosio había nacido en Mozzate, un pueblito al norte de Italia, cerca del lago Di Como. Los Cerati cultivaban gusanos de seda y él trabajaba con sus hermanos en el taller de la familia. La Primera Guerra Mundial había estallado cuando Ambrosio tenía catorce y, mientras las ciudades, los pueblos y los campos quedaban devastados por los bombardeos y las avanzadas de los ejércitos, él se dejaba fascinar por las cartas de su tío Emilio, que antes de la guerra había viajado al otro lado del Atlántico. Eran como pequeños capítulos de un libro de aventuras, llenas de historias sobre América y sobre su nueva vida en un pueblo perdido al noreste de la Argentina como Mozzate, pero rodeado de campos, donde la tierra era una fuerza poderosa y fértil, una riqueza virgen en expansión.

El final de la guerra había traído aun más pobreza y, en las grandes ciudades, el despertar del fascismo atraía a los jóvenes sin futuro. Roma ya no ofrecía ninguna esperanza para abrirse paso en la vida y en su cabeza, mientras trabajaba con sus hermanos, Ambrosio trazó un plan durante un año.

Una noche, después de comer se metió en la cama y esperó a que todos se durmieran. Se levantó sin hacer ruido, fue a la cocina para envolver algo de comida, agarró la bicicleta de uno de sus hermanos y empezó a pedalear hacia la ruta.

Sólo había podido ahorrar plata para el barco, así que el plan era hacer los veinte kilómetros hasta Milán, encontrar a alguien a quien venderle la bicicleta, treparse a un tren a Génova esquivando a los guardas y en el puerto conseguir un pasaje en un barco que zarpara hacia Buenos Aires. Si todo salía bien, después de dos meses en alta mar llegaría a América. Una vez en la Argentina, tenía que averiguar dónde quedaba Entre Ríos y en qué parte de Entre Ríos quedaba Concordia y en qué parte de Concordia vivía su tío Emilio, pero cruzar el Atlántico ya era una aventura demasiado grande hacia lo desconocido como para hacerse una idea de a qué se iba a enfrentar cuando el barco anclara en el puerto.

En Concordia, Emilio había montado con un socio una pequeña empresa de construcción llamada Tolomei Cerati pero, cuando Ambrosio llegó, estaba a punto de fundirse. Después de trabajar un tiempo con su tío, Ambrosio encontró trabajo en los Ferrocarriles, hizo carrera hasta alcanzar el puesto de inspector de mantenimiento de vías, se casó y tuvo cuatro hijos: Luis Ángel, Delia María, Dora y Juan José. Y ahora Juan José estaba haciendo su propio viaje. A comienzos de los 50 Buenos Aires era una ciudad pujante.

Las economías de todo el mundo crecían como nunca antes en una nueva edad de oro para el capitalismo; la industrialización y las posguerras empujaban a los campesinos a las ciudades, los nuevos trabajos calificados demandaban trabajadores con títulos universitarios y millones de jóvenes entraban masivamente a las facultades por primera vez en la historia como una forma de ascenso social.

Después de encontrar una pensión en el centro, el Pelado se anotó en la carrera de Contabilidad en la Universidad de Buenos Aires: era el primer Cerati en pisar una facultad. A través de la UBA consiguió un trabajo en el área contable de la petrolera Esso y, rápidamente, demostró un instinto natural para moverse dentro de ese ecosistema que llamó la atención de sus jefes.

De pronto, el Pelado se estaba forjando una nueva vida entre la facultad y la empresa, deslumbrado por ese nuevo mundo de ejecutivos, hombres de negocios y secretarias al que se estaba asomando y todo terminó de volverse una fantasía cuando se cruzó en los pasillos de la compañía con una chica rubia y delicada que trabajaba en la planta baja, en el área del taquidactilografía y tenía unos ojos celestes que lo hipnotizaron con su intensidad.

La chica se llamaba Lillian Clarke, tenía veinte años y acababa de renunciar a Teléfonos del Estado, frustrada porque los sindicatos peronistas mantenían una burocracia aplastante en las oficinas controlando que a nadie se le ocurriera trabajar más de la cuenta. Quería estudiar una carrera, pero necesitaba trabajar para ayudar a la economía de su familia. Había vivido casi toda su vida en el campo, entre Coronel Suárez y General Alvear, en el interior de la provincia de Buenos Aires, siguiendo a su padre, que hacía trabajos de talabartería, hasta que cuando ella y sus hermanas tuvieron edad para ir a la secundaria, la familia se mudó a Buenos Aires.

En el área de taquidactilografía, Lillian tipeaba en una máquina de escribir eléctrica las cartas, memorándums y balances que bajaban desde las gerencias de la empresa, en los pisos más altos del edificio de Diagonal Norte y Florida, donde trabajaba él.

Ella vivía con sus padres y sus hermanos en Mataderos, a una hora de tranvía que hacía todas las mañanas y las tardes. Él vivía a pocas cuadras de la empresa, pero después de cruzársela empezó a tomar el tranvía hasta Mataderos a la tarde. Si ella se subía en la parte de adelante del vagón, él viajaba atrás; cuando ella iba atrás, él subía adelante, pero los días pasaban y él seguía tomándose el tranvía sin que eso causara ningún efecto: ella parecía no notar su presencia.

Después de semanas y semanas de viajes inútiles, una tarde se bajó del tranvía, caminó varias cuadras detrás de ella hasta verla entrar a su casa, se paró en la esquina de enfrente contra un poste, prendió uno de sus cigarrillos 43/70 que fumaba desde la adolescencia y empezó a hacer lo que mejor sabía.

Se estaba haciendo de noche y, mientras colgaba los cueros de vaca en el patio para que se terminaran de desangrar y trenzaba cuerdas con cuero seco en su taller, Eduardo Clarke escuchó lo que al principio le pareció el canto nocturno de un pájaro que en el campo nunca había escuchado pero que enseguida se convirtió en el silbido casi orquestal de una pieza de música clásica. Se asomó por la puerta a ver de dónde venía y vio a un muchacho joven y de traje, medio pelado, parado en la esquina de enfrente de su casa.

A la tarde siguiente volvió a escuchar el mismo silbido y lo vio otra vez parado en la esquina, con las manos en los bolsillos. Cuando terminó sus quehaceres en el taller, entró a la cocina y le dijo a su hija:

—Qué bien canta ese muchacho, para mí que te anda buscando a vos.

Durante las siguientes semanas, Lillian se dedicó a esquivarlo, resistiéndose suavemente a los intentos de él por sacarle conversación o haciéndose la desinteresada cuando le hacía algún chiste si se cruzaban en los pasillos de la empresa, pero entre las tardes aburridas en las que no bajaba ninguna carta que tipear a su oficina y las vueltas a su casa, empezó a extrañar que él apareciera para hacerle alguna broma de la que ella no se iba a reír, o que se quedara silbando frente a su casa mientras ella no se dignaba ni siquiera a asomarse, hasta que una de esas veces Lillian ya no se resistió y le aceptó una invitación a caminar por la calle Florida y tomar el té en la confitería Richmond después del trabajo.

Tenían veintiún años pero esa tarde, tomando un té con leche bajo las arañas de la Richmond, ella le dijo que le gustaban los hombres más grandes y él le mintió y dijo que tenía veinticinco. Sus entradas en la frente volvieron verosímil el engaño durante los primeros meses del noviazgo, hasta que su familia vino de visita desde Concordia y uno de sus hermanos contó la anécdota de la colimba que siempre repetía y Lillian empezó a sacar números y se dio cuenta de que algo no cerraba.

El programa, cuando salían del trabajo, era tomar un té y después él la acompañaba en su viaje en tranvía y se tomaba el de vuelta. Todos los mediodías tenían dos horas de descanso en la oficina y, para los que vivían demasiado lejos para volverse a su casa, había un club social a dos cuadras que los empleados de Esso compartían con los de Shell, así que Lillian y sus compañeras estiraban el almuerzo jugando al truco o la canasta, mientras los hombres organizaban torneos afilando su puntería a los dardos.

Una de esas tardes, un gerente, que en sus ratos libres era profesor de teatro, empezó a organizar una compañía teatral con los empleados de la empresa y le pareció que

Lillian era perfecta para uno de los papeles protagónicos de *Una noche de primavera sin sueño*, una obra de principios de siglo del escritor español Enrique Poncela, en el que dos esposos discuten en la cama.

Lillian leía cualquier libro que cayera en sus manos y todavía soñaba con estudiar una carrera alguna vez, así que esas clases de teatro fueron una manera lateral de concretar sus fantasías artísticas. Con el profesor empezaron a buscar quién de todos los que trabajaban en la empresa tenía el perfil para ser el galán de la obra y convencieron a otro de los empleados del departamento contable, que era rubio y buenmozo como necesitaban que fuera el protagonista.

Los ensayos empezaron todos los mediodías, pero el galán que les había gustado resultó ser un pésimo actor: se ponía nervioso, se le trababan las palabras, se olvidaba qué tenía que decir. Además, Juan José se había puesto celoso de que Lillian pasara todos los almuerzos con otro hombre y seguía los ensayos desde un rincón, entonces el director le propuso a Lillian que lo convenciera al Pelado de actuar y, a fin de año, terminaron presentando juntos la obra en el teatro de la Biblioteca del Consejo de Mujeres.

Al año siguiente se casaron en una iglesia de Mataderos y, después de la luna de miel en Mar del Plata, Lillian se mudó a la pieza que él alquilaba en la pensión. Todos los días iban y volvían caminando juntos al trabajo y, como la familia de él vivía en Entre Ríos, los fines de semana iban a la casa de los padres de Lillian.

Al año de casados se mudaron a un departamento de Barracas después de que ascendieran a Juan José en la empresa. Con el embarazo de Gustavo, ella renunció y dos años más tarde, cuando nació Estela, un nuevo ascenso les dio la posibilidad de acceder a una línea de créditos hipotecarios internos de la compañía y empezaron a buscar su primera casa.

Un sábado a la tarde fueron en taxi a ver un PH que estaba en venta en Colegiales, sobre la calle Virrey Arredondo. Buscaban una casa más grande en un barrio mejor. Eran comienzos de los años 60 y a Gustavo, que tenía dos años, esas excursiones a la ciudad lo mareaban. Mientras viajaban por alguna avenida, se pegaba a la ventanilla con una curiosidad desbordada. Y si caminaban, llevándolo en el cochecito, iba preguntando qué era todo lo que veía. Juan José era fanático de la mecánica y en la calle le iba señalando los autos que se cruzaban, diciéndole de qué marca eran, qué motor tenían y Gustavo retenía esa información del mundo como un bien preciado, algo fundamental que tenía que aprender, aunque no supiera qué significaba.

Mientras cruzaban en taxi la ciudad, desde Barracas hacia Colegiales, Gustavo se pasó todo el viaje jugando a hacer coincidir esas pequeñas partículas de conocimiento con el mundo que se desplegaba al costado de la ventanilla.

—¡Ahí dice Coca-Cola!¡Ahí dice Ford! —iba recitando mientras miraba por el vidrio—. Mirá, papá, mirá, ese auto es un Volkswagen, papá, papá, ese auto tiene motor Mac.

El taxista cada tanto levantaba la vista del parabrisas para mirarlo por el espejito retrovisor, sin decir nada. Cuando llegaron a Colegiales y frenaron en la esquina de Virrey Arredondo y Conde, no les quiso cobrar el viaje.

—No, yo nunca vi a un chico de dos años que sepa todo —les dijo—. ¿Ya sabe leer?

—No, no sabe leer —le explicó Lillian—, es que tiene muy buena memoria visual.

La casa quedaba en un PH con tres departamentos, al fondo de un pasillo profundo. Era una construcción de techos altos, con un living comedor enorme, una cocina apretada, tres cuartos y un patio de baldosas con una pequeña franja de tierra en la que crecía un gran pino. En cuanto la vieron, Lillian y Juan José supieron que era lo que habían estado buscando. Uno de los cuartos era perfecto para ellos, el otro para que durmieran Gustavo y Estela y el que daba al patio podían usarlo para jugar.

Después de resolver los últimos trámites del crédito se mudaron a la nueva casa, en una zona residencial, en el borde de un barrio rico y tradicional como Belgrano y otro más modesto como Colegiales. Una migración que equivalía a un ascenso social dentro del trazado inmobiliario, dejando atrás un barrio obrero al sur de la ciudad aunque ni Lillian ni Juan José se deslumbraran por la escala simbólica de las cosas: estaban buscando una casa cómoda en un barrio de calles tranquilas, con una plaza para llevar a los chicos, una escuela cerca.

Gustavo tenía dos años y medio y, hasta entonces, casi todo su mundo se había reducido a unos pocos metros cuadrados en los alrededores de su madre, pero la fuerza de gravedad que antes lo empujaba todo el tiempo hacia sus brazos o lo mantenía jugando en la cocina bajo su sombra, había comenzado a ablandarse, estirándose hacia rincones más alejados de la casa, fuera de su mirada, y el cuarto de los juguetes empezó a convertirse en su pequeño reino.

Mientras Lillian cocinaba y se encargaba de los asuntos de la casa, Gustavo se pasaba los días en ese cuarto, solo, desplegando los soldados en estrategias militares de una guerra plástica que trepaba por encima de las sillas o se hundía en las profundidades oscuras debajo de los muebles, con una lógica que durante la noche, mientras dormía, siempre perdía sentido.

También había empezado a dibujar y los garabatos torpes de su mano izquierda agarrotada sobre los lápices de colores, tirado en el parquet durante tardes enteras, poco a poco empezaban a cobrar forma, cierta gracia, a pesar de que su manera de hacer los animales de la selva o los partidos de fútbol tenía una lógica extraña, lateral. Primero hacía todas las viñetas de la historieta, después dibujaba todas las patitas de los jugadores en cada una, después los brazos, después los torsos y cuando todo se completaba había un partido de fútbol en la hoja.

A Gustavo no le interesaba romper las cosas para ver qué tenían adentro, de qué estaban hechas. Dibujarlas era una forma de entenderlas y apropiárselas. Y mientras tanto, del otro lado de la ventana, el pino era una presencia extraña y silenciosa creciendo en el patio: algo que estaba vivo pero que no se molestaba en demostrarlo, y eso lo hipnotizaba. Había convertido la vida latente, casi imaginaria de ese pino, en su primer amigo y, cuando se quedaba solo jugando, le hablaba a través del vidrio.

Pero no era un chico tímido, refugiado en sus juegos imaginarios; si salían a pasear o iban de visita a la casa de alguna de sus tías, en el colectivo, sentado en la falda de Lillian, no le costaba nada convertirse en el centro de atención del resto de los pasajeros: era uno de esos bebés tremendamente seductores.

Los sábados a la noche, las casas que tenían un televisor se paralizaban frente a la pantalla de Canal 13 para ver *El Club del Clan*, un programa musical que Lillian y Juan José no se perdían nunca. Gustavo lo miraba con ellos y se había hecho fanático de Johny Tedesco, la estrella adolescente del programa. Pegado a la tele, lo miraba fascinado: un chico rubio y angelical de quince años que imitaba a Elvis Presley y tenía un puma como mascota. Johny Tedesco imitaba a Elvis y Gustavo imitaba a Johny Tedesco. Era su primer ídolo.

En América y Europa, la corriente de bonanza económica que había empezado en los años 50 seguía arrastrando a millones de personas hacia la clase media como nunca antes. En la Argentina, Juan Domingo Perón había ganado las elecciones en el 54 y usado ese contexto para sancionar leyes obreras que se convirtieron en el relato central de su gobierno y transformaron el paisaje social del país: impulsadas por la movilidad social ascendente, miles de familias accedían a comprarse su primera casa, su primer auto, irse por primera vez de vacaciones.

Al año siguiente de mudarse, Juan José compró un Renault 4L gris que, cuando llegó el verano, los llevó hacia sus primeras vacaciones familiares en la Costa: un departamento alquilado en Mar del Plata, pasando el faro. En esa época, los 4L todavía eran una rareza. Sus dueños se sentían parte de un pequeño club y, mientras iban por la Ruta 2, cada vez que se cruzaban con otro se tocaban bocina, orgullosos.

Una tarde que estaban en una de las playas del sur, mientras Lillian trataba de que Estela no comiera arena y Juan José charlaba con los de la carpa de al lado, Gustavo se perdió. Miraban alrededor y no estaba por ninguna parte. En la playa, todas las familias empezaron a aplaudir y Gustavo apareció en la otra punta del balneario, en los hombros de una señora que lo había encontrado jugando con otros nenes. Cuando Lillian finalmente lo alzó, Gustavo tenía una sonrisa estallándole en la cara: estaba feliz de que toda esa gente lo aplaudiera.

El resto de ese verano Gustavo y Estela lo pasaron jugando con los chicos del matrimonio que había alquilado la carpa vecina y Lillian se hizo amiga de la esposa, que estaba fascinada con la simpatía de Gustavo. Hacia el final de esa semana, la señora le contó que sabía leer las palmas de las manos y le dijo a Lillian que le mostrara las suyas.

Cuando las vio, la miró y después lo miró a Gustavo que estaba jugando con la arena.

—Este chico va a ser muy conocido —le dijo, todavía agarrándole la palma de la mano—. Y no sólo acá, en toda Latinoamérica.

En el nuevo barrio también se hicieron nuevos amigos. El padre de otro chico de la cuadra, que tenía una carnicería a la vuelta, los llevaba a ver a Racing a la cancha, aunque Juan José era de Independiente. Lillian se hizo amiga de una chica que vivía en el edificio de al lado y, a través de su hermano, que trabajaba en Ford, consiguieron una buena oferta para comprarse un auto nuevo. Al año siguiente, cuando Lillian volvió a quedar embarazada, cambiaron el 4L por un Ford Falcon gris.

En las reuniones familiares, Gustavo y Estela empezaron a montar una pequeña compañía musical como sus padres cuando se habían conocido y daban sus shows en el living y la terraza. Gustavo siempre protagonizaba el número central y, antes de salir a escena, le pedía a su papá que lo presentara.

—Si no me presentás, papá, yo no toco —le decía, antes de correr a esconderse en el cuarto.

Entonces Juan José se paraba en medio del living y anunciaba:

—Ahora va a animar la fiesta el gran cantante... ¡Gustavo!

Unos segundos después todos los veían salir del cuarto, sin su guitarra de juguete, contrariado.

—Presentame bien, papá, tenés que presentarme bien.

Así que su padre sacaba su voz de locutor y presentaba a su hijo como presentaba las canciones en la radio de Concordia.

—Atención, ahora ustedes van a tener el gusto de escuchar al más grande, al único, al increíble músico de toda América Latina. Señoras y señores: ¡Gustavo!

Gustavo salía armado con una escobita hasta que le regalaron una guitarra de juguete, se paraba frente a sus tías y sus primos y cantaba "Despeinada" de Palito Ortega o "Michelle", su canción preferida de los Beatles, en un idioma inventado.

Había un problema: le encantaba atraer la atención de todos pero era demasiado autocrítico y, casi siempre, cuando terminaba su actuación, miraba a su público y se excusaba.

—Bueno, esto fue un ensayo.

Y se retiraba.

A los seis años, Lillian anotó a Gustavo en un colegio estatal a la vuelta de su casa y, cuando le empezaron a enseñar a leer, lo primero que descubrió fueron los cómics. Al principio, la acción de los dibujos en las viñetas le alcanzaba para adivinar qué pasaba y seguir las historias, pero mientras las letras comenzaban a formar palabras y las palabras cobraban sentido, esos universos se volvieron cada vez más reales e hipnóticos.

A la noche, después de trabajar, su papá le traía historietas de Tarzán, Flash y Superman. Gustavo las leía fascinado durante varios días y, cuando las terminaba, con esas historias creaba nuevas historias en su cabeza. A la mañana, se pasaba horas tirado en el cuarto del fondo dibujando sobre la pila de hojas desechadas que Juan José llevaba de la oficina.

Con el hijo del carnicero de la cuadra pronto empezaron a inventar sus propios superhéroes. Uno era una versión perfeccionada y autosuficiente de Tarzán que se generaba sus propias lianas igual que el Hombre Araña sus telarañas. También crearon a Supercerebro, que era parecido a Superman, sólo que su poder era más sutil: salvaba al mundo con el pensamiento, era inmune a la kryptonita y los únicos que podían hacerle daño eran los médiums. Y había otro más, su preferido, al que bautizó Argos: un hombre alado que sobrevolaba las ciudades y de noche, como Batman, visitaba las terrazas desiertas de la ciudad.

Al poco tiempo de dar a luz a Laura, su hija más chica, Lillian empezó a hacer yoga para recuperar su estado físico. Su profesora estaba casada con un artista plástico y no pudo resistir la tentación de llevarle unos dibujos de Gustavo para que le diera su opinión.

—Mi marido los vio y dice que no lo mandes a estudiar dibujo —le dijo la profesora a la clase siguiente—. Tiene lo más importante que puede tener un dibujante: movimiento.

Después de dos años de conducir el programa *Circulares con Mancera* en Canal 9, Pipo Mancera había firmado contrato en Canal 13 y sus *Sábados Circulares* se iban a convertir en el primer gran fenómeno de la televisión argentina. Seis horas en vivo entreteniendo a las familias con entrevistas a estrellas musicales como Sandro, Tita Merello o Aníbal Troilo, algunos artistas extranjeros como Pelé, Marcello Mastroianni o Sophia Loren y distintos números de variedades: cámaras sorpresa, Mancera domando leones, Mancera haciendo pruebas de escapismo bajo el agua y desconocidos mostrando sus talentos. Un sábado, uno de esos desconocidos fue el "chico malabarista", que jugaba en las inferiores de Argentinos Juniors y podía pasarse el día entero haciendo jueguitos con una pelota de fútbol sin que se le cayera al piso, se llamaba Diego Armando Maradona. A otra emisión del programa fue una banda que imitaba a los Beatles y hacía una versión convulsiva de "Twist and Shout", tirándose al piso y sacudiéndose.

Ese día, Gustavo estaba frente al televisor y cuando los vio quedó completamente perturbado. Al otro día, en el colegio, dibujó la escena en el pizarrón para sus compañeros: había descubierto unos nuevos superhéroes.

Cuando volvía del colegio y se ponía a dibujar, Gustavo también empezó a prestar atención a las canciones que pasaban por la radio. A Lillian le gustaban Julio Iglesias, Joan Manuel Serrat, Roberto Carlos y también escuchaba los compilados que sacaba Esso y Juan José traía de la oficina, pero muchas veces ponía la radio y, por esos días, en todos los programas sonaba "Monsieur Yamamoto", del cantante francés Hervé Vilard.

En las radios argentinas, donde todo se traducía, el corte era conocido como "Señor Yamamoto" y a Gustavo la canción le encantaba. Después de insistirle a Lillian, logró que lo llevaran a una disquería para comprar el vinilo de esa canción y la encontraron en uno de los compilados con los hits del momento en Europa que editaba el programa de radio *Modart en la noche*, un show emblemático que iba de 22.30 a una de la mañana por Radio Excelsior. Era el primero en pasar rock & roll en la radio, con la voz del locutor peruano Pedro Aníbal Mansilla presentando canciones de Cream, los Beatles y Jimi Hendrix.

Gustavo tenía siete años y no tenía idea de que existiera ese programa: se iba a dormir varias horas antes de que Pedro Aníbal Mansilla hipnotizara con su voz cavernosa a una generación que esperaba extasiada la frase que repetía todas las noches como una contraseña para entrar en otra dimensión:

—Tu show nocturno exclusivooooo... Con Pedro Aníbal Mansilla.

A treinta cuadras del cuarto donde Gustavo ya dormía, en una casona del Bajo Belgrano sobre la calle Arribeños, un adolescente de diecisiete años se desvelaba escuchando ese programa con una radio Spika pegada a la cama. Se llamaba Luis, estaba cursando quinto año en el colegio San Román, tocaba la guitarra y, con un compañero, habían formado su primer grupo, Los Larkins. Desde los quince venía componiendo sus primeras canciones y les había puesto títulos como "Barro tal vez" y "Plegaria para un niño dormido".

El programa lo producía Ricardo Kleinman, hijo de los dueños de la casa de ropa Modart, que era fanático del rock y había decidido editar vinilos con la música que sonaba en el programa y ningún sello editaba en la Argentina. Ese día, Gustavo volvió a su casa con su primer vinilo entre las manos y, después de ponerlo a girar en la bandeja, empezó a caer en éxtasis mientras sonaban los primeros acordes de "Señor Yamamoto", con la voz casi naïf de Hervé Vilard, sobre una base tocada con la prepotencia rítmica del ska.

Cuando el disco llegó al último tema un aullido eléctrico salió de los parlantes. Gustavo pensó que estaba rayado, así que lo sopló para sacarle el polvo y volvió a bajar la púa, pero la guitarra de Jimi Hendrix sonó tan distorsionada como la primera vez. Durante semanas, se pasó horas y horas escuchando ese sonido deforme sentado en el piso del living, frente a los parlantes.

Lillian siempre había querido tener un piano en su casa, que sus hijos aprendieran a tocar algún instrumento y desarrollaran su costado artístico y emocional, algo que ella no había podido hacer de chica y para lo que ahora no tenía tiempo, pero los pianos eran muebles de lujo y en el barrio, además, no había ningún profesor, así que cuando Gustavo le pidió que le regalaran una guitarra le pareció una buena idea.

Un sábado fueron en el Falcon al local de un luthier en

el barrio de Boedo, cerca de la cancha de San Lorenzo, y compraron una guitarra criolla. Gustavo se había quedado en el auto, sin saber bien qué estaba pasando y cuando Lillian y Juan José aparecieron con la guitarra, no podía creer que fuera de verdad. A las dos semanas ya estaba tomando clases con una profesora que vivía a la vuelta de su casa y que le hacía llevar un cuaderno para repasar las notas, memorizarlas y hacer la tarea. Al principio Gustavo odió ese cuaderno, lo hacía sentir en el colegio, pero encontró la forma de amigarse: empezó a traducir las notas a colores y convirtió las canciones que aprendía en escalas cromáticas en dibujos.

Al año siguiente, después de terminar de pagar el crédito hipotecario de la empresa, volvieron a mudarse. Con el nacimiento de Laura el PH les había quedado chico. A Lillian, además, la cocina nunca le había gustado y Juan José quería un garaje para guardar el Falcon porque en la calle ya se lo habían rayado varias veces.

Con un nuevo crédito compraron una casa más grande en un primer piso sobre la calle Heredia, en Villa Ortúzar, un barrio de construcciones viejas, calles empedradas y talleres mecánicos, en una zona tranquila de la ciudad. Tenía un living con chimenea, una cocina amplia donde cabía una mesa para comer durante la semana, y ventanales que daban a una terraza de baldosas moradas, había un cuarto para ellos, uno para Laura y Estela, y otro de servicio más chico para Gustavo.

Casi todos los compañeros de trabajo de Juan José vivían en la zona norte de la ciudad, en barrios residenciales como Belgrano, Vicente López, Olivos o San Isidro, así que cuando le preguntaban a qué barrio se había mudado, él les contestaba en chiste que a Ortúzar Park, para que no pensaran que era una villa.

Gustavo siguió con las clases de guitarra con un viejito que vivía en frente y al que iban todos los chicos del barrio. El profesor los hacía sentarse en círculo con sus guitarras y Gustavo, que hasta entonces había aprendido a tocar como zurdo, para no romper la armonía del círculo agarrándola al revés, no dijo nada, copió al resto y empezó a tocar como diestro las canciones folclóricas que les enseñaban.

Cuando empezó el año, Lillian anotó a sus hijos en el colegio parroquial San Roque de Villa Ortúzar, que quedaba a sólo cuatro cuadras de la nueva casa y estaba dividido entre varones y mujeres. Ese año, Gustavo empezaba quinto grado y en el aula le tocó sentarse en la fila de la ventana.

Su compañero de banco se llamaba Alejandro Magno, como el rey de Macedonia, pero le decían el Tano. Era sordo del oído derecho y para escuchar a las maestras sin perderse lo que hablaban sus compañeros ponía su banco más adelante que el de Gustavo y un poco en diagonal generando un caos en la fila.

Atrás pero casi infiltrado en triángulo se sentaba Sebastián Simonetti, un chico fascinado con los ovnis, la electrónica y los experimentos de la NASA, al que apodaron "Marciano" y con el que enseguida conformaron un trío inseparable. A Gustavo lo bautizaron "Melena" por sus rulos. Durante las clases, cuando no se distraía dibujando en el cuaderno las caras de sus profesores, usándolos de modelos vivos frente al pizarrón, jugaba con los de su fila a pasarse una pelotita haciéndola rebotar contra las paredes, contagiando al resto del curso y volviendo locos a los profesores, que cuando les revisaban los bolsillos y las cartucheras nunca podían encontrarla porque era imaginaria.

Las tardes se convirtieron en un campo de operaciones para las aventuras por el barrio con sus nuevos compañeros. Al mediodía, cuando sonaba el timbre de la última hora, salían corriendo como si afuera del colegio hubieran tenido miles de planes amontonándose, aunque en realidad sólo cruzaban la puerta: el resto del día lo pasaban a quince metros de ahí, sentados en las escalinatas de la parroquia del colegio, y casi siempre terminaban en la casa del Tano leyendo libros sobre extraterrestres, misiones lunares y el Triángulo de las Bermudas. Ese agujero negro marino ejercía una fascinación tan poderosa en Gustavo que era como si parte del magnetismo que se tragaba aviones y buques lo alcanzara un poco a él. Leía todas las revistas y artículos de las enciclopedias que encontraba sobre el tema y se sabía de memoria cada una de las teorías paranormales que despertaba: monstruos submarinos, ciudades hundidas, ovnis que aterrizaban sobre el agua.

La conexión con el universo parecía estar abriéndose. Un 16 de julio, todas las familias se reunieron alrededor de sus televisores para asistir a lo que prometía ser el comienzo de la exploración del cosmos, los primeros kilómetros de una larga travesía espacial en busca de los misterios de la humanidad. Sentados en la mesa de la cocina, frente a la tele, Lillian, Juan José, Gustavo, Estela y Laura vieron despegar con una lengua de fuego que quemaba el aire a la misión Apollo 11.

Para Melena, el Tano y Marciano fueron días irreales en los que sus fantasías quedaron orbitando en esa nave. Formaron un club al que bautizaron Centro de Estudios Fenómenos Ovnis y empezaron a organizar reuniones que atrajeron a otros chicos del barrio para leer y cambiar información sobre conspiraciones espaciales. También se asociaron al CEFAI, el Centro de Estudios de Fenómenos Aéreos Inusuales, la versión adulta de sus obsesiones, y se tomaban un colectivo al centro para leer documentos que se atesoraban como archivos desclasificados de la NASA.

Cuatro días después del despegue, la navegación espacial consumó una de sus grandes hazañas. El domingo, Melena, el Tano y Marciano se despertaron sabiendo que iban a recordar ese día para siempre: mientras desayunaban un café con leche, en algún lugar se estaba fundiendo en bronce e imprimiendo en los libros de historia esa fecha, de ese mes, de ese año: 20 de julio de 1969. Todo ese día fue un conteo alucinante hasta que a la noche, frente al televisor, asistieron al momento mágico, irreal, en el que el astronauta Neil Armstrong, vestido con ese traje de superhéroe, rebotó contra el suelo lunar como si estuviera intentando caminar en el fondo de una pileta llena de agua.

El gobierno de Richard Nixon plantaba una bandera americana en la luna, Rusia amenazaba con llegar a Marte y, la carrera espacial entre Estados Unidos y la Unión Soviética prometía acelerarse hasta el fin del universo: la Guerra Fría había entrado en una fase de ciencia ficción. Cuando unos días más tarde en el colegio los mandaron hacer un trabajo sobre la geografía de América, encontraron la excusa perfecta para hablar de sus obsesiones. El profesor había dividido la fila de la ventana en dos y a la parte de adelante, integrada por Gustavo, el Tano y los dos Claudios, le tocó América del Norte, mientras Simonetti y el resto de la fila tenían que preparar una exposición sobre el Caribe. Pero siempre funcionaban en bloque y ese fin de semana se juntaron todos en la casa del Tano a hacer los trabajos. Enseguida, la presentación sobre América del Norte se desvirtuó completamente, concentrándose sólo en el Triángulo de las Bermudas.

El lunes, cuando llegó la hora, el Tano colgó un mapa

en el pizarrón, dijo algunas generalidades sobre la fauna, la flora y la geografía de América del Norte creando el espejismo de que todo iba bien, mientras Gustavo dibujaba un triángulo entre la costa de Florida, Puerto Rico y las Bermudas. El resto de la clase habló sobre la flota de cinco aviones bombarderos de la Marina de Estados Unidos que en diciembre de 1945 desaparecieron, las teorías sobre que en el fondo de ese mar estaba hundida Atlántida, que era una zona de despegues y aterrizajes de naves extraterrestres, que había un pulpo gigante que se comía las embarcaciones en ese mapa de catástrofes. Parado en el fondo del aula, el profesor vio cómo el Tano y Gustavo desplegaban la estafa frente a la clase y terminó poniéndoles un diez.

En dibujo también funcionaban como un grupo indivisible. Gustavo y Sebastián eran los mejores y el Tano no podía ni agarrar el lápiz, así que para las entregas finales entre los dos le completaban la carpeta con todo lo que les habían pedido. Cuando terminaba el trimestre y el Tano llevaba su carpeta, el profesor la abría y empezaba a pasar los dibujos.

—Éste es de Cerati, éste también, éste lo hizo Simonetti, Simonetti, Cerati, Simonetti, Cerati de nuevo...

Gustavo seguía con las clases de guitarra, ganando cada vez más precisión con su mano derecha, soportando las lecciones de solfeo y aprendiendo standars folclóricos de Atahualpa Yupanqui, vidalitas y villancicos. A la tarde, cuando volvía a su casa, agarraba una de las sillas del living y la ponía contra el ventanal junto a la terraza, el único lugar donde daba el sol a esa hora, y se quedaba tocando la guitarra hasta que Lillian llamaba a comer desde la cocina.

A la mañana, mientras caminaba las cuatro cuadras hasta el San Roque, jugaba a que tenía un programa de radio en el que pasaban canciones que inventaba haciendo sonidos con la boca y después se entrevistaba a sí mismo, la estrella del grupo que acababa de tocar. También empezó a usar su talento en el dibujo para hacer fanzines de Creedence, cómics eróticos que después vendía en el colegio hasta que un compañero encontró unas revistas *Penthouse* en el placard del cuarto de sus padres y todos perdieron curiosidad por esos dibujos, se pasaba las horas de clase diseñando tapas psicodélicas de discos de bandas de rock imaginarias y se propuso escribir un libro de acordes de guitarra para automatizar el aprendizaje y otro sobre la historia del mundo desde el Big Bang hasta la historia moderna que abandonó cuando llegó a los hititas, un pueblo que vivía en el Asia Menor en el siglo XII antes de Cristo.

Cuando pasaron a primer año, Melena, Marciano y el Tano se anotaron en la Acción Católica, una organización laica que además de catequesis promovía el trabajo social. La base operativa estaba debajo de la parroquia del San Roque, en un sótano con una pista de Scalextric de dieciocho metros en la que jugaban carreras que no terminaban nunca, mesas de ping pong y billar. Se pasaban horas ahí abajo, organizando ciclos de cine o sacando en la guitarra canciones de Pescado Rabioso y Vox Dei, hasta que el mundo real irrumpía en la forma del grito de algún padre que llamaba a su hijo desde el aire y luz del techo que daba a la calle recriminándole que ya eran las once de la noche y no había vuelto nunca a su casa.

En los ciclos que organizaban los fines de semana en la parroquia, Gustavo y Sebastián empezaron a probar varios números para captar la atención de las chicas y asustar a los alumnos más chicos del colegio. Habían empezado a darse cuenta de que la guitarra era una forma de vencer su propia timidez y acercarse a las chicas que les gustaban. Un arma de seducción. En uno, jugaban al exorcista: Gustavo actuaba como poseído por el diablo, poniendo los ojos en blanco, babeándose y hablando en lenguas extrañas, hasta que lograban asustar a los chicos y entonces Simonetti intervenía como cura sanador para expulsar los demonios de su cuerpo.

En otro de los números, se armaba una ronda alrededor de Gustavo, que tenía su guitarra y cuando ya todos estaban callados, esperando que empezara, la mano con la que iba a tocar las cuerdas se le resbalaba, o él se caía de la silla, haciendo reír a todos hasta que finalmente empezaba a tocar en serio el comienzo de "Génesis", de Vox Dei, y lo enganchaba con "Roundabout" de Yes y con "From the Beginning" de Emerson, Lake & Palmer, dejando a todos maravillados con su habilidad. Gustavo estaba descubriendo esa especie de superpoder que comenzaban a despertar en él todas esas horas practicando con la guitarra junto al ventanal del living.

En segundo año, se sumó al fondo de la fila un elemento disruptivo: un chico de dieciséis años que venía de repetir dos veces seguidas y trabajaba como mecánico en el taller que había heredado de su padre en La Paternal. Se llamaba Gabriel Altube, se había criado en el campo en Ramallo y, para los parámetros de un colegio parroquial de Villa Ortúzar, era un salvaje. Tocaba la batería y conocía de memoria las canciones de grupos de rock progresivo como Yes, Genesis, King Crimson, Jethro Tull, que Gustavo recién estaba empezando a descubrir. Era lo más parecido a un rockero que había tenido cerca.

Gabriel iba al colegio en moto o en auto, así que Gustavo empezó a combinar las tardes en el sótano de la parroquia junto al Tano y Marciano con las excursiones con él fuera del barrio. Aunque al resto de la fila no le caía bien, ellos dos en seguida se hicieron amigos. Antes de entrar al colegio, compraban una botella de vidrio de un litro de chocolatada Cindor para tomar en el recreo y pasaban meses enteros investigando la variedad de galletitas en un estudio de mercado obsesivo: durante un mes y medio sólo comían galletitas Rumba hasta aburrirse, después cambiaban a paquetes de Mellizas, recreo tras recreo hasta volver a aburrirse y entonces empezaban a comer Merengadas, a los dos meses Melba y así.

En esos recreos, Gabriel le enseñó a hacer pulseras y, a la salida, se tomaban un colectivo hasta el Microcentro y las vendían en la feria Machu Picchu, que estaba sobre la calle peatonal Lavalle. A la vuelta, con lo que habían ganado, paraban a comer en alguna trattoria de Chacarita sintiéndose adultos.

Y empezaron las primeras aventuras con chicas. Al principio, fueron dos hermanas pelirrojas que conocieron en un baile del colegio y vivían en Parque Chas, después fue una chica que vivía en Ezeiza y, como a Gustavo le daba miedo ir solo, le pedía al Tano que lo acompañara en el tren a visitarla. Otra vez, logró darle un beso a una chica en un baile y el lunes unos chicos de otro colegio fueron a esperarlo a la salida, así que sus amigos pasaron las últimas horas de clase diseñando un plan de escape para Melena.

Los fines de semana salían en el Citroën 2CV de Gabriel a los bailes del Club Ferro y el Club Comunicaciones, o a ver las películas prohibidas para menores de Isabel Sarli y Brigitte Bardot en las salas del Eurocine, en el barrio de Devoto. Cuando se rateaban, casi siempre terminaban en un pool del centro, prendiendo sus primeros cigarrillos 43/70 que los dejaban tosiendo un rato, entrenándose para parecer fumadores experimentados frente a las chicas y bien lejos del barrio para que ninguna profesora ni madre los viera.

En 1976, cuando los militares derrocaron a Isabel Martínez de Perón, la vida en el colegio se tiñó de una atmósfera de ciencia ficción. En el San Roque había un capellán que tenía lazos con Montoneros y otro que pertenecía a las Fuerzas Armadas. El colegio comenzó a recibir amenazas de bomba que, para ellos, significaban operaciones de evacuación en medio de la clase o la presencia de soldados custodiando los pasillos. La política y la lucha armada eran algo que sucedía muy lejos de sus casas y que hubiera soldados en el pasillo convertía los días de clase en una película de aventuras que Melena, el Tano y Marciano no iban a desaprovechar. En los recreos tiraban bombitas de olor en los baños y hacían explotar petardos en los huecos de aire y luz como atentados de una guerra imaginaria que llevaban adelante contra el sistema. A la noche, salían de la parroquia caminando de a dos, tratando de evadirse de enemigos invisibles que los perseguían.

Juan José había empezado a viajar con bastante frecuencia a Miami por trabajo y para Gustavo esos viajes fueron el pasaporte para conseguir discos recién editados inhallables en Buenos Aires. Cada vez que su padre volvía, el ritual se repetía en el hall de entrada de la casa: Juan José soltaba los bolsos y Gustavo, Estela y Laura corrían a ver qué regalos les había traído. Entonces abría la valija y empezaba a revolver como si no encontrara nada, hasta que sacaba un disco de los Beatles para Gustavo y muñecas Barbie para sus hermanas.

—¿Trajiste algo más, papá? —le preguntaba Gustavo, ansioso.

Juan José repetía el chiste y sacaba un disco de Led Zeppelin y después otro más de Deep Purple y Gustavo terminaba mareado con sus nuevos tesoros, que iban a ser la noticia del día siguiente en la fila de la ventana y lo iban a tener horas y horas viéndolos girar en la bandeja de vinilos. En uno de esos viajes se había dedicado a recorrer locales de música y terminó comprándole una guitarra eléctrica

Gibson SG color marrón, que para no despachar con las valijas llevó consigo en el asiento durante todo el vuelo, diciéndoles a los demás pasajeros que era concertista y venía de tocar en Boston. Gustavo y Lillian fueron a recibirlo al aeropuerto y cuando lo vio salir con el estuche de la guitarra sintió que el estómago se le cerraba de la emoción. A la noche, la puso al lado de su cama y durmió con una mano sobre ella.

A partir de entonces las horas de ensayo sentado en el rincón del living junto al ventanal se estiraron hasta la madrugada, imantado por ese nuevo objeto, por los sonidos desconocidos que estaba aprendiendo a sacarle. Sus padres, que no habían calculado del todo los daños colaterales de ese regalo, tuvieron que instalar una puerta que aislara el living de los cuartos para poder dormir de noche.

Juan José se había comprado un grabador con casetera al que podía bajarle la velocidad y practicar la pronunciación para las clases de inglés que estaba tomando en la empresa. Pero Gustavo le encontró otro potencial y lo usó para practicar los solos de guitarra de Ritchie Blackmore. Cuando volvía del colegio, ponía los cassettes de Deep Purple y, en el momento del solo, bajaba la velocidad para decodificar bien la progresión de notas que tocaba Blackmore pasándose horas convirtiendo esos acordes en posiciones posibles para sus dedos, subiendo y bajando por el diapasón mientras se volvía más hábil y más rápido.

Unos fines de semana más tarde fue a una fiesta de quince con Gabriel y el dueño de casa les ofreció una batería que tenía abandonada en el garaje: Gustavo tenía dieciséis años y en todos lados veía señales de que tenía que armar urgente una banda. Antes de irse cargaron la batería en el baúl del Citroën y, al día siguiente, ya estaban encerrados en lo de Gabriel haciendo ruido.

Al poco tiempo, en uno de los eventos que organizaban,

Gustavo se hizo amigo de un chico llamado Carlos que trabajaba en el cementerio de Chacarita y lo invitó a sumarse a su banda de música afro, que se llamaba Koala: estaba empezando a suceder. Los ensayos con el grupo fueron verdaderas clases de música en las que aprendió a encontrar un pulso más rítmico para tocar funk y rhythm & blues en la guitarra, conectar con el groove de las canciones. Carlos era fanático del rock pesado y se quedaban horas zapando temas de Riff, Pappo's Blues y La Pesada del Rock and Roll, grupos que Gustavo no había escuchado nunca.

Con Koala tocaban los fines de semana en cumpleaños y fiestas de colegios del barrio mientras se sumaba también a la banda de la parroquia. En misa, además de los temas clásicos, tocaban *La Biblia* de Vox Dei e hicieron una adaptación de "Blowing in the wind" de Bob Dylan que empezó a tocarse en varias iglesias. La letra, en vez de decir "The answer my friend/ is blowing in the wind/ the answer is blowing in the wind", decía "Saber que vendrás/ saber que estarás/ partiendo a los hombres tu pan".

En la parroquia además empezó a componer sus primeras canciones y, rápidamente, se convirtieron en hits entre sus compañeros. Una se llamaba "Desértico" y la letra decía: "Yo sé que todo el mundo está desértico/ yo sé que solo hay algo que es magnífico/ ese algo es amor". Y a fin de año, para un concurso de música al que se presentaban los coros de los colegios católicos de la ciudad, sobre una base de rock progresivo, Gustavo compuso una canción navideña que causó sensación. Antes del concurso, usó la parroquia para ensayarla al final de la misa: después de que el sacerdote daba la bendición, Gustavo empezaba a tocar la guitarra y cantaba "Ellos contemplan la tibia ciudad/ la brisa fugaz/ el sol me descubre en forma de paz/ ya todo amanece, siendo verdad/ hoy es Navidad, y es todo luz, es todo paz/ que nadie esté solo ni sienta dolor/ estamos juntos en la mano de Dios".

Aunque el tema se robó todos los aplausos, era demasiado rockero y eligieron como ganador a otro grupo. Dos días después, lo transmitieron por Canal 9 y todo el colegio lo vio. Durante las últimas semanas de clase antes de terminar quinto año, Gustavo fue una especie de estrella de rock en el San Roque.

3. Arriba del garaje

Frente a la puerta de la casa, sentado en el cordón de la vereda, había un chico con el pelo largo y enrulado, shorts y medias de fútbol. Era un domingo a la tarde y las calles del barrio de Núñez estaban vacías. Gustavo se había tomado un colectivo desde Villa Ortúzar hasta la estación de Barrancas de Belgrano, donde se había encontrado con Zeta, que venía en tren desde San Fernando, y desde ahí habían caminado unas quince cuadras hasta la casa de un pibe que se había pasado todo el verano invitando a salir a una de las hermanas de Gustavo en la pileta del club River Plate.

Charly tenía dieciocho años y estaba en el equipo de waterpolo del club. En verano, los entrenamientos se llenaban de grupitos de chicas que iban a verlos jugar y, cuando terminaban, él siempre se acercaba a la hermana de Gustavo para invitarla a salir otra vez y que ella le dijera que no. Laura tenía novio y lo máximo que había conseguido era que ella le siguiera la charla un rato al borde de la pileta y, una de esas tardes, ella le preguntó qué le gustaba hacer y él le contó que tocaba la batería.

—Me gusta la música, toco la batería.

—Ah, mirá, mi hermano toca la guitarra.

—¿Y qué música le gusta?

—Creo que tiene discos de The Police y XTC.

Era el verano de 1982. El post-punk y la new wave todavía eran un estallido en los sótanos de Londres, una lectura pop y sofisticada del punk. En Buenos Aires los nombres de esas bandas eran una contraseña que sólo unos pocos conocían y eran exactamente las mismas que estaba escuchando Charly. Un viernes, después de volver a llamarla para invitarla a tomar algo, Laura volvió a decirle que no y Charly decidió que no iba a colgar sin haber conseguido algo.

—Bueno, está bien —le dijo—, pero pasame con tu hermano.

El teléfono estaba en el living. Del otro lado de la línea, Charly escuchó cómo Laura le gritaba a Gustavo, cómo Gustavo le preguntaba a lo lejos quién era, cómo Laura trataba de explicarle... Hasta que de pronto lo sobresaltó su voz del otro lado del teléfono.

—¿Hola?

Eran dos desconocidos, pero que escucharan esos discos que casi nadie sabía que existían era algo que los unía y esa tarde se quedaron un rato largo hablando de música, de discos y Charly le contó que tocaba la batería y que tenía ganas de armar una banda, Gustavo le dijo que él también quería armar un grupo y que conocía a un bajista.

Se llamaba Héctor Bosio, pero le decían Zeta. Charly tenía una sala de ensayo en su casa y quedaron en juntarse ahí el fin de semana siguiente. Gustavo tenía 22 años y Zeta 23. Estaban cursando tercer año de la carrera de publicidad en la Universidad del Salvador, se pasaban todo el día escuchando los discos de The Police y querían armar una banda moderna que, además, tuviera el look de una banda moderna: el punk y la facultad les había hecho entender la importancia de la imagen. El domingo siguiente ya estaban llegando a lo de los Alberti cuando lo vieron vestido con shorts y medias de fútbol.

—Debe ser el hermano, ¿no? —dijo Zeta.

—Sí, debe ser —dijo Gustavo.

Sentado en el cordón de la vereda, viéndolos llegar, mirando al hermano de Laura y a su amigo, dos chicos que estudiaban publicidad, que trabajaban, que le llevaban más de cuatro años, Charly se preguntaba si la cosa podía llegar a funcionar.

Tenía cinco menos que ellos pero en cierto sentido tenía más experiencia. Su padre, Tito Alberti, era un prestigioso baterista de jazz que había experimentado con ritmos caribeños, fundado la orquesta Cinema Jazz y compuesto el clásico infantil "El elefante trompita". Charly aprendió a tocar la batería a los seis años y a los catorce ya había formado una banda de covers de Bee Gees y Kool and The Gang junto a Ángel Mahler y el Negro García López, con la que tocaban en fiestas de cumpleaños. Además, en su casa tenía dos cosas que todos los que estaban empezando a armar una banda soñaban con tener: equipos y un lugar para ensayar.

Después de saludarse, Charly los hizo pasar a su casa y lo siguieron por una escalera a la izquierda del hall de entrada que conducía hasta un cuartito arriba del garaje. Cuando entraron, Gustavo y Zeta miraron a su alrededor ocultando su fascinación: las paredes estaban recubiertas con varillas de madera hardboard rellena de lana de vidrio para insonorizarlo, un estante recorría las cuatro paredes a media altura con viejos equipos de sonido nacionales amontonados, había una batería armada en un rincón, varios amplificadores, un escritorio, un grabador mono para escuchar cassettes y un colchón contra la pared que Charly usaba a la noche para dormir.

Esa tarde no enchufaron ningún instrumento, pero se

quedaron hablando durante horas de las bandas que les gustaban, los últimos discos que habían escuchado, pusieron en la bandeja el vinilo de *Reggatta de Blanc*, que The Police había editado en 1979 y que a los tres los había fascinado. Eran tres jóvenes conspirando en una sala de ensayo, planeando qué tipo de grupo iban a ser, cómo iban a sonar, cuál iba a ser el look que iban a tener sobre el escenario.

A la noche, cuando bajaron las escaleras y salieron de nuevo a la calle, se despidieron y, antes de que Charly cerrara la puerta, Gustavo se dio vuelta y le dijo:

—El pelo te lo cortás.

Antes de ser una banda de rock, Soda Stereo fue una idea en el aula de la carrera de publicidad, un estado de efervescencia, una energía todavía sin forma. A fines de los 70, la Universidad del Salvador era la única que había abierto una carrera de Comunicación Social orientada al periodismo y la publicidad, y en sus aulas había confluido un grupo de jóvenes inquietos, modernos y despolitizados que escuchaban discos que no llegaban a la Argentina. No se preguntaban si la música era comercial o no porque en los 80 el rock ya no se iba a volver a hacer esa pregunta. Para salir a bailar se maquillaban, se desteñían el pelo y estaban viviendo la primavera democrática unos meses antes de que llegara, absorbiendo lo que pasaba afuera y probándose antes que nadie la estética de la nueva década. De alguna manera, eran una vanguardia.

Gustavo tenía diecinueve años, acababa de salir del servicio militar después de un año en un cuartel a veinte cuadras de su casa y había llegado a esa clase por descarte. Era marzo de 1979. Sabía que quería ser músico, pero venía de una casa en la que a nadie se le había ocurrido nunca que eso fuera una posibilidad. Para su familia, que en los 50 y 60 había sido arrastrada por la movilidad social ascendente del peronismo hacia la clase media, terminar de conquistar simbólicamente el estatus económico que ahora ocupaban, con los viajes a Miami del padre por trabajo, la casa propia, el Falcon gris y el departamento en Pinamar, significaba que los hijos fueran a la facultad, se recibieran, tuvieran un título.

Cuando estaba terminando la secundaria y tenía que decidir qué carrera estudiar, Lillian trataba de convencerlo de que dibujando tan bien tenía que ser arquitecto, pero Gustavo ya sabía que quería ser músico y arquitectura le parecía una carrera demasiado difícil para anotarse sin estar convencido. Finalmente terminó decidiéndose por publicidad, que sonaba más liviana y prometía hacerle ganar plata.

Después de aprobar el curso de ingreso, el primer día de clase llegó a la facultad y se sentó en uno de los bancos del fondo. Tenía rulos y, a diferencia del resto, no tenía ningún look particular: sólo jean y remera.

En el aula estaba Carlos Alfonsín, que había vivido con su familia en Río de Janeiro, San Pablo, Belo Horizonte y Mar del Plata, trabajaba en una productora de cine filmando publicidades para televisión, quería ser DJ y le gustaba toda la música que nadie conocía, los discos raros que nadie llegaba a abrir. Más adelante se sentaba Chris Penn, una rara mezcla de inglesito, venezolano, chico de San Isidro y nerd de la música, que había vivido en varios países del mundo con su familia y trabajaba como asistente del director del sello Fonogram. Más tarde se iba a convertir en el dealer que les iba a proveer los vinilos que llegaban de afuera, incluso los que la compañía no iba a editar. Estaba Gustavo Briones, otro melómano enfermizo. Oscar Kamienomosky, que tocaba la guitarra, tenía varias bandas a la vez y conocía a muchos músicos. Carlos Salotti, que iba a terminar trabajando como productor de radio y televisión. Y unas semanas después, en medio de una clase, iba a entrar a esa misma aula, sentando en el único banco vacío, adelante de todo, un pibe con algunos rulos, un bigote espeso, una gorrita colorada de camionero del sur de Estados Unidos y pantalones patas de elefante.

Le decían Zeta porque siempre era el último en llegar y acababa de volver al país después de un año viajando por el mundo en la fragata *Libertad*, un buque de la Armada que servía como campo de entrenamiento en mar abierto para los guardiamarinas. Zeta había abandonado el año anterior la facultad para subirse al buque como músico de la orquesta y, en alta mar, había aprendido desde salsa hasta música árabe, porque cada vez que anclaban en un puerto los marinos tenían que tocar algunas canciones tradicionales del país que pisaban.

A las pocas semanas de clase, en el aula ya había un tráfico intenso de discos editados por bandas de las que nunca había escuchado hablar como Squeeze, XTC y The Specials. En esa época, a Fonogram llegaba material nuevo todas las semanas, vinilos de promoción de las distintas filiales del sello en todo el mundo y, en la Argentina, Chris Penn y su jefe eran los encargados de decidir qué era lo que se iba a editar en el país, qué era lo que la gente iba a escuchar, lo que las radios iban a pasar y lo que no. Fonogram, además, tenía subsellos como Polidor, Poligram y Virgin, que editaba muchos discos de reggae, un género que aquí todavía no se escuchaba.

Chris repartía entre ellos todos esos discos y el criterio que tenía era: todo lo que no se editaba en la Argentina o era medio raro se lo daba a Alfonsín; a Gustavo Briones le daba los discos de los grupos de rock más románticos, y Chris y su jefe se quedaban con lo más mainstream.

Esa era la división inicial del material, pero después había una subdivisión más. Una vez que Chris Penn le daba todos los discos raros que nadie se iba a molestar en abrir, Alfonsín se dedicaba a investigar qué había en todos esos vinilos en busca de joyas ocultas para hacérselas escuchar a sus amigos, como Moody Blues y 10cc.

En el curso de al lado estaba Alfredo Lois, un artista visual que a las pocas semanas ya se había convertido en uno más del grupo, atraído por esa circulación de vinilos recién horneados que llegaban de afuera. Los fines de semana se juntaban a estudiar y escuchar música en la casa de Chris, que vivía en una mansión en las Lomas de San Isidro y, como el padre era uno de los gerentes generales de Coca-Cola, absolutamente todo tenía el logo de la marca: las tazas, las cortinas, los cubiertos, los relojes, las sábanas.

Gustavo había empezado a tocar en Vozarrón, un grupo que fusionaba jazz y folklore, y se había tragado un libro de 800 páginas para conseguir un trabajo a la tarde en el laboratorio Boehringer Argentina como asistente, que le permitiera financiarse la facultad. Estaba rompiendo la burbuja en la que se había criado entre el colegio parroquial de Villa Ortúzar, las aventuras por el barrio, las canciones de misa y el rock progresivo, empezando a curtirse como músico, a tocar covers en sótanos más o menos sucios y a perder sus prejuicios mientras todo se aceleraba.

Al año siguiente, Vozarrón se había disuelto pero Gustavo ya estaba tocando en otras dos bandas. A través de Oscar Kamienomosky había conocido a dos músicos de blues de Flores y habían armado un trío de rock y blues, inspirados por la visita de Santana a Buenos Aires, al que le pusieron Existencia Terrenal, pero terminaron reduciendo el nombre a sus iniciales, lo que le daba un significado exactamente opuesto: E. T. Los fines de semana tocaba con Sauvage, una banda de música disco y soul en la que era guitarrista y cantaba junto a dos chicas inglesas en bar mitzvahs, fiestas judías, y en El Arca de Noé, un cabaret israelí sobre la avenida Ángel Gallardo, frente al Museo de Ciencias Naturales de Parque Centenario. Tocar para judíos tenía la ventaja de que pagaban mejor y antes del show.

Ahí, el grupo interpretaba los hits que sonaban en la radio de bandas de pulso funk como Earth, Wind & Fire, The Commodores y, sobre todo, de Michael Jackson, que acababa de editar *Off the Wall*. Con ese álbum, Jackson había sacado a la música disco de los boliches para convertirla en un género mainstream; a Gustavo le sirvió para modelar un estilo más rítmico en la guitarra.

En El Arca de Noé las prostitutas esperaban sentadas en la barra a que los clientes les invitaran un trago, las llevaran a una mesa y después pasaran a alguno de los cuartos, mientras al fondo, arriba del escenario, Gustavo y sus compañeros eran una atracción demasiado secundaria.

Pero Gustavo tenía una dirección, estaba convencido de lo que quería hacer y, entre los hits que tocaban, traficaba temas propios, usando esos shows como ensayos en vivo. En algún momento de la noche, Sauvage se ponía a zapar canciones nuevas de Gustavo, que cobraban forma sobre el escenario, para ese público desinteresado.

En diciembre de 1980, The Police visitó la Argentina para presentar *Zenyattà Mondatta*, su tercer disco, y fue como la llegada del profeta. Para la mayoría de la gente el show pasó inadvertido. Era la primera vez que una banda de afuera visitaba el país en su momento de mayor explosión internacional, sólo que la radiación todavía no había llegado hasta Sudamérica. El domingo 14, cuando salieron a tocar al escenario del boliche New York City para dar el primero de los tres shows pactados, casi nadie sabía quiénes eran. En una extraña pirueta de vuelos, el empresario Daniel Grinbank había logrado traer al grupo, en un hueco de algo más de una semana que tenían en la gira entre un show en el Sunrise Theater de Fort Lauderdale, en Florida, y el Tooting Bec Common de Londres. Ese domingo tocaron en la inauguración del boliche New York City, el lunes 15 en Obras Sanitarias y el martes 16 en el Estadio Mundialista de Mar del Plata.

New York City, sobre la avenida Álvarez Thomas, abría a una cuadra y media de la casa de la familia Cerati, así que esa primera noche de The Police en Buenos Aires, Gustavo y Zeta estuvieron en la puerta desde temprano. Zeta había empezado a ensayar en una banda que se llamaba The Morgan, que un conocido había armado para ir a tocar en el verano a un parador de Punta del Este, y con ellos estaba Charly Amato, uno de los guitarristas de la banda.

Dentro del boliche, en el público eran casi todos invitados de los encargados de relaciones públicas que habían ido a la fiesta y, cuando Sting, Copeland y Summers salieron al escenario, ni se molestaron en darse vuelta. Después del show, Gustavo corrió hasta su casa a buscar un póster del grupo que había salido en la revista *Pelo* y esperaron a que salieran para perseguirlos en el Falcon gris de Juan José hasta el Sheraton, a la caza de un autógrafo. Ahí lograron que Sting, Copeland y Summers se lo firmaran. Esa noche, cuando volvió a su casa, Gustavo pegó el póster en la puerta de su cuarto.

A las pocas semanas, Gustavo recibió el primer gran llamado de su carrera: una conocida de los dueños del cabaret lo llamó para contratar a Sauvage para tocar durante todo enero en un bar de Punta del Este: era la primera vez que iba a salir del país.

Ese verano, Gustavo se encontró en Uruguay con Zeta, que había ido con su banda. Sauvage tocaba en un barcito en la Punta, en el centro de Punta del Este, y The Morgan en La Olla, un parador saliendo de la Punta, sobre la playa Brava. Gustavo y sus compañeros estaban alojados en un departamentito a pocas cuadras del bar que los había contratado. Zeta y un amigo vivían en un departamento en el centro y el resto estaban instalados en la casa de veraneo de la familia de uno de ellos.

Pero a los pocos días de haber llegado, el barcito quebró y Gustavo y sus compañeros se quedaron varados en Punta del Este sin nada para hacer y sin plata. Para sobrevivir, trataron de vender las cosas que los dueños del bar habían abandonado, pero sólo lograron alquilar el piano. A Gustavo, Zeta lo alojó en el cuarto que tenía con un amigo y, usando una frazada como colchón, durmió entre las dos camas.

Después de dos semanas de andar juntos, yendo a la playa, al cine y al barcito donde tocaba The Morgan, Gustavo y Zeta se hicieron realmente amigos y empezaron a pensar en tocar juntos. Cuando volvieron a Buenos Aires, Zeta siguió tocando con The Morgan y, por un momento, las cosas parecieron irle bien. Grabaron un demo, un programa empezó a pasar uno de sus temas y llegaron a tocar en varios programas de televisión como *Domingos para la juventud* y *Show Fantástico*.

Cuando las cosas empezaban a funcionar, la banda perdió a varios de sus integrantes. Salvo para Zeta y Osvaldo Kaplan, que la había armado, para el resto tocar en la banda era un hobbie por fuera de sus carreras y trabajos. Durante esos meses empezaron a circular varios músicos para reemplazar a los que se iban, pero ninguno duró demasiado. Uno de los músicos que se sumó temporalmente en los teclados, antes de que el grupo se desarmara del todo, se llamaba Andrés Calamaro, tenía veinte años, venía del grupo de candombe-rock Raíces y estaba buscando su próximo destino musical.

Como casi todo el grupo vivía en Zona Norte, ensayaban en un cuartito en la casa de los padres de Zeta, en

San Fernando. Y Gustavo, que se había quedado sin banda y pasaba cada vez más tiempo con Zeta, empezó a tocar también con ellos.

Era una generación buscando su camino. Átomos en movimiento, ordenándose y desordenándose en distintas estructuras hasta encontrar la forma correcta de lo que estaban buscando armar. Al poco tiempo, Los Abuelos de la Nada convocaron a Calamaro y The Morgan se desarmó. Zeta se acababa de quedar sin grupo.

Como Calamaro todavía tenía sus teclados en la casa de Zeta, mientras empezaba a ensayar con Los Abuelos, entre Zeta, Gustavo y Andrés armaron un trío de música tecno al que llamaron Proyecto Erekto. Ese grupo duró solo un par de semanas y, cuando Gustavo y Zeta se quedaron solos, se cambiaron el nombre a Stress, después a Estereotipos y empezaron a tocar covers de The Police.

En las horas de facultad se la pasaban pensando nombres y, con Alfredo Lois y Ernesto Savaglio, armaron una agencia de publicidad que bautizaron Hergus & Herlois. Consiguieron una oficina dentro de una agencia de Prode en Villa Adelina, que se llamaba Casa Mario, y su primer proyecto fue armar el *Infor-Mario*, un boletín de dos páginas que contenía la tarjeta ganadora de la semana, chistes y publicidades de los negocios de la zona. Gustavo se dedicaba a la parte gráfica del boletín junto a Lois y Zeta redactaba los textos.

Con ese boletín, más algunos trabajos esporádicos como catálogos para casas de moda de barrio o calendarios, pudieron cubrir los gastos de la aventura publicitaria hasta fin de año. Y el verano siguiente, con todas las bandas disueltas pero con la decisión de armar una, fuera como fuera, Gustavo se fue de vacaciones a Pinamar con su familia la primera quincena de enero, al departamento de sus padres. En la segunda quincena se fue a la casa que Zeta había alquilado con un amigo en Ostende y que habían convertido en un hostel, subalquilando los cuartos.

Gustavo y Zeta volvieron de esas vacaciones decididos a formar un grupo y un viernes a la tarde, a fines de febrero, sonó el teléfono en la casa de la familia Cerati y era Charly Alberti, que llamaba a Laura para salir a tomar algo a la noche.

Después de ese primer encuentro en la casa de Charly, quedaron en volver a encontrarse el fin de semana siguiente, esta vez con instrumentos. Siete días más tarde, Gustavo volvió a tomarse el colectivo hasta Barrancas de Belgrano, se encontró con Zeta que venía en tren desde Martínez y caminaron otra vez hasta la casa de los Alberti. Gustavo llevaba su guitarra en una funda colgada al hombro y Zeta su bajo. Cuando llegaron y Charly les abrió la puerta, se había cortado el pelo.

Enchufaron los instrumentos y empezaron por el principio: lo que tenían en común. Encerrados en ese cuarto arriba del garaje, un sábado de verano de 1982, mientras el sol hervía el asfalto de las calles de Núñez, Gustavo, Zeta y Charly estaban entrando en combustión, asistiendo a la creación de un campo magnético propio, un tipo de energía particular que nacía a partir de las canciones de The Police que se sabían de memoria porque cada uno había practicado por separado durante horas y horas en sus casas, copiando la forma de tocar la guitarra, el bajo y la batería de Sting, Summers y Copeland. Esa tarde, Gustavo también les mostró algunas cosas que había compuesto en el verano en Ostende y zaparon un rato arriba de esas ideas melódicas que todavía no tenían una forma definida.

Empezaron a ensayar todos los días después del trabajo

y ese cuarto se convirtió en una incubadora en la que se encerraron hasta el verano siguiente, sumergiéndose semanas enteras en géneros como el reggae, escuchando unos cassettes de Bob Marley y Toots and the Maytals que una compañera de Facultad de Lillian que había vivido en Jamaica le regaló a Gustavo. Buceando en el groove de esas canciones como en una placenta de la que nutrir su sonido, fueron aprendiendo la forma de tocar los instrumentos para abordar las canciones y terminar de entender la manera en la que The Police se apropiaba de ese sonido para infiltrarlo dentro de sus canciones.

Afuera de la sala, Argentina entraba en guerra con Gran Bretaña a comienzos de abril por la soberanía de las islas Malvinas. El conflicto era una estrategia del presidente de facto Leopoldo Galtieri para ganar tiempo en el poder y frenar el derrumbe del gobierno militar que en un comienzo había contado con la simpatía de varios sectores de la sociedad pero con la economía colapsada y las violaciones a los derechos humanos había entrado en decadencia. Y en un principio funcionó. Con los soldados resistiendo en las islas los ataques ingleses, en el continente la existencia de un enemigo externo generó una especie de unidad: la gente se agolpaba en la Plaza de Mayo para llevar víveres a los conscriptos y se desató una fiebre antibritánica. Los oyentes empezaron a llamar a las radios para repudiar que pasaran canciones en inglés y, de pronto, en ese contexto, el rock nacional encontró un vacío inesperado para ganar rotación en las radios y popularidad.

En el club Obras Sanitarias se organizó en mayo el Festival de la Solidaridad Latinoamericana, que convocó a más de 70 mil personas para reclamar por la paz y en el que tocaron artistas como León Gieco, Charly García y Luis Alberto Spinetta bajo el lema "Mucho rock por algo de paz". Aunque en estado de guerra el rock nacional alcanzaba su primer gran pico de masividad, el festival terminó siendo una emboscada simbólica: lo que se había vendido como una jornada a favor de la paz, terminó funcionando como un concierto para alentar el espíritu de las tropas.

Pil Trafa, líder del grupo punk Los Violadores, que al igual que Virus se había negado a participar, declaró en una entrevista: "Si el rock es rebelde ahí nadie se rebeló: levantaron la alfombra y metieron la basura abajo. Salvo Spinetta, que se sintió usado, ninguno fue capaz de una autocrítica. Ese festival de tan fraternal se volvió fratricida".

Abstraídos de todo lo que pasaba, Gustavo cambió su trabajo de visitador bioquímico por el de vendedor de productos de limpieza en las galerías de la avenida Cabildo y Zeta entró a Cablevisión con Alfredo Lois. A la mañana iban a la facultad, a la tarde trabajaban y, cuando terminaban, se juntaban en lo de Charly a tocar. Eran meses de educación sentimental y musical, en la que fueron creando una forma de asimilar la música entre los tres, de estudiar y aprender como banda otros géneros como el punk, el post-punk, la new wave y fundamentalmente la energía del ska, convirtiéndolos en parte de su ADN musical.

Pero sentían que les faltaba algo. Gustavo no estaba lo suficientemente seguro como para hacerse cargo de todos los efectos sonoros de las guitarras del grupo y ser el frontman al mismo tiempo; creía que en vivo eso le restaría poder de fuego al grupo: si se enfocaba en el liderazgo escénico, no se concentraría en la densidad rítmica de su guitarra y, si le dedicaba su energía a eso, el grupo iba a perder actitud. Además, estaban los prejuicios de la época: para una banda que había empezado a tocar obsesionada con The Police, salir en formato de trío con una energía y un estilo similares era condenarse a que los tomaran por una banda de covers, así que durante casi todo el 82 los ensayos en la casa de Charly fueron, además, un casting permanente de guitarristas, tecladistas y saxofonistas en busca del cuarto integrante del grupo.

Durante algunas semanas sumaron como segunda guitarra a Ulises Butrón, que venía de tocar en el grupo SIAM con Daniel Melero y Richard Coleman. Una tarde que Melero lo acompañó a Butrón a los ensayos, se pusieron a zapar y por unos días fueron un quinteto. Solían grabar los ensayos para tener mayor conciencia del sonido del grupo y, cuando se sintieron más seguros, grabaron con Butrón un primer demo de tres temas, asesorados por el bajista de la orquesta del padre de Charly Alberti.

El primer tema era "Dime Sebastián", en el que Cerati cantaba "Dime Sebastián, qué hay de nuevo en el cielo" y que compuso inspirándose en Sebastián Simonetti, su ex compañero de colegio. Después había un tema que compuso en la sala y que tenía el nombre provisorio de "Jet-set" y el tercero era "Debo soñar", un tema de Butrón.

Cuando se dieron cuenta de que Butrón no era el guitarrista que necesitaban, probaron con el tecladista Daniel Masitelli, que había sido compañero de Gustavo en Sauvage; más tarde con Aníbal René, que tocaba en la banda new wave Radio City, y con Eduardo Rogatti, que después de ensayar con ellos un par de semanas les dejó anotado en un papelito el número de teléfono de Richard Coleman, un alumno suyo de guitarra que vivía en Vicente López, también fanático de XTC y The Police, que podía sumarles los efectos y la distorsión que estaban buscando.

Sin embargo, había algo en la energía y la actitud del trío que resultaba impenetrable para los músicos que iban a probarse, que resultaba expulsiva: una intensidad centrífuga que hacía que los músicos que lo intentaban no pudieran terminar de sentirse parte, así que durante unos meses volvieron a su forma nuclear de trío. Y en octubre de ese año, decidieron volver a probar con otro guitarrista. Charly llamó a Coleman y le dijo que tenía la mejor banda new wave que había en ese momento, que tenían al mejor guitarrista y que el bajista la rompía.

—¿Y entonces para qué me necesitás? —le preguntó Coleman.

—No, bueno, es que estábamos buscando tener otra guitarra en la banda —le respondió Charly.

Coleman quedó en llamarlo. Aunque el tono de Charly le había resultado bastante pedante, lo había tentado que ensayaran en Núñez, a veinte cuadras de su casa. Y aunque en la charla no se lo había dicho, Coleman ya había escuchado un cassette con algunos temas del grupo que le había mostrado Butrón y las canciones le habían gustado: sonaban modernas, una clase de pop bien rítmico que nadie más estaba tocando.

A las dos semanas, Coleman le devolvió el llamado a Charly y unos días más tarde fue a ensayar con ellos. Coleman tenía diecisiete años y, además del sonido del postpunk, había adoptado todo el look: tenía el pelo muy corto y las patillas cortadas en triángulo hacia adelante, como dos flechas, copiando a Andy Mackay de Roxy Music. Usaba un buzo teñido de negro, ya gastado y dado vuelta, con las mangas y el cuello cortados, unos jeans rotos arreglados con cinta de embalar y borceguíes negros.

Esa tarde, cuando entró a lo de Charly, se llevó varias sorpresas. Se encontró con tres chicos vestidos normal, de jean y remera, y vio que el cuarto en el que se juntaban a tocar no era un rincón de la casa lleno de cosas: era una verdadera sala de ensayo, algo que casi ninguna banda tenía en esa época. Además, él estaba acostumbrado a que los ensayos de SIAM con Butrón y Melero fueran excusas para juntarse a fumar marihuana, pero ahí el aire estaba extrañamente despejado.

Aunque su primera impresión fue que acababa de caer en la trampa de tres chicos de mamá, después de charlar un rato hubo algo en esa atmósfera profesional que se respiraba que le resultó atractivo: Gustavo, Zeta y Charly se tomaban en serio lo que hacían. Él había ido con su guitarra, un bolsito con sus pedales y un cassette con tres temas que le había producido Melero, así que lo primero que hizo fue sacar el cassette para que lo escucharan.

—Ah, qué bueno, trajiste tus canciones —le dijo Gustavo, agarrando un grabador mono, con sólo cuatro botones y un parlantito que tenían ahí en la sala.

—No sé cómo va a sonar acá —trató de defenderse Coleman, mientras le daba el cassette.

Gustavo lo puso y apretó play en el equipo; era el que con su actitud comandaba los ensayos. Las canciones empezaron y a Richard le impresionó la atención que prestaba Gustavo. Parecía saber qué buscaba en ellas.

—Qué bueno está esto, ¿tenés más temas? —le preguntó, satisfecho.

—Sí, tengo unos cuantos, debo tener diez más.

—Ah, qué bueno, nos hacen falta. Bueno, vamos a tocar un poco y te voy mostrando lo nuestro.

Coleman enchufó su guitarra en uno de los viejos equipos del padre de Charly y sacó los dos pedales que había llevado, un delay Memory Man y un Corus Flanger de Morley. Antes de empezar, mientras Cerati le pasaba los acordes de una canción que tenía el título provisorio "Jetset", Coleman miró a ver qué pedales tenía y se extrañó de que tuviera uno solo.

Gustavo tenía un short de fútbol, una remera medio desteñida y los rulos crecidos. No parecía alguien demasiado preocupado por su imagen. El resto de la tarde se la pasaron tocando los temas de Gustavo, como "Trae Cola", "Detectives", "Dime Sebastián" y los que había llevado Coleman en su cassette.

Mientras tocaban, Richard empezó a escuchar un delay en la guitarra de Gustavo. Volvió a mirarle los pies buscando el pedal con el que lo hacía pero no vio nada, así que siguió tocando pensando que había escuchado mal. Al ratito, volvió a escuchar el delay y, cuando miró de nuevo, se dio cuenta de que, como no tenía el pedal, Gustavo simulaba el efecto tocando con diferente intensidad las cuerdas de la guitarra, generando un eco que también hacía cuando cantaba.

Zeta también lo impresionó: tocaba de una forma muy moderna, haciendo vacíos con el bajo. El ensayo no tenía descanso, trabajaban con precisión las canciones y Gustavo lo retaba todo el tiempo a Charly para que tocara la batería como él quería: los cuatro años de diferencia que Charly tenía con Gustavo y Zeta lo convertían en una especie de hermano menor.

Durante unos cuatro meses ensayaron con esa formación y Richard vio cómo Charly iba adoptando su look de buzo dado vuelta y sin mangas. Gustavo y Zeta todavía se vestían como chicos de la facultad. En esas tardes en la sala, sin embargo, Coleman no se terminaba de sentir parte del grupo. Aunque habían incluido sus canciones al repertorio y se dividían las voces con Gustavo, tenía la sensación de que ellos tres acompañaban sus canciones y de que él acompañaba las de ellos. Hacia el final del verano, Coleman empezó a cursar en la facultad de Ciencias Exactas y una tarde, antes de un ensayo, los reunió para decirles que se iba, pero que tenían que dejar de buscar un cuarto integrante y salir a tocar urgente, antes de que apareciera otro grupo con un estilo similar: era ahora o nunca.

El 19 de diciembre de 1982, después de pasar casi un año encerrados en la sala, Gustavo, Zeta y Charly tocaron por primera vez en vivo. Fue en el cumpleaños de Alfredo Lois, que había empezado a involucrarse en la imagen del grupo. Todavía no tenían un nombre definitivo; durante las clases en la facultad, Gustavo y Zeta se pasaban nombres que escribían en sus carpetas para ver si aparecía alguno que les gustara y, cuando uno pasaba la prueba, se lo daban a Lois para que dibujara un logo y a la noche se lo mostraban a Charly. Mientras tanto, se hacían llamar Los Estereotipos.

Lois vivía en un departamentito en Olivos y, después de correr los muebles, Gustavo, Zeta y Charly armaron los equipos en un rincón del living, los enchufaron y empezaron a tocar para los quince amigos que habían ido, pero enseguida tuvieron que parar a vaciar un cristalero con copas que habían empezado a vibrar con los graves. Era un domingo a la noche y el set incluyó los primeros temas que habían compuesto, como "Dime Sebastián", "Detectives", "La calle enseña" y "Por qué no puedo ser del jet-set?", "Debo soñar" de Ulises Butrón, "I Saw Her Standing There" de los Beatles y unos temas nuevos que habían terminado en las últimas semanas: "Vitaminas" y "Diétetico".

Después de eso, volvieron a encerrarse en el estudio a seguir ensayando y solo salieron para tocar en algunas fiestas en lo de Marcel, un amigo uruguayo que había vivido con ellos en el hostel de Ostende y que tenía una casa con pileta en la zona norte de la ciudad. En esos primeros shows se vistieron con traje negro, camisa blanca y corbata negra finita y, después de tocar, corrían a la pileta para tirarse vestidos.

En la facultad, Gustavo y Zeta seguían jugando a combinar palabras para encontrar un nombre para el grupo y en uno de esos juegos unieron soda y stereo, y les gustó cómo sonaba.

Recién seis meses más tarde, en julio de 1983, volvieron a tocar en vivo. El debut público fue en la discoteca Airport, a una cuadra de Cabildo y la autopista General Paz, en Núñez. Fue un jueves a la noche, en un evento en el que había un desfile de modas y canilla libre de cerveza. Gustavo, Zeta y Charly tocaron en un entrepiso del boliche, mientras abajo las chicas desfilaban. En el público había unas doscientas personas y el sonido fue espantoso, pero les sirvió para probar "Juegos de seducción", un tema nuevo que Gustavo había llevado hacía poco a la sala.

Unas semanas más tarde, estaban en la cocina de la familia Alberti comiendo unos tallarines después de un ensayo, cuando sonó el teléfono. Era Rick Mor, bajista de Nylon, para decirles que su grupo no iba a poder tocar esa noche en el Stud Free Pub y preguntaba si podían reemplazarlos. Sentados alrededor de la mesa, Zeta y Gustavo se miraron medio segundo y no lo dudaron. Dejaron la comida por la mitad, cargaron los equipos y los instrumentos en la camioneta Volkswagen del padre de Charly y salieron.

El pub quedaba a sólo quince cuadras, en Libertador y La Pampa, pero para ellos significó un viaje definitivo hacia el mundo exterior: esa noche, frente a las treinta personas que había en el lugar, desplegaron la energía punk, la pose pop y el pulso ska de sus canciones, y fue un éxito instantáneo. Cuando terminaron, el encargado del lugar quedó tan impresionado que les ofreció empezar a tocar ahí una vez por semana y, un rato más tarde, Horacio Martínez, un cazatalentos de la discográfica CBS, les golpeó la puerta del camarín para ofrecerles un contrato.

Martínez era una leyenda de la industria que en los 60 había frecuentado La Cueva, La Perla de Once y Plaza

Francia para reclutar a los primeros grupos de rock y había hecho grabar por primera vez a pioneros del rock nacional como Los Gatos, Los Beatniks, Moris y Tanguito. El 17 de agosto de 1983, un mes después de debutar en vivo, Gustavo, Zeta y Charly estaban firmando su primer contrato discográfico. El acuerdo incluía que el grupo se concentrara en tocar en vivo la mayor cantidad de veces posibles para llegar curtidos a la grabación del primer disco y, además, lograr que el nombre del grupo se infiltrara en el ruido del circuito under de Buenos Aires, así que 1983 terminó con Soda Stereo tocando casi todos los fines de semana y compartiendo escenario con Sumo, Metropoli, La Sobrecarga, Los Twist y Alphonso S'Entrega en bares como La Esquina del Sol, Einstein, Zero y Stud Free Pub.

En diciembre, la Argentina recuperaba la democracia después de siete años de dictadura, Raúl Alfonsín asumía como presidente y en los sótanos Gustavo, Zeta y Charly ganaban músculo escénico y crecían como banda, alimentando sus sets con canciones más maduras como "Afrodisíacos" y "Sobredosis de TV". El uniforme de Cerati para salir a tocar era siempre el mismo: una remera naranja con las mangas cortadas y un # negro estampado en el pecho, un pantalón marrón militar con bolsillos a los costados y borcegos. Cuando volvía de trabajar, Juan José se cambiaba el traje por un jean y una camisa y la llevaba a Lillian a ver a Gustavo. Aunque Soda tocaba en sótanos húmedos y lugares llenos de punks, ellos no se perdían ningún show.

Un fin de semana antes de la Navidad del 83, Alfredo Lois tomó prestadas unas cámaras de Cablevisión, donde trabajaba como cameraman, y filmaron el clip de "Dietético" usando como locación la casa de un amigo, el Zero

Bar y la costa de Olivos. Todavía no habían grabado un disco, pero no importaba: sabían que parte del impacto del grupo se completaba con su imagen y un video era la mejor forma de comunicar el espíritu de Soda, así que usaron como audio un demo que habían grabado en el portaestudio prestado.

La grabación del disco se había empezado a dilatar después de que Martínez les insistiera para que registraran como single un tema del grupo mexicano Los Teen Tops, así que empezaron 1984 tocando frenéticamente en los bares de Buenos Aires, haciéndose un nombre y teniendo a Luca Prodan de invitado cuando aparecía en sus shows con una bolsa llena de cassettes de Sumo para vender entre el público.

Los hermanos Federico, Marcelo y Julio Moura los vieron en el Zero Bar una de esas noches. A pesar de la desprolijidad que tenían en vivo les encantó cómo sonaban y llamaron a su manager, Carlos Rodríguez Ares, para convencerlo de que los contratara.

A las pocas semanas, Rodríguez Ares acompañó a los Moura a ver a Soda y decidió ficharlos en su agencia. Su primera acción fue diseñar un plan de shows para instalar definitivamente al grupo en la escena de Buenos Aires que empezó pactando unas fechas con Virus en el cabaret Marabú para comienzos de febrero, durante los feriados de carnaval.

Antes de los shows, una tarde Gustavo tuvo que ir a las oficinas de Rodríguez Ares en Santa Fe y Cerrito para coordinar los detalles. Tomó el colectivo de la línea 108 a dos cuadras de su casa. Era un día de semana, pleno verano, y cuando subió el colectivo estaba vacío, salvo por un metalero de pelo largo sentado al fondo.

Pagó el boleto, caminó por el pasillo y se dio cuenta de que era Adrián Taverna, el sonidista de Virus. Aunque tenía veinte años, dos menos que él, Taverna ya era una pequeña leyenda en la escena: había hecho su primer Estadio Obras como sonidista de Riff a los diecinueve y, después de que los hermanos Danny y Michel Peyronel produjeran *Agujero interior* de Virus, había empezado a ocuparse del sonido en vivo del grupo de los hermanos Moura.

Gustavo tenía la remera naranja con el # y, después de cruzar miradas, caminó hasta el fondo, lo saludó y se pasaron el resto del viaje hablando. Como Taverna no tenía teléfono en su casa y conseguir uno para llamar a la oficina era una operación demasiado complicada que se dejaba para casos de emergencia, la forma más fácil de enterarse del plan de shows del fin de semana era tomarse el colectivo y viajar media hora hasta el Microcentro.

Después de arreglar sus asuntos en la oficina, se volvieron otra vez en el 108 y quedaron en juntarse a escuchar música. Cuando llegó el carnaval, los shows de Soda y Virus en Marabú resultaron un éxito tan rotundo que Rodríguez Ares terminó convirtiéndolos en un ciclo de catorce fechas en las que también tocaron Los Twist, Los Abuelos de la Nada, Los Helicópteros y Zas, con el objetivo de que Soda se fogueara frente a los públicos de otros grupos.

Marabú era un sótano del Microcentro, en Maipú y Corrientes, que en los años cuarenta había funcionado como local de tango y tenía en la entrada un gran telón de terciopelo morado. Durante esos shows, Gustavo estrenó una cámara de eco a cinta Roland RE-501 que le había regalado su tía Dora, y Taverna se convirtió en el sonidista de la banda. En Marabú, sonaron más crudos que nunca, como una banda punk tocando canciones pop.

La noche que telonearon a Miguel Mateos/Zas, Gustavo estaba sobre el escenario, cantando "Vitaminas" y saltando con su guitarra, cuando de pronto vio entre el público a una chica con el pelo batido, los ojos delineados y un maquillaje casi zombie. Quedó tan fascinado que caminó hasta el borde del escenario, se agachó para mirarla más de cerca y le cantó el resto de la canción sólo a ella: tenía rasgos suaves y una sonrisa tan inocente que volvían más oscuro su look.

Era la mezcla de elegancia, rebeldía y modernidad que Gustavo estaba buscando para el look del grupo y, cuando terminaron de tocar, en vez de ir a los camarines, salió a buscarla entre el público y, hasta que arrancó el show de Miguel Mateos, se quedaron charlando contra una pared mientras Charly hablaba con la amiga.

—¿Y? ¿Te gustó el show? —le preguntó Gustavo cuando la vio.

—La verdad que no —le contestó ella.

—¿No? ¿Por qué?

—No sé, no es el estilo de música que más me gusta.

La chica se llamaba Anastasia Chomyszyn, le decían Tashi, tenía quince años y acababa de llegar a Buenos Aires después de vivir toda su vida en Inglaterra y Bélgica. Encarnaba la visión que él tenía para Soda Stereo, lo que él quería ser.

Esa noche se despidieron sin que Gustavo le pidiera el teléfono, pero Charly le había sacado el suyo a su amiga, así que ya sabía cómo encontrarla. A los tres días, como él tenía veinticuatro años y le daba miedo llamar a la casa de una chica de quince y que atendiera el padre, le pidió a Charly, que tenía veinte, que llamara por él.

—Hola, mirá, yo soy Charly, de Soda Stereo. Gustavo quiere conocerte —le dijo, cuando atendió.

—¿Y te manda a vos? —le contestó Tashi—. Decile que yo no quiero ver a alguien que me manda un amigo a que me llame por teléfono.

Y cortó.

Enseguida el teléfono volvió a sonar y esta vez era Gustavo, excusándose con el argumento de la edad.

—Lo que más me gustó de vos es que me dijiste en la cara que no te gustaba mi música —le dijo en un momento—. Te quiero conocer. Quiero que mi música te guste.

Quedaron en encontrarse el fin de semana siguiente en Fire, una discoteca de moda en el barrio de Núñez, a unas cuadras de la casa de Charly.

Ese sábado Gustavo fue al boliche y estuvo toda la noche buscándola entre la gente, pero Tashi no aparecía por ningún lado. Pensó que, como era muy chica, tal vez no la habían dejado entrar, pero salió varias veces a la calle y tampoco estaba. Tal vez se había arrepentido. O tenía novio. Pero Gustavo la necesitaba.

Los shows de Marabú habían salido tan bien que, después de esa seguidilla de ocho noches, Gustavo y Zeta decidieron dejar la facultad y dedicarse completamente a Soda Stereo. Para Gustavo había llegado el momento de elegir su camino. En los primeros meses de la facultad había empezado a salir con Ana, una chica alta y morocha de corte carré, con la que había tenido su primera relación seria y que se quería casar con él, tener hijos y esperarlo a la noche, con la comida hecha después de que volviera cansado de trabajar como publicista.

Por algún tiempo, ese plan conservador lo había seducido y había llegado a imaginarse su vida así, siguiendo el mandato de su familia. Pero que las cosas le estuvieran yendo bien con Soda Stereo lo había despertado: él quería ser músico, vivir de eso y, para entregarse completamente a su nueva vida, tenía que dejar atrás la vieja.

Después de abandonar la facultad y a su novia, con los días ocupados por los ensayos y su trabajo, empezó a visitar la casa de Taverna, que aunque nunca antes se habían cruzado, vivía a sólo cinco cuadras. En su cuarto tenía un equipo Sansui de buena calidad, con unos parlantes enormes que había armado él mismo cuando trabajaba en la fábrica de amplificadores Robertone y tenían un sonido arrasador. Todavía era verano, Gustavo ensayaba a la tardecita y Adrián trabajaba sólo los fines de semana, así que rápidamente se convirtió en una rutina juntarse a escuchar discos de Duran Duran, XTC, The Cars, The Specials, Kraftwerk y The Cult.

El cuarto de Taverna era un búnker que quedaba al fondo de la casa chorizo en la que vivía con su familia. Sentado en el piso de madera en medio de los dos parlantes, Gustavo pasaba tardes enteras tratando de asimilar la información que escuchaba, de entender cómo Duran Duran hacía sonar las baterías sampleadas en "The Wild Boys" con esa profundidad y frescura al mismo tiempo, qué micrófonos y efectos de voz usaba David Bowie, y fanatizándose con el tempo y la línea de bajo descendente de "Tempted", el tercer tema del disco *East Side Story* del grupo inglés new wave Squeeze. A la noche, iban a ver bandas al Stud Free Pub y en el camino siempre paraban en El Conde Canoso, una pizzería en la esquina de Conde y Elcano, para comer una "38", una pizza de masa gruesa con muzzarela, tomate y jamón.

Mientras Rodríguez Ares negociaba con la compañía discográfica la grabación del primer disco de Soda, registraron un nuevo demo de tres temas en la sala de la casa de Charly. Federico Moura fue el productor y, con la puerta cerrada y tapiada con un colchón, Taverna los grabó con una consola que instaló en la escalera mientras tocaban "Te hacen falta vitaminas", "Por qué no puedo ser del jet-set?" y "Dietético". Con ese demo empezaron a recorrer las radios.

Un mes más tarde, finalmente entraron a grabar en los estudios que CBS tenía en la calle Paraguay al 1500, pero como eran una banda debutante, les dieron horarios distintos durante una semana, lo que los obligó a grabar cada sesión con un técnico diferente. Con Federico Moura al mando de la producción, los temas ya tenían los arreglos resueltos y pensados, desde el sonido de los instrumentos hasta detalles de voces, y en el estudio querían trabajar especialmente la grabación de la voz. Sentían que la fuerza del grupo sobre el escenario se diluía en el estudio, así que decidieron grabar cada cuerpo de la batería por separado y doblar todas las guitarras y las voces para que ganaran mayor densidad.

Gustavo había empezado a salir oficialmente con Tashi y, en agosto, cuando cumplió dieciséis años, le regaló un ramo de dieciséis rosas rojas. A Lillian, Tashi le caía bien pero le parecía demasiado chica para Gustavo: recién estaba en tercer año del secundario.

El vinilo salió a la calle el 27 de agosto de 1984 y era un set explosivo de once canciones que tenían una frescura inédita para esos días: agilidad ska y liviandad pop, con estribillos de frases adhesivas como slogans, influidas por los años de estudio de publicidad; un imaginario plástico y una inocencia democrática que encarnaba mejor que nadie el despertar de una nueva era.

"Soda Stereo no tiene nada que envidiar a un grupo pop-new wave-neorromántico-post-punk-moderno del extranjero", escribió el crítico Rafael Abud en la revista *Twist y Gritos*. "Tienen un sonido fresco, vital, bailable, simpático. La voz de Gustavo Cerati es tan agradable que hasta puede ser bien romántica en 'Trátame suavemente' como divertente en 'Telekinesis'."

La presentación para la prensa fue en un Pumper Nic, que para el rock representaba una embajada del capitalismo. El show de presentación fue el 14 de diciembre en el teatro Astros y a Lois se le ocurrió que para el comienzo con

"Sobredosis de TV" construyeran una pared de televisores sin sintonizar. Muchas familias habían comprado sus primeros televisores color y habían archivado sus teles blanco y negro, así que salieron a recolectarlos entre sus padres, tíos y amigos.

La mañana siguiente del show, Gustavo fue a la oficina de Rodríguez Ares para cobrar la parte de las ganancias que le correspondían y salió tan contento que fue directo a la casa de Tashi, en Belgrano. Era un sábado a la mañana y ella todavía estaba en pijama. Después de que la madre le abriera la puerta, Gustavo subió a su cuarto, sacó varios fajos de billetes de abajo de su campera y los desparramó sobre la cama para mostrarle todo lo que por fin había ganado.

Después se tiró en la cama. En los últimos meses, había dejado la facultad y había renunciado a su trabajo contra la opinión de sus padres para dedicarse completamente a Soda, y esos fajos eran la primera señal de que tal vez, después todo, no se había equivocado. Tashi agarró la plata, la empezó a lanzar para arriba y, bajo esa lluvia de billetes, Gustavo se puso a llorar.

En la encuesta de fin de año de la revista musical *Pelo* Soda Stereo terminó 1984 consiguiendo el segundo lugar en la votación como "Grupo revelación". Pero la verdadera coronación fue que ese año Charly García grabara el tema "Esos raros peinados nuevos" en su disco *Piano Bar*: aunque podía parecer una mirada irónica sobre el look del grupo, era sobre todo una señal de la atención que habían llamado en la escena.

Después de siete años de una dictadura militar que había llevado adelante una política de torturas y desapariciones, el retorno a la democracia a fines de 1983 había prometido ser un viaje de vuelta hacia la superficie. Mientras que el pop sofisticado y melancólico de Virus cargaba con la historia de un hermano desaparecido y Los Abuelos de la Nada tenían en su líder a un genio oscuro y errático que se había exiliado de los militares en Europa y había vuelto a armar el grupo tras su regreso, Soda Stereo era una banda sin pasado. Un grupo salido de una facultad de publicidad con una dialéctica rítmica, un look calculado y una mirada ácida pero naïf: si el rock iba a salir a la superficie, la forma más genuina de recuperar la inocencia perdida era con liviandad y sin prejuicios; electricidad sin ironías. Y Gustavo, Zeta y Charly lo encarnaban mejor que nadie.

Los shows en las discotecas se multiplicaban y temas como "Sobredosis de TV", "Dietético", "Te hacen falta vitaminas" y "Por qué no puedo ser del jet-set?" sonaban en programas de radio como *El submarino amarillo* y *9 PM*, de Radio Del Plata, pero Gustavo ya estaba pensando adónde llevar el sonido del grupo y en profundizar su evolución estética, concentrándose en asimilar la cosmovisión que Tashi traía de Europa. A los pocos meses de ponerse de novios, ella ya se había convertido en un *medium* a través de la cual filtraban la imagen y el sonido de los grupos ingleses, la guía estética que iba a llevar a Soda a terminar de definir su identidad.

Una transformación mental implicaba un cambio de piel. Gustavo y Tashi empezaron a salir de caza a ferias americanas en busca de ropa de los 60, asaltaban los placares de sus padres en busca de camisas escocesas, pantalones o camisones que pudieran usarse y reconfiguraron toda la ropa de Gustavo a su nuevo look.

Una de esas tardes, Lillian se los encontró en la mesa de la cocina, envueltos en una montaña de telas cortadas y bordes deshilachados, mientras atacaban con tijeras todas las remeras de Gustavo.

—Rompiste toda tu ropa, Gustavo —le dijo horrorizada.

—No, má, se usan así, sin mangas, es la moda.

—Bueno, ustedes sabrán. Pero dejá alguna sana.

Los sábados, antes de salir a bailar a Fire o Palladium, se pasaban dos horas encerrados en el baño, maquillándose y usando cerveza, jugo de limón o clara de huevo para batirse el pelo y que los peinados les quedaran lo más espumosos posible. Tashi se ponía camisas escocesas, una minifalda, medias de red y stilettos a los que les cortaba los tacos para que las puntas se levantaran.

Esa rutina pronto se extendió a los shows y, antes de salir a tocar, en los camarines del Zero o del Einstein, Tashi los asistía con el vestuario mientras le daba indicaciones a una amiga que se encargaba de cortarles el pelo como Robert Smith, de The Cure.

—¿Este pañuelo va bien? —le preguntaba Zeta, mientras se terminaba de vestir, esperando su aprobación.

De pronto, una chica de dieciséis años se había convertido en la guía estética del grupo y Soda Stereo empezó a atraer gente cada vez más moderna y lookeada: su público era más sofisticado que ellos.

Soda Stereo tenía que capitalizar todo el crecimiento del último año con un buen plan de shows en la Costa durante el verano, pero la estructura de la agencia de Rodríguez Ares era demasiado chica para poder diseñar la agenda de una banda instalada como Virus y llevar adelante la estrategia de posicionamiento definitivo de Soda. En los primeros días de 1985 decidieron rescindir el contrato y buscar un manager que pudiera capitalizar sus ambiciones.

El 26 de enero Soda tocó en el festival Rock in Bali en una playa de Mar del Plata, compartiendo cartel con Fito

Páez, GIT y Autobús, y desde un costado del escenario, Alberto Ohanian vio el show y, además de maravillarse con la energía escénica del grupo, quedó impresionado sobre todo con el cantante. Ohanian, que había sido manager de Luis Alberto Spinetta y por esos días trabajaba con Los Enanitos Verdes y armaba las giras de Piero por Latinoamérica, vio en Gustavo algo de Spinetta: un garbo, un tipo de elegancia en su forma de pararse en el escenario. Esa tarde, cuando terminó el show, se acercó al backstage para saludarlos y en ese momento pasó a convertirse en el nuevo manager del grupo, el encargado de llevarlos hacia una nueva escala.

El primer golpe de efecto de su gestión fue alquilarles un colectivo de la línea 113 como micro de gira y conseguirles un tour de catorce fechas por la Costa y la provincia de Buenos Aires, al que se sumó Fabián Von Quintiero como invitado permanente en teclados. Hacia el final del verano, ya de vuelta en la ciudad, el ritmo de shows en discotecas se había acelerado y en el Bar Einstein, regenteado por el agitador cultural Omar Chabán, se convirtió en un clásico que los viernes tocara Soda y los sábados Sumo, siempre con entradas agotadas.

Tashi y su hermana Juana tenían una colección de vinilos increíble de bandas que no se conocían en la Argentina, como The Cure, Siouxsie and the Banshees, Echo and the Bunnymen y Joy Division, y Gustavo se pasaba tardes enteras sumergido en esa colección, dejándose arrastrar por la marea oscura del audio de esos grupos. Quería entender qué le gustaba a ella de esas canciones, qué podrían tener que no tuvieran las suyas.

Sentía que el primer disco no representaba el sonido del grupo, pero su parámetro era el de una chica europea, así que una de las primeras cosas que hizo fue hacérselo escuchar a Tashi.

—¿Qué te parece? —le preguntó, después de poner el vinilo en el equipo del living de la casa de Villa Ortúzar.

Tashi le contestó con un gesto: no le gustaba.

Pero Gustavo no se ofendió. Estaba obsesionado por hacer que a esa chica de dieciséis años le gustaran sus canciones.

Después, ella sacó los discos de pasta que había traído de Europa y los puso en el equipo de música.

—Quiero que te sientes acá y me digas por qué no te gusta mi música —le decía él.

—No sé, porque no tiene onda.

Tashi no se lo sabía explicar. Simplemente no sonaba como la de esos grupos. Se quedaron en el living de la casa de ella escuchando esos discos durante horas, sumergiéndose en esa música que en la Argentina todavía casi nadie sabía que existía, tratando de descubrir las diferencias genéticas con sus canciones, los dos, a solas, hasta que empezaron a comprender: en Soda la guitarra estaba en un lugar demasiado protagónico y todas esas bandas ponían al bajo por delante de todos los instrumentos.

Mientras absorbía toda esa información, esa colección de discos de post-punk que Tashi tenía en su casa se iba convirtiendo en la energía de la que alimentaba sus nuevas composiciones. Empezó a juntarse a zapar algunas mañanas con Richard Coleman, que también era fanático de esos grupos más oscuros y apuntaba su búsqueda musical en esa dirección.

—Richard, vos tenés un montón de temas, ¿no tenés ganas de tocarlos? —le dijo un día, mientras hablaban por teléfono—. Si querés nos juntamos y vemos si sale algo.

—Dale, estaría bueno —le contestó Coleman—. Creo que conozco un buen batero.

Cuando cortó, levantó el tubo para llamar a Fernando Samalea, pero antes de poder marcar lo escuchó del otro lado, porque justo lo había llamado. Le contó que estaba pensando en armar una banda con Gustavo y le propuso sumar como bajista a Christian Basso, su compañero en la base rítmica de Clap. A la semana siguiente empezaron a juntarse a tocar a la mañana en la casa de Coleman y armaron Fricción!, un grupo más oscuro y experimental que Soda que le permitió a Gustavo replegarse en el rol más puro de guitarrista, dejándole el papel de frontman a Coleman y perderse en el audio de los nuevos grupos que estaba escuchando para asimilar ese sonido a su forma de tocar, sin pensar en canciones.

Mientras tanto, el caudal de convocatoria de Soda seguía aumentando y cuando iban a la oficina de Ohanian a buscar la agenda de shows del fin de semana siguiente, se encontraban con un plan cada vez más extenso: a lo largo de ese año pasaron de dar tres shows a dar entre siete y diez, empezando los jueves en alguna discoteca de la zona sur de Buenos Aires y, los viernes y sábados, combinando tres o cuatro turnos en distintas zonas de la ciudad; empezando en las matinés a las ocho de la noche, subiéndose a la furgoneta del padre de Charly para ir a otro boliche a una hora de viaje y terminando a las cinco de la mañana en la zona oeste.

Pero para dar un paso considerable en la escala de convocatoria era necesario que los medios se terminaran de fijar en el grupo, así que el 20 de junio Ohanian organizó una nueva presentación en el teatro Astros con una puesta en escena impactante. Las primeras críticas a Soda Stereo los acusaban de plásticos, así que decidieron usar eso a su favor y Alfredo Lois, ayudado por el artista Eduardo Capilla, convirtió el escenario del Astros en una playa artificial, armada con arena, celofán y palmeras de utilería. Durante un par de semanas, tomaron el garaje de la casa de Taverna como centro de operaciones, lleno de tablas de telgopor para darle volumen al paisaje plástico que estaban construyendo.

Aunque los shows coincidieron con la conversión de pesos en australes y para Ohanian fue un fracaso económico rotundo, la convocatoria fue un éxito: dieron cinco shows en tres días con el teatro lleno y, sobre todo, les sirvió para captar definitivamente la atención de los medios. Era exactamente el tipo de ruido que Ohanian creía que el grupo necesitaba para romper la burbuja.

El paso siguiente era grabar un segundo disco que terminara de consolidar la nueva escala del grupo y, para que pudieran terminar sus nuevas canciones en un entorno protegido, Ohanian les alquiló una quinta en Parque Leloir durante septiembre. Aunque tenían varias canciones nuevas que ya venían tocando en sus shows, como "Danza rota" o "Azulado", durante esas semanas terminaron de componer otras, mientras perdían horas jugando primitivos videogames con una computadora que se había comprado Charly y escuchaban de forma casi enfermiza vinilos de The Cure, Depeche Mode y *Tonight* de David Bowie.

La agenda imparable de shows los hizo pequeñas estrellas de la escena y las groupies no tardaron en llegar. Durante esas semanas, cuando no estaban sus novias de visita siempre había fanáticas dando vueltas: estaban empezando a vivir la fantasía de estrellas de rock. Ohanian llegó a la quinta cuando les quedaban pocos días y no tenían ningún tema nuevo.

Gustavo se había comprado un cuaderno de caligrafía que tenía varias hojas para cada letra y empezó a anotar en la A las palabras que terminaba en "a", en la N las que terminaban con "n" y así sucesivamente, buscando la sonoridad y los colores de las palabras. Agarró un diccionario que tenía en su casa y fue pasando las páginas, anotando en ese cuaderno todas las palabras que le gustaban para usar en alguna canción. Desde el primer disco, había construido las letras a partir de la musicalidad de las palabras, usándolas como instrumentos para su voz, y se pasaba semanas obsesionado con algunas.

Para una versión mid-tempo de "Juegos de seducción", Gustavo se inspiró en un juego de roles que tenían con Tashi, en el que él se llamaba Oliver y era el mayordomo que tenía que atender a la señora o llevarla en el Falcon del padre adonde le pidiera.

Durante el segundo mes en la quinta, se sumaron a la convivencia el Gonzo Palacios, para las partes de saxo, el Zorrito Von Quintiero, al que Gustavo le pidió que agregara un arreglo de carnavalito en la introducción del reggae "Cuando pase el temblor", para darle un aire del altiplano, y Richard Coleman para trabajar las texturas y los efectos de las guitarras.

Nada personal salió a la calle en octubre y fue un éxito instantáneo. El mecanismo de promoción fue mandar un cassette a las radios con el single "Nada personal" y otro tema más, exclusivo, para cada una. Desde las disquerías, el álbum tuvo un lanzamiento de 20 mil copias, una cantidad que todavía no había vendido ni el primer disco.

Si las canciones del primer álbum eran una descarga eléctrica y naïf de frescura e inocencia bailable, *Nada personal* fue una evolución hacia un sonido más oscuro y, sobre todo, una evolución de Gustavo como compositor, dejando atrás las bombas de efecto como "Por qué no puedo ser del jet-set?" o "Diétetico".

Con la plata que ganaron con el disco, Zeta y Gustavo se compraron otro equipo de guitarra y bajo, porque la cantidad de shows había crecido tanto que algunas noches necesitaban que mientras ellos tocaban en una matiné en Quilmes, una parte de los plomos armaran un escenario en el Microcentro y estuviera listo para cuando llegaran porque no les daba el tiempo para armar, desarmar y volver a tocar.

Una noche de noviembre, Gustavo estaba volviendo con Tashi de un show, cuando en la radio del Falcon escucharon que habían robado un camión en Villa Ballester. Después de dejarla en la casa, Gustavo llegó a la suya, lo llamaron para avisarle que el camión robado era el de Soda: los nuevos equipos les duraron poco.

Cuando cortó el teléfono, la llamó a Tashi al borde del llanto: en el camión estaban la guitarra SG que le había regalado su papá y la cámara de ecos que le había comprado su tía Dora. Tashi nunca lo había escuchado tan triste. Esa semana, la revista *Satiricón* les hizo una nota a Gustavo y Charly sobre el robo y la productora de Ohanian publicó un pequeño anuncio:

Nos llegó la información de un robo producido en Villa Ballester, en la madrugada del domingo 17 de noviembre. Tres tipos armados y portando walkie talkie (mala señal) afanaron un camión Mercedes Benz 608, patente C 401.470, cabina color azul con caja metalizada cargada con el instrumental completo de los Soda, valuado en algo más de U$S 100.000. Ergo: los pibes se quedaron sin sus herramientas de trabajo y están algo más que desesperados. Cualquier información sobre el vehículo hacerla llegar a Ohanian Producciones: T.E.: 33-3338/30-1905/30-9764. Y para los chorros vaya desde aquí nuestra más sentida puteada.

Aunque Luca había desatado una pelea ficticia en los medios entre Soda y Sumo acusando a Gustavo, Zeta y Charly de ser nenes bien, hacia dentro de la escena eran todos conocidos: compartían camarines, escenarios, equipos y, durante esos días, Ricardo Mollo, de Sumo, le prestó sus guitarras a Gustavo hasta que pudiera comprarse algunas nuevas.

—Cerati es un chetito, con toda la guita de papi… —decía Luca en las entrevistas.

Eran declaraciones que Luca lanzaba como una forma de hacer ruido y que los periodistas le prestaran atención a la escena underground, pero reflejaba dos formas distintas de entender el rock. Para Luca el rock era una forma de vida radical, una ruptura con el mundo en el que se había criado. Era un hijo desclasado de la alta burguesía italiana que había sido educado en un colegio de príncipes en Escocia, asistido al alumbramiento del post-punk en Londres, caído en la adicción a la heroína y, finalmente, se había exiliado al tercer mundo y armado una banda de rock en un último acto desesperado de supervivencia.

Luca estaba en el final de su aventura, pero Gustavo recién empezaba y tenía una mirada menos rota de las cosas, más naïf. Era un hijo de la clase media baja que había ascendido socialmente con el peronismo y para quien el rock era un arma de seducción para abrirse camino en ese mundo al que el cantante de Sumo miraba con asco.

También había una verdad emocional en la frase de Luca: los padres de Gustavo iban a casi todos los shows de Soda y Juan José los ayudaba a repartir la plata que ganaban con las entradas; en la historia de Luca, en cambio, su intransigencia había empezado como una rebeldía hacia su familia.

Después de las presentaciones pactadas ese año con los equipos prestados, Gustavo y Zeta se tomaron unos días de vacaciones y viajaron a Estados Unidos a comprar instrumentos y pasar unos días de descanso. Las guitarras de Mollo, además, eran ingobernables: las modificaba tanto para sacarles el sonido que quería que Gustavo y Taverna se habían pasado horas probándolas hasta aprender a domarlas.

Soda había terminado el año anterior convertido en la

revelación de la escena porteña y concluía 1985 haciéndose fuerte en el interior, yendo a tocar a discotecas y pubs de Santa Fe, Salta, Córdoba y Mendoza.

La misma obsesión con la que grababan en cassette los ensayos para escuchar cómo sonaban y corregirse llegó a sus actuaciones en vivo. Taverna siempre grababa los shows y cuando terminaban de tocar, volvían escuchando el cassette en el estéreo, criticando cómo habían sonado, dónde se habían equivocado, qué tenían que modificar. Esas grabaciones siempre se las quedaba Taverna, que las volvía a escuchar en la semana para ver qué había que corregir la próxima vez.

En el verano de 1986 Soda Stereo encabezó el *line-up* del festival de La Falda en Córdoba demostrando la fuerza que habían ganado en el interior y Charly García subió de invitado al final para tocar los teclados en "Por qué no puedo ser del jet-set?". Eran días veloces: después del festival, se tomaron un avión a Buenos Aires para empezar al día siguiente una nueva gira por la Costa Altántica que les había cerrado Ohanian.

El punto de partida siempre era la casa de Charly para cargar los equipos que tenían en la sala y los instrumentos, pero esa vez casi tuvieron que devolver el colectivo porque no había forma de hacer entrar el bombo de la batería ni por la puerta ni por las ventanas. Finalmente, desarmaron el ventanal del fondo.

Tashi ya tenía diecisiete años y había logrado que su padre la dejara viajar con el grupo. Estaba sentada en el cordón de la vereda con su valijita y una sonrisa que no se le borraba, esperando que terminaran de subir los equipos para irse de gira con su novio, pero todo empezó a arruinarse cuando vio que llegaban varias chicas más. Desde que los medios le prestaban atención a Soda, el entorno se estaba contaminando de groupies que merodeaban como moscas a Gustavo, Zeta y Charly.

Los camarines se habían convertido en lugares cada vez más hostiles para una novia adolescente. Cada vez que ella entraba, sentía que le estaban ocultando algo.

En los shows, había empezado a aparecer un tipo al que le faltaban varios dientes que siempre llevaba un paquete y, si Tashi estaba en el camarín, Gustavo hacía que lo guardara.

—No, no, enfrente de ella no, es muy chiquita —les decía Gustavo, que quería mantener a Tashi alejada de cualquier situación que involucrara cocaína.

Unos meses antes de esa gira, mientras la llevaba a su casa en el Falcon gris, le dijo que él sabía qué era lo que tenía que hacer para tener éxito con Soda Stereo y convertirse en una estrella de rock, pero ese no era un lugar a donde pudiera ir con ella. De alguna manera, desde ese momento había empezado a alejarse en cámara muy lenta: el éxito de Soda era una fuerza centrífuga que en alguna medida los empezaba a separar.

La gira arrancó en Pinamar y a la noche los invitaron a una fiesta en un parador, organizada alrededor de un gran fogón. Después de pasarse casi toda la noche discutiendo con Tashi, Gustavo se alejó para ir a buscar un trago a la barra y tomar aire. Era una noche de verano y la música se mezclaba con el ruido de las olas. Mientras esperaba que se lo sirvieran, levantó la vista y cruzó miradas con una chica que estaba en la otra punta.

Fueron dos, tres segundos, pero cuando el barman le alcanzó el trago, Gustavo había quedado magnetizado por ese cruce. Sabía que ella también se daba cuenta de lo que acababa de pasar, y mientras volvía a hablar con sus amigos, trató de asimilar el impacto. El resto de la noche fue un ballet a distancia alrededor del fuego, él discutiendo con Tashi y ella hablando con la amiga que la había llevado a la fiesta, mientras se miraban de lejos: se había establecido una clase de gravedad.

La chica era alta, tenía el pelo castaño y enrulado, rasgos suaves, una mirada penetrante; Gustavo se acercó a saludarla antes de volver al hotel. Era amiga de Nushi, que se acababa de separar de Marcelo Moura y había ido a Pinamar en plan de terapia de amigas. Se llamaba Noelle Balfour, era modelo de la agencia de Ricardo Piñeyro, desfilaba para Calvin Klein y estaba empezando a actuar en cine y televisión.

Esa noche, cuando Gustavo volvió a su hotel, Tashi se durmió en seguida y Gustavo la despertó para pedirle una de las hojas de papel de avión en el que les escribía cartas a sus amigas de Bélgica.

—Tengo que dejarle una nota a Taverna —le dijo.

Todavía medio dormida, Tashi revolvió en su mochila, sacó una hoja y se volvió a meter en la cama. En su hotel, Noelle había caído en cama con fiebre. Al día siguiente durmió hasta tarde y, cuando se despertó, bajó a la recepción a pedir un remedio y le dijeron que habían dejado un sobre para ella. Cuando lo abrió, había una carta de Gustavo. Se había ido con Soda Stereo a San Clemente para seguir con la gira, pero en la carta decía que estaba enamorado de ella: cuando habían cruzado sus miradas la noche anterior había sentido que se conocían desde siempre y por fin se habían encontrado, quería volver a verla.

Noelle había acompañado a su amiga que tenía una hija recién nacida a Pinamar, pero sus planes acababan de cambiar. Mientras se peleaban porque la estaba dejando plantada, ella hizo su bolso y se subió al primer micro que encontró en la terminal con destino a San Clemente.

Cuando el colectivo empezó a moverse, Noelle ya estaba desmayada en su asiento, transpirando por la fiebre, pero en movimiento. En San Clemente, logró que la dejaran cerca del boliche donde tocaba Soda esa noche y, como no quedaban más entradas, tuvo que convencer a uno de los empleados de la puerta para que le permitiera pasar.

Los camarines quedaban al fondo de todo, separados de la pista por unos barrotes que los convertían en una jaula. Gustavo, Zeta, Charly, el Zorrito y el resto del grupo estaban sentados ahí, esperando para tocar. Tashi estaba de espaldas a Gustavo y al ver llegar a Noelle temblando de frío, abrigada como si fuera pleno invierno, supo que todo se había terminado. Mientras discutían, Noelle se levantó y se fue al baño para no tener que presenciar la escena, pero al ratito Tashi entró a lavarse la cara. Frente al espejo, mientras se mojaba los ojos, levantó la vista y la vio detrás suyo: eran el pasado y el futuro mirándose a la cara.

A la mañana siguiente se volvió a Buenos Aires y Noelle siguió la gira con Gustavo.

Durante esos días en la ruta, Noelle y Gustavo ya eran novios pero recién estaban empezando a conocerse. A ella le asignaron su propia habitación en los hoteles y en el colectivo viajaba como una más: el mecanismo de aproximación de Gustavo era primero emocional y después físico. En las horas perdidas de asfalto, entre show y show, él se la pasaba abstraído en los auriculares de su walkman, escuchando música nueva. Ese verano estaba fanatizado con el grupo new wave escocés Simple Minds y, durante el viaje de vuelta a Buenos Aires, en un momento se levantó del asiento en el que iba echado y le puso los auriculares a Noelle, que viajaba sentada en la fila de adelante, para hacerle escuchar "Alive and Kicking", el hit romántico del grupo.

En febrero Soda emprendió otra gira por la Costa

Atlántica y Noelle volvió a sumarse al tour. Cuando tocaron otra vez en Pinamar, Gustavo aprovechó para presentarle a sus padres, que habían ido por el fin de semana a su casa de veraneo, y antes de que terminara la gira le propuso casamiento.

A ella le encantó la idea y durante la vuelta a Buenos Aires en el micro planearon cómo sería la boda y cuándo se lo iban a contar a sus padres. Decidieron que Noelle tenía que entrar a la iglesia con "Alive and Kicking", la canción de Simple Minds que Gustavo le había hecho escuchar.

Una noche fueron a comer a un restaurante en Recoleta con la madre de Noelle para que Gustavo le pidiera la mano de su hija. Cuando lo vio llegar, vestido con una camisa de seda con hombreras, unos pantalones que también eran pollera y el pelo batido, la madre la miró con pánico, pero enseguida él le dijo que era un buen chico aunque se vistiera como zombie y, al final de la comida, su futura suegra ya lo adoraba. Al día siguiente se lo anunciaron a Lillian y Juan José durante un almuerzo en la casa de Villa Ortúzar y vieron en primer plano cómo mientras Lillian intentaba una sonrisa, la noticia hacía que el padre de Gustavo se atragantara.

Al círculo íntimo de Soda también le pareció un capricho, pero él estaba lo suficientemente embalado como para que no le importara. En un anticuario de Recoleta encontraron un vestido de encaje negro, bordado con piedras de azabache y ébano, y les pareció perfecto para Noelle. Mientras tanto, se acercaba la presentación de *Nada personal* en Obras y Soda Stereo no paraba de tocar, así que mientras Gustavo ensayaba con el grupo ocho horas por día de lunes a domingo y tenía shows los fines de semana, Noelle usaba los huecos libres de las filmaciones para ir a ver departamentos y un par de semanas más tarde, estaban yendo con sus padres a firmar el contrato de alquiler y mudándose a un departamento de dos ambientes en un edificio antiguo, bajo una cúpula, en Juncal entre Azcuénaga y Junín, en Recoleta, el barrio donde Noelle había vivido toda su vida.

Gustavo y Noelle fueron en el Falcon que él había heredado de su padre, y Lillian y Juan José llevaron en su Falcon nuevo a la madre de Noelle. Camino a la cita, el padre miró a su futura consuegra y le dijo:

—Vamos a ver cuánto dura todo esto…

El departamento estaba en el último piso de un edificio antiguo, con patios internos y una cúpula arriba del living, pero cuando se mudaron no tuvieron tiempo de comprar casi ningún mueble: entre los ensayos de Gustavo y las películas de Noelle, sólo habían tenido tiempo de conseguir una cama antigua, un televisor y un teléfono en el living.

En abril, Soda presentó *Nada personal* con cuatro shows agotados en el Estadio Obras, y esa demostración de poder de convocatoria los llevó a una nueva escala en el mapa de grupos de rock nacional. A partir del fondo de cielo distópico de la tapa del álbum, Alfredo Lois diseñó una puesta en escena impersonal que definió como hall de entrada al Ministerio de la Nada y también hubo un trabajo de ingeniería milimétrico con el despliegue de las luces para que se creara el clima que buscaban. Los cuatro shows empezaron con un reflector rompiendo la oscuridad del estadio para iluminar una sección de cuerdas que ejecutó la introducción de "Sobredosis de TV", antes de que se acoplaran la batería de Charly, la línea de bajo de Zeta y la guitarra de Gustavo.

Al lunes siguiente, la sección Espectáculos del diario *La Razón* tituló: "Soda Stereo se ganó un lugar en la historia del rock argentino". Las ventas del disco se dispararon: con la gira de verano habían llegado a Disco de Oro y tras la presentación alcanzaron el Doble Platino. Emprendieron una gran gira nacional a bordo de un micro con un semirremolque donde cargaron los equipos y parte de la escenografía, y tocaron en discotecas y microestadios en varias provincias, llevando el impacto visual y sónico de sus shows a todos esos lugares, aunque en varias ciudades la energía no alcanzó para abastecer el volumen escénico del grupo. En Jujuy aprovecharon unos días libres para grabar el video del carnavalito-reggae "Cuando pase el temblor" en las ruinas del Pucará, un fuerte aborigen en lo alto de un cerrito en Tilcara.

En Mar del Plata, Ohanian conoció a Ernesto Clavería, un empresario de la televisión chilena que le pidió que le llevara cómicos argentinos a sus programas y el manager negoció conseguirles a Alberto Olmedo y Jorge Porcel a cambio de que le diera un lugar al grupo. Soda había empezado a sonar del otro lado de la cordillera gracias a los discjockeys que cruzaban a Mendoza para comprar álbums importados, aprovechando que el cambio del dólar en la Argentina era más barato. Cuando entraban a las disquerías y preguntaban qué era lo que más se estaba vendiendo, les contestaban que Soda Stereo, así que muchos terminaban llevándose *Soda Stereo* y *Nada personal*.

El éxito de *Nada personal* hizo que las cosas cobraran velocidad y fue su puerta de entrada a los verdaderos 80. La cocaína era el combustible blanco de las mentes en ebullición y esos primeros años en democracia se vivían como una carrera espacial. Gustavo, Carlos Alfonsín y Eduardo Capilla salían casi todas las noches y conocían el mapa nocturno de la ciudad de memoria.

Noelle seguía el raid de Soda como podía: había sumado una cláusula a sus contratos para que los días que tocaba Gustavo la dejaran libre tres horas antes del show y así poder tomarse un micro o un avión hasta allí; pero era una rutina desgastante: días sin dormir, viajes incómodos, horas de ruta y semanas casi sin tener una noche tranquila en el departamento.

A Gustavo algunos ya lo reconocían por la calle. Un fin de semana, Noelle lo acompañó a Mar del Plata y caminaban de vuelta al micro después del show cuando un auto que estaba pasando por al lado aceleró contra ellos y tuvieron el reflejo suficiente para correrse y que no los pisara: fue la primera vez que Gustavo experimentó el lado oscuro de convertirse en una estrella.

Noelle se acopló al ritmo de Soda mientras mantenía su carrera, planeaba el casamiento y preparaba un departamento en el que no estaban nunca. Una tarde estaban atascados en el tráfico del centro de Buenos Aires gritándose con Gustavo y ella no aguantó más. En un ataque de nervios, agarró el llavero que tenía sobre la cartera con las llaves del departamento de Juncal, las de la casa de su madre y las de la casa de Villa Ortúzar y lo tiró contra el vidrio del parabrisas del Falcon con furia. Después se bajó dando un portazo, dejó a Gustavo atrapado entre los autos y se tomó un taxi en la dirección contraria.

Cuando llegó a lo de su madre, fue directo a su cuarto de siempre a meterse en la cama y durmió tres días seguidos por todo lo que no había dormido en los últimos meses. Durante los primeros dos días, Gustavo la llamó cada media hora pero todas las veces lo atendía la madre y le decía que ella no quería hablar, que estaba durmiendo, que ya lo iba a llamar. Cuando finalmente tuvo fuerzas para salir de la cama, Noelle se vistió y caminó las diez cuadras hasta Juncal. Era de noche y, después de subir en el ascensor, quiso abrir la puerta del departamento pero apenas pudo moverla unos centímetros: algo la trababa. Finalmente, logró empujarla un poco más, entró y se quedó paralizada. El departamento que habían alquilado con Gustavo para casarse ahora era un depósito de equipos e instrumentos del grupo hasta el techo y estaba lleno de gente.

Pasó entre las cosas y vio cómo todos se daban vuelta para

mirarla, hasta que encontró a Gustavo en el cuarto. Bajaron buscando un lugar donde hablar. Caminaron hasta Clarks, un restaurante clásico frente al cementerio de la Recoleta.

—Me dejaste solo —le dijo, sentado del otro lado de la mesa—. No voy a poder confiar en vos, me sentí abandonado.

Cuando terminaron de comer, la acompañó hasta el departamento de su madre y se quedaron un rato sentados en el piso del ascensor llorando juntos.

Gustavo pasó el día siguiente sin salir del departamento, dando vueltas entre el living y el cuarto. Se había equivocado. Nunca tendría que haber dejado a Tashi, era una chica buena, que lo quería y entendía cómo era su vida. Nunca se tendría que haber ido con Noelle. ¿Cómo no se había dado cuenta? De pronto lo vio muy claro. Se levantó de la cama, fue al living y la llamó.

Cuando Tashi atendió, Gustavo le dijo que Noelle estaba completamente loca y le contó todo lo que había pasado. Tashi, del otro lado de la línea, no podía creer lo que escuchaba y le gritó que era un hijo de puta, que para qué le contaba todo eso.

—¡No me llames nunca más! —le gritó.

Y después cortó.

Gustavo se quedó un rato escuchando el tono del teléfono y después volvió a meterse en la cama. Todavía era de día, pero las persianas del departamento estaban cerradas. Prendió la tele y puso la película *The Wall*.

Al rato volvió a sonar el teléfono y creyó que Tashi se había arrepentido. Se levantó y, cuando atendió, escuchó a la madre de Noelle que hablaba desesperada. La noche anterior su hija se había tragado todas las pastillas del botiquín y no reaccionaba. Gustavo bajó corriendo por las escaleras y tomó un taxi a lo de Noelle. Entre los dos la cargaron para llevarla a un hospital. En la guardia le hicieron un lavaje de estómago, pero seguía sin despertarse.

Los médicos les dijeron que iba a estar bien, que tenían que esperar a que se le pasara el sueño de los calmantes, así que la llevaron de nuevo a la casa de su madre. Gustavo se quedó toda la noche al lado de la cama, durmiendo en una silla. Al día siguiente Noelle despertó sin saber todo lo que había pasado.

Gustavo estuvo un rato con ella y, antes de despedirse, le dijo que ya no podían volver a estar juntos, no iba a soportar vivir pensando que fuera a abandonarlo o, peor, que volviera a tragarse todos los frascos de pastillas que encontrara para matarse.

Noelle pasó las siguientes semanas deprimida, sin salir de la casa de su madre, casi sin salir de su cuarto. No quería comer, no quería ver a nadie. Al mes, le ofrecieron un trabajo como corista del cantante Bertín Osborne en España. Noelle no sabía cantar, nunca había cantado, pero aceptó y se tomó un vuelo a Madrid para olvidarse de Gustavo.

En mayo, Gustavo, Zeta y Charly viajaron a Chile y aunque algunos DJs que cruzaban a Mendoza a comprar vinilos habían empezado a hacer sonar algunos de sus temas en los boliches, CBS todavía no había editado sus dos discos y no los conocía nadie. Se presentaron en el programa *Martes 13* como un favor que Clavería le hacía a Ohanian por enviarle cómicos y fueron la primera banda de rock en tocar en el estudio.

En Buenos Aires, el resto del equipo técnico de Soda se quedó editando a contrarreloj el VHS de *Soda en vivo* registrado en Obras y Alfredo Lois terminó tomando un remís a Ezeiza para darle la copia final a Ohanian antes de subir a un avión para una gira por Chile, Perú, Venezuela y

Colombia, como un viajante de comercio con su valija llena de discos, fotos y videos de Soda, a tratar de sembrar en la región el germen de su grupo.

Durante sus días en Santiago se reunió con el presidente de la filial local de CBS y trató de convencerlo de que Soda tenía que estar en el festival sí o sí, pero sólo pudo sacarle la promesa de editar los primeros discos en agosto y conseguirles algunos shows a fines de ese año. Desde ahí, Ohanian viajó a Perú y también se reunió con el presidente local del sello y trató de impresionarlo con uno de los VHS de la presentación en Obras de *Nada personal*. Lo puso para mostrarle el poder escénico del grupo, pero mientras pasaban las canciones el ejecutivo de CBS se la pasó firmando cheques. Su única victoria fue que el programador de una radio se fanatizara con "Sobredosis de TV" y la empezara a pasar varias veces por día. En Colombia fue a visitar a un amigo que dirigía una radio que sólo pasaba música en inglés, le hizo escuchar Soda y le gustó tanto que "Sobredosis de TV" fue la primera canción en español que sonó en esa emisora. Y fue una sensación: los oyentes empezaron a llamar automáticamente para pedir que la pasaran una y otra vez.

Cuando Soda volvió a Chile en noviembre sus temas ya sonaban en las radios y sus peinados habían trastornado a los adolescentes criados bajo la atmósfera conservadora del gobierno militar de Augusto Pinochet. En sólo tres días, tocaron cuatro veces en el Estadio Nacional de Santiago y dos en el Fortín Prat de Valparaíso. La política era un tema que los medios apenas se animaban a tocar por miedo a las persecuciones y un fenómeno como Soda era exactamente lo que necesitaban para llenar sus páginas. Gustavo, Zeta y Charly dieron más de cien entrevistas en una semana y en los kioscos de revistas sus fotos estaban en casi todas las tapas de los diarios.

Al ver todo eso, Ohanian se propuso capitalizar el ruido

que había hecho la visita promocional de Soda y conseguir una plaza en el Festival de Viña del Mar del año siguiente, un punto clave en su estrategia de conquista continental. Aunque Viña nunca había tenido demasiado rating en la Argentina, era una plataforma de exposición y posicionamiento en todo el resto de la región.

Noelle aceptó el trabajo en Madrid para estar lo más lejos posible de Gustavo y del ruido de Soda Stereo en las radios y la televisión, pero en realidad no tenía mucho para hacer. La habían contratado como corista, pero por una cuestión de imagen: querían una chica linda al lado de Bertín Osborne sobre el escenario y, como no sabía cantar, en los shows iban a poner una pista de voz para que ella hiciera playback. La compañía de Bertín le había conseguido un departamento cerca del Museo del Prado y, mientras los músicos ponían a punto los ensayos de la gira, ella se dedicaba a pasear por la ciudad.

Un fin de semana, una amiga la fue a visitar y decidieron tomarse un tren a París. En su billetera todavía guardaba doblada la carta escrita en papel de avión que Gustavo le había dejado la primera noche en su hotel de Pinamar como si fuera un amuleto y tenía el tic de abrirla una vez por día para volverla a leer. Cuando el tren las dejó en la Gare du Nord, en París, se dieron cuenta de que les habían robado un bolso con todas sus cosas y, antes de que Noelle pudiera reaccionar, su amiga estaba subiéndose al primer tren de vuelta a Madrid pero ella no quería volver, así que decidió quedarse y, de pronto estaba ahí, sola, en Francia, con un fin de semana por delante para vagar por la ciudad.

Después de dejar su cartera en un hostel, salió a caminar por la ciudad sin rumbo y estaba llegando a Montmartre cuando tuvo una alucinación: lo vio a Gustavo caminando hacia ella, entre la gente. Tuvo dos, tres segundos de duda, pero siguió caminando con la esperanza de que la visión se deshiciera en el aire y, en cambio, se volvió más real: cruzando la calle hacia ella, todavía sin verla, venían Gustavo, Charly, Zeta y el Zorrito.

Habían viajado unas semanas de vacaciones a Europa para descansar de una primera mitad de año afiebrada, antes de sumergirse a trabajar en el disco nuevo. París se convirtió en un segundo capítulo de su historia de amor y, desde ahí, se fue con ellos a Inglaterra en una luna de miel de despedida y consiguieron tickets para el festival de Glastonbury, donde actuaban The Cure, Level 42, The Cult, Big Audio Dynamite y Simple Minds, que tocó "Alive and Kicking", la canción que habían elegido para que Noelle entrara a la iglesia.

Cuando Noelle volvió a su nueva vida en Madrid, en la compañía le preguntaron si le molestaba alojar por unas semanas a otra chica argentina que estaba con algunos problemas y precisaba cambiar de aire como ella. Noelle necesitaba distracción y le pareció que una compañera le iba a venir bien.

La chica llegó unos días después y, enseguida, se reconocieron: unos años antes habían compartido una gira de la marca Laicra por el interior de la Argentina. Noelle había viajado como modelo para los desfiles y la otra chica, que se llamaba Belén y era unos años más joven, como bailarina. Durante esa temporada de convivencia en Madrid, pasaron varias noches charlando hasta tarde antes de irse a dormir y Noelle le contó toda su historia con Gustavo, la primera noche en Pinamar, el viaje afiebrada a San Clemente, la gira, la cara de Juan José cuando le contaron que se iban a casar, el departamento con la cúpula, los viajes a los shows, el ataque de nervios, las pastillas y le mostró la carta que llevaba en la billetera. Había algo del destino jugando esa noche en ese departamento: Belén lo conocía a Gustavo de la adolescencia y hacía tiempo que no lo veía.

Unas semanas más tarde, Noelle empezó la gira con Bertín Osborne por el interior de España y Belén volvió a Buenos Aires. Después de los primeros shows, entre los viajes en el micro y las noches desgastantes, empezó a sentirse pésimo. Cuando volvía al hotel, Noelle se la pasaba vomitando y se despertaba con fiebre a mitad de la noche. En el micro de la gira no soportaba los mareos, así que terminó yendo a un hospital para que le dieran algún remedio, pero después de revisarla el médico le dio la noticia: estaba embarazada.

El éxito de *Nada personal* había hecho que las cosas cobraran una velocidad desbocada: los fines de semana tocaban varias veces por noche, con itinerarios imposibles y una intensidad escénica fulminante. Gustavo salía casi todas las noches con su ex compañero de facultad Carlos Alfonsín, que era DJ, y con Eduardo Capilla. Dormía hasta las tres de la tarde y después se encerraba a ensayar con Zeta y Charly en la sala de la calle Naón a la que habían mudado su base operativa, en Belgrano. En *Nada personal*, habían empezado a usar el estudio como una herramienta de composición y para el nuevo disco, Gustavo se compró una portaestudio Tascam 388 a, de cuatro pistas, que le permitía trabajar en las canciones en su casa, con más capas de música, baterías programadas y una idea más arquitectónica del sonido.

En los comienzos del grupo, durante ese año de ensayo y aprendizaje arriba del garaje de la casa de Charly, además de asimilar la forma de tocar géneros como el ska, el punk y el reggae, en las zapadas habían ido generando un banco de bases y melodías que, como siempre, habían grabado y a las que volvían en busca de ideas o inspiración para sus canciones. A la noche, bien tarde, en el departamento de Juncal, Gustavo se puso a experimentar con su portaestudio y a trabajar las ideas que tenía con varias capas de guitarra y texturas. Después llevó los demos a la sala para terminar de darles forma zapando los tres juntos, con las luces apagadas.

Eran canciones influidas por el post-punk de grupos como The Cure y, a diferencia de *Nada personal*, eran más oscuras y emocionales, aunque todavía las melodías de voz estaban construidas con una fonética vacía, sin significado, salvo dos canciones que Gustavo había escrito con colaboradores. La letra de "Persiana americana", que tenía una base que habían compuesto para el disco anterior, la hizo después de participar como invitado en un programa de radio en el que habían organizado un concurso con los oyentes para que enviaran letras y que algún músico le pusiera una melodía. Como le había gustado lo que había mandado un participante, terminó contactándose con él para escribir juntos una letra.

La otra fue "En camino", para la que le pasó un cassette con la música y un par de lineamientos conceptuales a la cantante Isabel de Sebastián, que trabajó en un boceto que él después terminó de adaptar.

Aunque sentía que en *Nada personal* se habían acercado de forma más contundente al sonido que querían transmitir, Gustavo sabía que había algo de la química explosiva del grupo que no terminaba de quedar plasmado y esta vez se obsesionaron en que las canciones absorbieran el clima de los ensayos con cierta crudeza. La mayoría de las grabaciones se hicieron en una sola toma y, en una semana, ya habían terminado; pero el estudio estaba bastante deteriorado y la consola se convirtió en un enemigo. Todo lo que grababan terminaba sonando como una tormenta y, a la día siguiente, cuando llegaban, los efectos en los que se habían quedado trabajando se desconfiguraban y entre las horas perdidas, la cocaína y los desperfectos, la grabación se volvió tortuosa como el clima de las canciones. Finalmente, empezaron a turnarse para dormir en el lugar y que nadie apagara los equipos.

En medio de todo eso, una noche Gustavo volvió a su casa de madrugada, sonó el teléfono y era Noelle. La escuchó en silencio. Una llamada desde el otro lado del océano de la chica con la que había cruzado miradas en Pinamar y con la que había estado a punto de casarse. Con el tubo en la oreja, escuchó que le decía que estaba embarazada, que estaba esperando un hijo suyo y que no esperaba que se hiciera cargo. Que ella lo iba a tener de todos modos y quería avisarle.Gustavo estaba solo en su casa, en el departamento que habían alquilado para casarse y vivir juntos, con una cúpula en el living que de pronto parecía cobrar la forma de un embarazo, que en vez de muebles estaba repleto de equipos y con un disco casi listo al que solo le faltaban las letras que él debía escribir. La noche siguiente se acostó a las dos de la mañana sabiendo que al otro día tenía que grabar las voces y seguía sin escribir nada. Con la cabeza sobre la almohada, empezó a darle vueltas a las palabras que venían resonándole hasta que se quedó dormido y, al rato, se despertó sobresaltado, se levantó, puso el cassette con las canciones grabadas y todas las letras empezaron a salir, una tras otra.

Otra de esas noches, las drogas le habían acelerado tanto el corazón que era como si tuviera una batería latiéndole en el pecho y empezó a sentir que iba a colapsar, que el corazón le iba a dejar de latir. Asustado, caminó unas cuadras pegándose en el pecho cuando sentía que el corazón se le detenía para despertar al músculo. Se subió a un taxi y se bajó en el Hospital Italiano, enloquecido. En la guardia, empujó a un hombre con un ataque de epilepsia para pedir que lo atendieran.

Después de que lo calmaran un poco, se tomó un taxi en medio de la noche hasta Villa Ortúzar: necesitaba volver a la casa de sus padres, necesitaba un refugio. Lillian lo escuchó llegar, se despertó y lo vio tan nervioso y alterado que llenó la bañadera con agua fría y lo hizo sumergirse para que el frío lo tranquilizara y los efectos de la cocaína se diluyeran. Pasó la noche en su cuarto de siempre.

4. Cómo conquistar un continente

En noviembre de 1986, Soda Stereo voló a Colombia para emprender su primera gira internacional por Latinoamérica mientras *Signos* llegaba a las disquerías de la Argentina: Ohanian estaba decidido a cosechar todo lo que había sembrado en su viaje.

El tour empezó con una ráfaga de shows en una discoteca de Bogotá, un festival y en la Plaza de Toros La Macarena de Medellín, que sirvieron para agotar un compilado con canciones de los primeros dos discos del grupo que la filial colombiana de CBS había lanzado antes de que llegaran. Siguió con una ronda de prensa en Ecuador con entrevistas para diarios, radios y programas de televisión, casi sin dormir porque algunas notas eran a las nueve de la mañana y tenían que despertarse a las siete, después de haber salido a la noche, a maquillarse y batirse el pelo con jabón de lavar: aunque no tocaran, en las fotos y frente a las cámaras de televisión salían con el mismo look que en el escenario.

Desde Ecuador volaron a Perú y, cuando Gustavo, Zeta, Charly y el Zorrito bajaron del avión en el Aeropuerto Internacional de Lima, algo había pasado: en la pista los estaba esperando una custodia policial y había periodistas y una pequeña multitud de chicos que habían faltado al colegio para ir a recibirlos. Después de alojarse en el hotel y comer algo, a la tarde fueron a dar una nota a Radio Panamericana y las calles de los alrededores colapsaron. La entrevista fue en la terraza de la radio, como el último show de los Beatles en enero de 1969 en la azotea de Apple Corps, en Londres: un primer piso sobre la calle en el centro de Lima y en donde pronto los balcones de los alrededores se llenaron de chicos con guardapolvos que querían ver a Soda y sus peinados.

Viajaron al sur de Perú para tocar en Arequipa. En la puerta del hotel se encontraron unos trescientos fanáticos esperándolos y en el show las chicas parecían enloquecer: el escenario se llenó de anillos, collares, corpiños. Cuando volvieron a Lima, dieron una conferencia de prensa para cincuenta periodistas, grabaron un especial de televisión y tocaron en el Coliseo Amauta para 20 mil personas, la mayor cantidad de gente para la que habían tocado en toda su carrera. Desde ahí volaron a Chile.

Si Sandro había traducido con su pelvis los movimientos de Elvis en la prehistoria del rock nacional, en ese vuelo a Chile, cuando el piloto se acercó a avisarles que en el Aeropuerto Internacional de Santiago de Chile había una pequeña multitud de fanáticos y periodistas esperando por ellos, el viaje se convirtió en la reescritura del vuelo con el que el 7 de febrero de 1964 los Beatles habían cruzado el océano Atlántico desde Londres hacia Nueva York para presentarse en el programa de Ed Sullivan en el minuto cero de la beatlemanía.

Cuando Gustavo, Zeta, Charly y el Zorrito bajaron en Santiago, en el aeropuerto había casi mil fanáticos aullando desde las vallas y fueron hasta el hotel Crowne Plaza en un convoy de cuatro autos escoltados por policía motorizada. En la puerta del hotel había más fanáticos y móviles: la televisión sólo hablaba de Soda Stereo, las radios pasaban sus canciones todo el tiempo y los diarios chilenos empezaron a hablar de la "Sodamanía".

Después de que CBS editara sus discos, sus temas estaban sonando en las radios y en las discotecas, y sus peinados y la forma en la que se vestían habían empezado a trastornar a los adolescentes criados bajo la atmósfera conservadora del gobierno militar de Augusto Pinochet. La política era un tema que los medios apenas se animaban a tocar por miedo a las persecuciones y un fenómeno como Soda era exactamente lo que necesitaban para llenar sus páginas.

En una semana dieron más de cien entrevistas y en los kioscos de revistas sus fotos estaban en casi todas las tapas de los diarios. Por primera vez en su carrera tenían una habitación para cada uno, pero no podían salir. Las fanáticas habían tomado por asalto el lobby y se infiltraban por los ascensores, las escaleras y los pasillos: el asedio no tenía respiro. A la noche, algunos miembros del staff estaban comiendo en el restaurante, cuando una parte del techo se desmoronó y vieron aparecer la cabeza de una chica en el hueco: una fanática que había tratado de burlar la seguridad, infiltrándose en los conductos de aire acondicionado del hotel para llegar hasta las habitaciones. Después de rescatarla, los empleados de mantenimiento la llevaron hasta el piso donde estaba alojado el grupo para que le firmaran un autógrafo.

Para poder salir del hotel tuvieron que disfrazarse con pelucas, viajar tirados en el piso de las camionetas para que las fans pensaran que iban vacías o preparar operativos de salida en la entrada del hotel y escaparse por la puerta de atrás. Las chicas se trepaban a las combis y se quedaban prendidas como garrapatas, sin soltarse y sin que los choferes pudieran acelerar.

Aunque habían nacido en los sótanos de Buenos Aires

como una banda moderna conectada con la vanguardia del rock anglo, en ese viaje se convirtieron en una *boy band* de chicos carilindos, con peinados estrambóticos y temas pegadizos de rock en español de los que todas las chicas querían enamorarse. Y si bien Gustavo era líder y su rol de cantante lo ponía en un lugar de mayor exposición, a casi todas les gustaba Charly, que era rubio y su cara conservaba rasgos adolescentes. Esa revolución hormonal que generaban fue otro tensor en la relación de hermanos explosiva que ambos mantenían.

Después de dar una entrevista en un programa de televisión, Gustavo, Zeta y Charly volvieron en un taxi y, aunque habían salido disfrazados, a la vuelta no creyeron que hiciera falta ponerse los bigotes falsos, pero cuando las fanáticas los vieron llegar, se metieron en el estacionamiento del hotel. El taxista, asustado, aceleró hasta el fondo del estacionamiento buscando una salida, pero terminó contra un paredón, acorralado por cientos de chicas que empezaron a rodear el auto y subirse al capot, mientras ellos, adentro, cerraban los seguros y trataban de que los vidrios no se rompieran por la presión, esperando que alguien fuera a rescatarlos; pero los minutos pasaban, nadie aparecía y los vidrios comenzaron a empañarse: el aire se estaba empezando a acabar y estaban rodeados por una horda de chicas histéricas que si asomaban la cabeza les iban a arrancar el pelo, la ropa, todo. Finalmente, unos guardias de seguridad lograron sacarlos, mientras las fans despedazaban el tapizado del taxi.

Hasta los integrantes de la parte técnica del staff sufrían los acosos. Un grupo de fanáticas que se habían instalado en la puerta de atrás del hotel los descubrieron mientras salían disfrazados y se les abalanzaron: Gustavo, Zeta, Charly y Alberto Ohanian ya habían subido a la camioneta, pero alcanzaron al periodista Mario Pergolini, que iba detrás de ellos y lo agarraron, tirándole del pelo hasta hacerlo sangrar.

En las radios no paraban de sonar sus canciones y los canales de televisión no dejaban de hablar de sus extraños peinados: estaban en las tapas de todos los diarios con sus pelos batidos, camisas de seda con hombreras y ojos delineados, eran como extraterrestres que habían despertado algún tipo de fiebre en los adolescentes. Si alguno asomaba la cabeza por las ventanas del hotel, abajo se desataba una marea de gritos histéricos que ensordecía toda la manzana.

Antes de tocar, volvieron a visitar el programa *Martes 13*, donde habían debutado unos meses antes en su primera visita, y el conductor les entregó dos Discos de Oro y uno de Platino por las ventas de *Soda Stereo* y *Nada personal*. Después de eso, dieron dos shows *sold out* en Santiago, viajaron a Valparaíso y, aunque habían pensado que tal vez ahí todo iba a volver a la normalidad, la policía tuvo que rescatarlos después de que la gente los sitiara en un bar. Antes de volver, se juntaron en una habitación del hotel y saludaron a los fans desde una de las ventanas y les tiraron los paquetes de papas fritas y maní y las botellitas de whisky y Coca-Cola que había en el minibar. Uno de los paquetes cayó arriba de una pick up y una manada de chicas se trepó para agarrarlo, dejando todo el techo abollado.

Volvieron a Santiago para dar otros dos shows, de ahí viajaron a Venezuela para aparecer como invitados en tres programas de televisión y, en el aeropuerto de Caracas, les tocó el mismo vuelo de regreso que a Los Abuelos de la Nada y Zas, pero Soda ya había despegado.

Signos salió a la calle en la Argentina en noviembre de 1986 ya como Disco de Platino, por los pedidos anticipados de más de 60 mil copias por parte de las disquerías, mientras en las encuestas de fin de año de las revistas *Pelo* y *Rock*

& Pop salían primeros en todos los rubros: Mejor Grupo, Mejor Disco, Mejor Actuación, Mejor Cantante.

Afuera el fenómeno era todavía más grande: en Chile fue editado en enero del 87 con una tirada de 70 mil copias y, en febrero, Soda Stereo volvió a cruzar la Cordillera para dar dos shows en el Festival de la Canción de Viña del Mar, el primer gran paso consagratorio en la conquista continental. Aunque llegaron de noche, fuera del aeropuerto los esperaban periodistas, fotógrafos y fanáticas, detrás de un operativo cerrojo que la policía había llevado adelante para evitar desbordes. Gustavo viajó con su nueva novia, una chica rubia de la que no se despegó en toda la gira. El acoso fue tan grande que no podían asomarse ni al pasillo: tuvieron que ponerles guardias policiales en la puerta de sus habitaciones. Su único contacto con la prensa fue una gran conferencia de prensa repleta de medios. Para conseguir una entrevista una periodista se disfrazó de mucama del hotel y le subió el desayuno a Zeta a su cuarto.

Después de Viña, emprendieron una gira por el interior de Chile por Puerto Montt, Valdivia, Concepción y Chillán en estadios cerrados y canchas de fútbol, ante públicos cada vez más grandes de 10 mil, 15 mil personas. Cuando llegaron a Temuco, una ciudad a seiscientos kilómetros de Santiago, fueron directo al hotel y, después de un rato, Charly lo llamó a Zeta a su habitación. Había algo raro: todo estaba demasiado silencioso.

—Zeta, ¿vos ves gente en la puerta del hotel?

—No, desde acá no veo a nadie —le contestó.

Decidieron encontrarse en el pasillo y bajaron al lobby por el ascensor con cuidado de no caer en una emboscada. Cuando se abrieron las puertas en la planta baja, se asomaron y nada: la recepción del hotel estaba vacía, la entrada estaba vacía. Eran las cinco de la tarde y por la calle del hotel ni siquiera pasaban autos.

Era la primera vez en toda la gira que podían bajar al lobby. Después de ver que las calles estaban vacías, salieron y caminaron algunas cuadras, temiendo cruzarse algún grupo de fanáticos que enloquecieran al encontrarlos, pero la ciudad parecía desolada. Llegaron hasta una plaza y vieron a un viejito sentado en un banco y le preguntaron qué pasaba que no había nadie por ningún lado.

—Está todo el mundo en el estadio —les contestó—. Fueron a ver a un grupo que se llama Soda Stereo.

La vida de Gustavo había entrado en una fase irreal, una rutina nómade de aviones y micros de gira, una fantasía de hoteles, chicas histéricas, shows y madrugadas, sin un lugar al que volver en busca de realidad porque el departamento de Juncal era un búnker en el que se encerraba a alimentar su paranoia.

En medio de tantas turbulencias necesitaba alguna certeza y, durante ese viaje, Gustavo le propuso casamiento a su nueva novia, ella le dijo que sí y, un mes y medio después, a comienzos de abril, Gustavo estaba consumando el mandato que no había podido concretar con Noelle, con una boda en una casona de San Isidro, un barrio residencial en las afueras de Buenos Aires.

Fue una fiesta de bajo perfil y con pocos invitados, pero Gustavo ya era una estrella de rock y la noticia fue cubierta hasta por medios chilenos. La revista *Vea* publicó: "El Che Cerati se casó y aunque esto pueda tocar cerca el corazón de sus fans es la verdad más alta".

En España, Noelle había perdido el embarazo y después de terminar la gira como corista en playback de Bertín Osborne, volvió de vacaciones a Buenos Aires para visitar a su madre y se enteró del casamiento de Gustavo con Belén

Edwards, la chica que ella había alojado en su departamento en Madrid.

Después de la luna de miel de Gustavo y Belén en Estados Unidos, Soda Stereo presentó *Signos* en Obras y a la semana siguiente empezaron un nuevo tour de estadios por el interior de la Argentina. Entre mayo y junio tocaron en unas diez provincias tragando kilómetros de ruta en un micro que sólo tenía películas de Bruce Lee dobladas al español.

Ohanian y Cirigliano estaban de viaje por Latinoamérica intentado capitalizar la amplificación que les habían dado los shows en Viña del Mar y entrar a los países en los que Soda todavía no había abierto camino, sobre todo México. En el DF pasaron tres días visitando radios y sellos discográficos, pero no había caso: nadie parecía interesarse por el éxito de Soda en el Festival de la Canción de Viña del Mar.

Durante una reunión en las oficinas de CBS, mientras el presidente de la compañía le decía que no, Ohanian escuchó que en una oficina de al lado estaba sonando Soda Stereo. Cuando se asomó a mirar, reconoció a un viejo amigo que trabajaba ahí y que le hizo el gesto de que le insistiera al presidente la compañía, pero no hubo caso.

El último día fueron a probar suerte a Televisa. Ohanian estaba en la oficina de uno de los directores, viendo cómo se lo querían sacar de encima rápido, cuando de pronto entró una mujer alta y morocha, vestida de jineta, llevando un perro enorme con una correa.

—Uy, esos chavos son Soda Stereo —le dijo la mujer, después de ver unas fotos del grupo sobre el escritorio—. ¡Me los tienes que traer, me los tienes que traer!

La mujer venía de su clase de equitación y tenía botas de montar. Ohanian se quedó mirándola paralizado.

—¿Te gustan? —le preguntó el encargado que había recibido a Ohanian.

—Sí, son divinos. Tráemelos, trámelos.

Después de cuarenta días de gira, estaba por conseguirlo. Cuando la mujer y su perro salieron de la oficina, el encargado de las contrataciones miró a Ohanian y le dijo:

—Hecho, el mes próximo vienen para acá.

Era el último día de Ohanian en México después de diez días recorriendo oficinas del DF sin suerte y, ya a punto de volverse a Buenos Aires con las manos vacías, acababa de alcanzar lo imposible: México era la puerta de entrada para expandirse después a toda la región. Cuando salieron a la calle, Ohanian y Cirigliano se abrazaron y fueron a festejar. Faltaban 24 horas para volver a Buenos Aires.

Gustavo dejó el edificio de Recoleta y se mudó con Belén a un departamento en el 4° B de José Hernández y Cabildo, en Belgrano, aunque en realidad vivía en un estado de flotación permanente.

En junio, volvieron a viajar al exterior para un tour de veintidós shows en diecisiete ciudades de Latinoamérica: a partir de las actuaciones en Viña del Mar, el fenómeno Soda Stereo se había vuelto imparable y las giras empezaban a convertirse en su nueva forma de vida.

El primer punto fue Lima. El avión aterrizó a las tres de la mañana del 18 de junio de 1987 y, aunque había toque de queda, el aeropuerto estaba lleno de fanáticos que habían ido a esperarlos desde el día anterior. En Perú la fiebre había crecido tanto que el 75 por ciento de la programación de Radio Panamericana estaba dedicada a Soda y habían armado un club de fans con más de 100 mil afiliados. Durante la noche no podían salir del hotel por el toque de queda y se quedaban hasta la madrugada jugando al Monopoly en sus habitaciones.

Después de los primeros shows alquilaron una consola de 16 canales para grabar el último concierto y Gustavo, Zeta y Taverna pasaron la última noche sin dormir mezclando el audio del show. Durante los dos meses que duró el resto del tour por Bolivia, Ecuador, Colombia, Venezuela, México y Costa Rica, fueron grabando los shows y, después de tocar, Taverna y Cerati se quedaban varias noches sin dormir editando el material. Taverna estaba convencido de que el sonido del grupo en vivo era mucho más poderoso que el que conseguían en el estudio y, ya que las giras no les dejaban tiempo para encerrarse a grabar nuevas canciones, valía la pena mostrar ese costado en un disco.

Tras el último show, viajaron a Barbados a fines de agosto para reunirse con el técnico de grabación Mario Breuer y mezclar todo el material que habían registrado en vivo. Se instalaron durante varias semanas en los estudios Blue Wave, una casa colonial levantada en medio de una ex plantación de maíz en el centro de la isla, con equipos de última generación comprados en Nueva York. Mick Jagger había estado unos días antes ahí mezclando *Primitive cool*, su segundo álbum solista.

La mezcla se volvió tan ardua que el último día tuvieron que quedarse toda la noche despiertos y, mientras las cintas se rebobinaban, fueron a buscar sus valijas y la gente del estudio les llevó el máster al aeropuerto cuando ya estaban haciendo la cola para subir al avión.

Volvieron a Buenos Aires por dos meses y en noviembre, mientras *Ruido blanco* salía a la calle, despegaron nuevamente hacia México para una gira por Guadalajara, Monterrey y Acapulco, que también incluyó Ecuador, Costa Rica y terminó en Miami en plan promocional.

En sus regresos a Buenos Aires, Gustavo sólo quería encerrarse en su casa a descansar. Todos esos meses de vida en estado de estrella de rock con Miss Universos visitando sus habitaciones de hotel, fanáticas gritando en la puerta, drogas y noches sin dormir terminaban agotándolo y, en Buenos Aires, pasaba meses sin salir del departamento, escondiéndose del mundo. El problema era que ni siquiera ahí encontraba paz. Belén vivía rodeada por una corte de amigos de la noche y organizaba fiestas en la casa casi todos los días. El caos de su vida, sumado al caos de su matrimonio y, sobre todo, al caos del departamento en el que vivían, había empezado a enloquecerlo y todo terminó de desbarrancarse la noche que volvió de esa gira.

Al abrir la puerta, se encontró con que el living del 4° B era un agujero negro. En una de las fiestas de Belén se habían incendiado los muebles y el equipo de música, y todo había quedado reducido a cenizas. Se quedó un rato parado en la puerta, mirando todo eso en silencio y después se fue a dormir a lo de sus padres.

Con la plata que ganaron en la gira repuso muebles, ropa y se compró su primer auto, un Renault 11 blanco. Era la primera compra material, más allá de equipos, que hacía con la plata ganada en tantos meses de gira.

Soda Stereo estaba dentro de un bucle de giras interminables fuera del país, campañas de conquista que duraban meses y estaban funcionado, pero que no les habían permitido tomarse un tiempo para volver al estudio a grabar canciones nuevas. La región les abría sus puertas y ellos necesitaban sacar un disco que pudiera capitalizar ese momento. Si *Nada personal* había significado la maduración musical de Soda Stereo y la llave de la expansión continental, *Signos* era el crecimiento definitivo de Gustavo como artista y *Ruido blanco* demostraba el poder de fuego en vivo del grupo. En su próximo movimiento, la búsqueda sonora de Soda necesitaba dar un salto en el audio.

En sus viajes a Nueva York, Gustavo siempre visitaba un local de música en la calle 48 llamado Rudy Music Stop. El dueño era Rudy Pensa, un luthier argentino que diseñaba guitarras que usaban estrellas como Mark Knopfler, de Dire Straits, y en uno de sus viajes Gustavo le pidió que le recomendara algún productor que pudiera llevar el sonido del grupo a otra escala.

Rudy le recomendó a Knopfler, que después de escuchar unos cassettes de Soda se mostró interesado, pero su agenda recién se liberaba en la segunda mitad del año y Soda necesitaba grabar antes. En un viaje con Belén a Nueva York, Gustavo pasó por el local con un video del show de Soda en Viña del Mar para que Rudy se lo diera a Knopfler a ver si eso lo convencía de hacerles un lugar antes en la agenda, pero cuando llegó lo vio a Carlos Alomar en un rincón, probando unas guitarras.

Alomar había tocado con Iggy Pop, Paul McCartney, Mick Jagger y en varios discos de David Bowie de los que Gustavo era fanático. Cuando lo vio, se acercó a saludarlo, charlaron un rato y, antes de irse, le dejó el VHS de Soda para que viera si le interesaba producirles el próximo disco. Esa noche, Alomar miró el video en su casa y al otro día lo llamó a Gustavo para decirle que sí. Lo había sorprendido lo bien que tocaban, el rango vocal de Gustavo y, sobre todo, la performance de Soda en Viña: era verdad que un grupo latino podía hacer rock con letras en español.

Gustavo empezó a trabajar en las nuevas canciones con su portaestudio en el departamento de José Hernández. La posibilidad de grabar varias pistas había ido mutando su forma de trabajo: componía y producía a la vez, a partir de capas de sonidos, texturas y melodías que lo empujaban hacia lugares nuevos. Una de las primeras que compuso fue

"Picnic en el 4° B", con una intro de guitarra cristalina que se distorsionaba mientras él cantaba sobre las fiestas y los destrozos con los que se encontraba cada vez que volvía al departamento.

Una noche que Belén estaba de viaje, Gustavo invitó a Tashi a escuchar sus nuevas canciones. Se sentaron en el parquet del living y Gustavo puso lo último que había compuesto: un tema construido sobre una línea de bajo vacilante y un viejo riff de guitarra de su adolescencia que le había mandado en un cassette a una chica que lo había dejado a los diecisiete años. La letra también se basaba en su pasado: había tomado como inspiración a Argos, uno de los superhéroes que había inventado cuando era chico y se pasaba las tardes dibujando. Argos ahora sobrevolaba una ciudad dormida y la canción se llamaba "En la ciudad de la furia".

—Creo que esto es lo más lejos que llegué —le dijo Gustavo, cuando la canción terminó de sonar en el departamento.

Con los demos de las canciones bocetados, Gustavo volvió a la sala con un cassette para terminar de darles forma definitiva y a comienzos de junio viajaron a Nueva York. Antes de entrar a grabar, Alomar los hizo ensayar una semana en los Dessau Studios: quería que el disco conservara la combustión que lograban en vivo.

El resultado del trabajo con Alomar fue el disco más funk del grupo, con un sonido más negro pero menos dark: por primera vez dejaban de mirar hacia el rock inglés para dejarse influir por el sonido de Nueva York.

En agosto de 1988, unos días antes de la salida de *Doble vida*, Gustavo, Zeta y Charly viajaron a Chile a promocionar el disco con entrevistas y una aparición en el programa

Martes 13. A media mañana, uno de los dueños de Radio Concierto de Chile llamó a su sobrina para invitarla a la conferencia de prensa que iban a dar en el hotel Crowne Plaza, donde se alojaban.

A esa hora ella siempre estaba en el colegio, pero hacía dos días que estaba en cama con fiebre y la encontró de casualidad.

—Oye, me mandan de la radio para la conferencia de Soda, ¿quieres venir?

A su sobrina la fiebre se le pasó enseguida y le pidió a su madre que la dejara ir. Dos años antes, cuando Soda había visitado Chile por primera vez, ella tenía quince años y se había reunido en su casa con sus compañeras de colegio para verlos en la televisión. Mientras Soda hacía playback en *Martes 13*, ella no podía dejar de mirar a Gustavo y les dijo a sus amigas:

—Algún día lo voy a conocer, él me va a mirar, nos vamos a enamorar y nos vamos a casar y tener hijos.

Desde entonces, se había vuelto fanática de Soda y guardaba los recortes de todas las fotos en las que salía Gustavo.

La conferencia era en un salón del primer piso en el Crowne Plaza y se sentó en la última fila de las sillas dispuestas para los periodistas. Cuando Gustavo, Zeta y Charly bajaron desde sus habitaciones y entraron al salón, enseguida repararon en la única chica que había. Durante la conferencia, mientras los periodistas chilenos les preguntaban por el nuevo disco, Gustavo y Charly no le sacaron los ojos de encima. En un momento, Gustavo y ella cruzaron miradas y supo que la historia que se había imaginado dos años antes mirando la tele acababa de empezar.

Al final de la conferencia, los periodistas se acercaron hasta donde estaban los tres Soda para pedirles que grabaran saludos para sus radios y ella se quedó esperando a su tío. Gustavo la vio sola y se escabulló de los periodistas para hablarle.

—Hola, ¿qué tal? Gustavo... —le dijo, tendiéndole la mano.

—Sí, ya sé... —le contestó ella, riéndose.

—¿Y vos cómo te llamás?

—Cecilia.

—¿Qué hacés acá?

—Estoy acompañando a mi tío, que es periodista.

—Che, a la noche vamos a un programa, vení con nosotros.

Ella se puso nerviosa y se le empezaron a mezclar las palabras. Entonces, se acordó que un amigo que tenía unos pases la había invitado.

—Voy a estar ahí en la audiencia, un amigo me invitó... —le dijo.

—Pero vení con nosotros.

—No, no te preocupes, ahí nos vemos.

Enseguida, unos periodistas rodearon a Gustavo para hacerle más preguntas y él le hizo un gesto a Charly para que fuera hablarle.

—Hola, me llamo Charly, ¿cómo estás?

—Hola, bien. ¿Ustedes se presentan todos igual? —le contestó Cecilia, riéndose.

—¿Venís a la noche al programa?

Charly la vio dudar y agregó:

—Si querés vení con alguien, así estás más cómoda. Dame tu teléfono y te llamo a la tarde para que te busquemos.

Cecilia le dio su teléfono y después le pidió al tío que la dejara en la puerta del colegio. Ya era casi la hora de salida y quería contarle lo que acababa de pasar a su mejor amiga para que la acompañara.

Cuando la vio salir, le empezó a gritar:

—¡Ya lo conocí, ya lo conocí!

—¿A quién?

—¡A Gustavo! ¡Y me invitó al programa!

Cuando volvió a su casa a bañarse, cambiarse y arreglarse para ir al programa, la noticia corrió entre su familia y el teléfono no paró de sonar: todas sus primas la llamaban alborotadas para que les contara.

Unas horas más tarde, las pasaron a buscar por su casa de Vitacura. Cuando Cecilia subió a la combi, Gustavo la agarró de la mano y la sentó al lado suyo. Su amiga se sentó más atrás y fue hasta el canal hablando con Charly. Cecilia notó que Gustavo tenía un anillo y le preguntó si estaba casado.

—Sí, pero me estoy divorciando —le contestó—. Ahora cuando vuelva a Buenos Aires tengo que firmar los papeles.

Durante el resto del viaje hablaron de música. Cecilia tenía un dúo country con su amiga, sabía mucho de bandas de los 70 como The Mamas and The Papas, Crosby, Stills & Nash y su abuela le acababa de traer de Nueva York unos cassettes de Prince y The Cure.

—Pero si vos no habías nacido en esa época, ¿cómo sabés tanto de esa música? —le preguntó sorprendido, cuando ella le contó de su colección de vinilos.

En los veinte minutos que duró el viaje hasta el canal, Gustavo quedó deslumbrado por la cultura musical de Cecilia.

En el plató, hizo que la sentaran con su amiga en la primera fila de la tribuna y, después de la entrevista, las invitaron a comer al restaurante del hotel. Al otro día iban a la playa de Ritoque, en Valparaíso, para una sesión de fotos, y Gustavo le preguntó si quería acompañarlos. Pero Cecilia tenía prueba de historia. Ya había faltado dos días por la fiebre y tenía que volver a su casa a estudiar.

Al día siguiente Cecilia rindió su examen y a las siete de la tarde sonó el teléfono en su casa. Era Gustavo desde el hotel, acababa de volver de la playa y quería verla.

—Venite ya —le dijo—. Comamos acá, yo me voy mañana a la mañana.

Sin pensarlo demasiado, se cambió el uniforme del colegio y se tomó el subte hasta el hotel. En la entrada, estaba lleno de fanáticas que esperaban que Gustavo, Zeta o Charly se asomaran.

Después de pasar el control de seguridad, subió a la habitación de Gustavo y pasaron el resto de la tarde charlando sentados sobre la alfombra y escuchando música en el grabador portátil que Gustavo llevaba a las giras. La madre le había dado permiso de salir hasta las diez de la noche y, antes de que se fuera, Gustavo se acercó a ella y se besaron por primera vez.

—Tengo que venir pronto, pero dame tu dirección así te escribo —le dijo Gustavo.

Cuando volvió a su casa, toda su familia estaba revolucionada.

—Cecilia, es un hombre casado y rockero, no te conviene —le decía la madre, asustada.

El padre de Cecilia había muerto cuando ella tenía seis años y sus tíos eran como padres sustitutos. Esa noche, todos la llamaron preocupados y le dijeron que tuviera cuidado, ese tipo de hombres no le convenían. Además, él tenía veintinueve años y ella sólo diecisiete.

En las semanas que siguieron, Gustavo la llamó casi todos los días desde Buenos Aires y le escribió cartas con dibujos de cómics que imitaban un choque con letras cada vez más grandes que decían CRASHHHH! Le decía que así se había sentido al verla sentada al fondo en la conferencia de prensa.

En septiembre, Gustavo volvió a Santiago con su padre por unos trámites para cobrar regalías y le presentó a Cecilia. Ella vio que Gustavo ya no llevaba el anillo de casado. En ese viaje fue por primera vez a la casa de Cecilia y conoció a la madre.

—Viene y se quedan en el living de casa —le había dicho a Cecilia.

Gustavo volvió a visitarla una semana más tarde y, aunque tenía casi treinta años, la madre les impuso un régimen de salidas como si fueran dos adolescentes. El primer programa que los dejó hacer fuera de la casa fue ir a ver la película argentina *Hombre mirando al sudeste* a un cine de Vitacura.

—¿A qué hora empieza la película, Gustavo? —le preguntó la madre.

—Creo que a las siete —le contestó.

—Bueno, a las nueve me la trae.

Se estaba convirtiendo en una de las máximas estrellas de rock de Latinoamérica, pero la madre de su novia sólo los dejaba verse en el living de la casa o ir al cine y volver antes de la hora de comer.

Gustavo trató de viajar a Chile para ver a Cecilia todas las veces que pudo durante los meses siguientes, pero la salida de *Doble vida* a mediados de septiembre embarcó a Soda en una nueva gira continental y lo alejó de ella. Su madre, además, se negaba a firmarle la autorización para que viajara sola.

El primer destino del tour fue México, donde habían vendido 280 mil copias de *Signos* y *Ruido blanco* en unos pocos meses. La cantante Verónica Castro los invitó a su programa de televisión *Mala Noche... No!* y les dedicó un especial de dos horas y media. Después de presentar el disco en vivo, los entrevistó en el living del plató y les leyó algunas preguntas de los fanáticos mexicanos. Gustavo estaba vestido con una remera negra, saco negro y boina negra. Todos querían saber detalles de sus vidas. Él contó que nunca se acostaba antes de las seis de la mañana y dijo que era el más malhumorado de los tres.

—Soy una persona bastante ciclotímica, lo cual me hace pasar por momentos de mucha depresión o por momentos de muchísima alegría —agregó—. Estamos en la era de

Acuario y el ego hay que manejarlo. Típico leonino soy, soy bastante autoritario.

Después, la conductora le pidió a Zeta que se definiera.

—Soy equilibrado, soy sociable. Me dicen Zeta porque soy el último en llegar.

El siguiente fue Charly.

—Yo soy de Aries. También tengo mi personalidad, pero trato que mi comunicación con la gente sea más suave que la de Gustavo.

—No soy tremendo, soy ciclotímico —se defendió Gustavo.

Castro notó la tensión latente que había entre los dos y y le pidió que definiera a Charly.

Gustavo lo pensó un segundo y contestó:

—Es una personalidad agridulce.

Ohanian consiguió que Pepsi les pagara 1,3 millones de dólares para auspiciar los veinticinco conciertos de la gira por el interior de México a bordo de dos micros y dos trailers para los equipos, que les permitió llegar a lugares donde nunca antes había ido un grupo de rock: Soda Stereo estaba sembrando la semilla del rock latino en los confines de la región.

Lillian Clarke dio a luz a Gustavo a los 23 años en el Sanatorio Mater Dei. Unos meses antes, había renunciado a su trabajo como taquidactilógrafa en Esso.

Juan José Cerati y Lillian con Estela y Gustavo durante unas vacaciones. Laura, la hija menor, todavía no había nacido.

Durante sus primeros tres años Gustavo vivió en Barracas, en un departamento en la esquina de las calles Hornos y Olavarría.

Hasta quinto grado, Gustavo fue a un colegio del Estado en Colegiales. Su primera pasión fue el dibujo.

En las fiestas familiares, Gustavo siempre daba un show para sus tíos y sus primos.

Gustavo compuso sus primeras canciones para el coro de la iglesia del colegio San Roque. También formaba parte de Acción Católica.

Las primeras reuniones entre Gustavo Cerati, Charly Alberti y Zeta Bosio fueron en la casa de la familia Alberti, en Núñez. Ensayaban en un cuartito arriba del garaje.

Una tarde, mientras la miraba hablar por teléfono, Gustavo dibujó sobre el cartón de una caja de zapatos un retrato a mano alzada de Anastasia Chomyszyn. De ella, Soda Stereo tomó su look.

EDITORIAL ATLÁNTIDA-TELEVISA

Las primeras gira de Soda Stereo fueron en verano por la Costa Atlántica.

REVISTA *VEA*, DE CHILE, 1987

Gustavo se casó con Belén Edwards en 1987 y se separaron un año más tarde.

La salida del álbum *Signos* en 1986 lanzó definitivamente la carrera del grupo en el exterior. La revista *Rock & Pop* los llevó a su portada mientras giraban por Latinoamérica.

Durante la época en la que grabaron el álbum *Doble vida*, Gustavo, Zeta y Charly usaban camperas de cuero, sombreros y boinas.

En 1989, durante la concepción del álbum *Canción animal*, Gustavo y Paola Antonucci, su novia de entonces, se quedaban toda la noche dibujando planetas, castillos y personajes en el piso de cerámica del departamento en el que vivían en Figueroa Alcorta y Basavilbaso, en Núñez.

Soda Stereo junto a Charly García, en la etapa de *Doble vida*. En 1985, había corrido el rumor de que Charly iba a producir el segundo disco del grupo, *Nada personal*.

La Gira Animal duró cerca de dos años y recorrió Argentina y Latinoamérica. En la foto, Gustavo descansa antes de una prueba de sonido.

Gustavo con Andrea Álvarez y su novia de entonces, Paola Antonucci, durante la gira de *Canción animal* por México.

Charly Alberti, Cerati, Tweety González, Zeta Bosio y Andrea Álvarez antes de la presentación en Vélez del álbum *Canción animal*, en 1990.

En 1992, Soda grabó el álbum *Dynamo* en Supersónico, el estudio que habían armado en Belgrano R.

Cerati se casó con la chilena Cecilia Amenábar el 25 de junio de 1993 en la iglesia Los Misioneros de Pedro de Valdivia norte, en Santiago de Chile.

Después de casarse, Gustavo y Cecilia vivieron el resto del año en Chile.

Mientras Cecilia estaba embarazada de Benito, casi todos los fines de semana iban a la casa de la familia que los Amenábar tenían frente al lago Vichuquén, a tres horas de Santiago.

En una playa de Chile, Gustavo y Cecilia con su hijo Benito, a los pocos meses de su nacimiento.

Gustavo, con Benito y Lisa, el día en que la niña dio sus primeros pasos.

Cuando nació Lisa, en 1996, Gustavo y Cecilia volvieron a instalarse con sus hijos en Chile durante una temporada.

En 1999, Gustavo grabó *Bocanada*, su segundo disco solista, en Casa Submarina, el estudio que había montado en su casa de Vicente López.

Charly García, Gustavo Cerati, Fito Páez y León Gieco, en el departamento de Charly en Coronel Díaz y Santa Fe, Palermo, en 2001.

A fines de 2006, Gustavo viajó con Sofía Medrano, su novia de entonces, a pasar Año Nuevo en la península de Yucatán, en México.

Prueba de sonido con Benito Cerati.

Soda Stereo se reunió en 2007 para una gira por Argentina, Chile, Ecuador, México, Estados Unidos, Colombia, Panamá, Venezuela y Perú. Agotaron 20 de los 22 shows.

EDITORIAL ATLÁNTIDA-TELEVISA

En julio de 2007, Shakira lo invitó a tocar al festival Live Earth en Hamburgo y Estambul el tema "Día especial", que compusieron juntos.

5. Cuero, piel y metal

Cuando tocaron el timbre, Charly estaba tirado en la cama con una chica. El cuarto era completamente blanco, un búnker futurista decorado con algunos detalles negros y minimalistas recién traídos del primer mundo. Había un gran televisor que estaba siempre prendido, empotrado en la pared frente a una cama de dos plazas. Apoyado en unas de las mesas de luz había un teléfono inalámbrico. A un costado, un escritorio con una computadora último modelo y unos parlantes con un audio que envolvía el ambiente como si fuera el corazón de una tormenta. El baño era de mármol negro. Parecía el refugio de un yuppie hedonista, un pequeño magnate sudamericano fascinado por la leyenda química y excéntrica de Howard Hughes. En la bandeja, estaba sonando "El loco de la calle", una canción del grupo de pop español El Último de la Fila con una batería electrónica que a Charly le encantaba. Desde la planta baja, llegó la voz de Dolly, su madre, avisándole que era Gustavo.

—Quedate acá —le dijo Charly a su amiga, mientras bajaba la escalera caracol.

Se habían conocido el verano anterior en Pinamar, en los camarines de un show de Soda Stereo en el parador

La Bianca. Después de pasar la tarde en la playa, se volvieron a ver en Buenos Aires y ella empezó a ir muchas tardes a tomar mate a su casa con él y Dolly, una de esas madres que adoptaba a los amigos de sus hijos como propios. La chica se llamaba Paola Antonucci, tenía dieciocho años, el pelo teñido de colorado, rasgos delicados y ojos penetrantes. Acababa de rendir en una temporada dos años enteros de la facultad de Bellas Artes para irse a estudiar a la escuela de arte de la galería degli Ufizzi, en Italia.

Era fines de noviembre de 1988 y Laura, la hermana menor de Gustavo, se casaba ese fin de semana. En Soda, Charly era el que volvía de todos los viajes con cámaras de fotos, teléfonos y computadora nuevas, así que Gustavo había ido a pedirle una filmadora.

Cuando Paola escuchó la voz de Gustavo en el hall de la casa, no pudo resistirse y también bajó. Mientras esperaba que Charly encontrara la filmadora, levantó la mirada, la vio aparecer por la escalera y todo perdió realidad algunos segundos. Fue exactamente igual a cuando había visto a Noelle hacía tres años en Pinamar, exactamente igual a cuando estaba en un salón del hotel Crowne Plaza de Santiago de Chile contestando preguntas en una conferencia de prensa y había visto a Cecilia Amenábar: unos segundos de conexión en los que los dos entendieron todo.

Aunque se tenía que ir rápido, esa noche Gustavo se quedó a comer en lo de Charly y estuvieron charlando hasta las tres de la mañana en la cocina. En las entrevistas y en los shows Gustavo siempre estaba al frente y era el que más hablaba, pero en la intimidad Charly era el más extrovertido. Gustavo tenía un aire reservado, una especie de drama en la mirada que dejó completamente cautivada a Paola. Dolly lo notó enseguida y vio que Gustavo también parecía hipnotizado con la amiga de Charly. Durante la comida, cada vez que él le hablaba, le pateaba la pierna a la amiga de su hijo por debajo de la mesa con complicidad.

Después de esa noche, Paola hizo todo lo posible para volver a verlo. Aunque vivía en La Plata, a sesenta kilómetros de Buenos Aires, convenció a sus amigas de que la acompañaran varias veces hasta la sala que Soda alquilaba en Belgrano R para ver si se lo cruzaban y en esas excursiones le empezó a dejar chocolates en el parabrisas del auto. Los fines de semana iba a bailar a Freedom y Fire, los boliches a los que sabía que él iba, y pasaba tardes enteras en la casa de Charly, tomando mate con Dolly, con la esperanza de que Gustavo tocara el timbre. Hasta que una noche estaba en su casa a punto de irse a dormir y sonó el teléfono.

—Por fin, todo este tiempo te estuve buscando —escuchó que le decía Gustavo del otro lado de la línea.

—¡Hola! ¿Cómo conseguiste el teléfono? —le preguntó.

—Uf, no sabés a todos los plomos que tuve que sobornar.

Dentro del grupo, la rivalidad entre Gustavo y Charly era cada vez más grande y sabía que pedirle el teléfono de su amiga no era buena idea.

—¿Qué estás haciendo? —le preguntó Gustavo.

—Estoy acá, en casa. Mis viejos se fueron a Europa de vacaciones.

—Voy para allá.

Gustavo estaba en lo de sus padres en Villa Ortúzar y, después de cortar, se subió a su Renault 11 blanco, manejó hasta La Plata y una hora más tarde le estaba tocando el timbre con una botella de vino tinto y un ramo de rosas. Era la segunda vez que se veían, pero fue como si dos viejos amantes se estuvieran reencontrando después de la guerra.

Cuando se despertaron a la mañana siguiente, Gustavo le dijo que no quería perderla, que no se fuera a Italia. Cuando volvieran sus padres, quería conocerlos y pedirles permiso para llevarla de gira.

A la tarde, Gustavo tenía ensayo. Soda iba a tocar en un festival por los cinco años de la democracia en la Avenida de la 9 de Julio organizado por el gobierno de Raúl Alfonsín y en enero empezaban una gira por el interior del país. Dos meses antes de las giras, la rutina de trabajo del grupo se volvía frenética: ensayaban de lunes a domingo desde las tres de la tarde hasta bien entrada la noche y, cuando faltaban dos semanas, tocaban el show completo dos veces por día en la sala y preparaban un set de luces especial para generar un clima.

Mientras tocaban, a Charly le pareció reconocer el olor que tenía Gustavo en la ropa. Los padres de Paola siempre le traían de sus vacaciones un frasco de Giorgio Beverly Hills, un perfume que en Buenos Aires no se conseguía y que a él le encantaba.

—Vos andás con Paola, ¿no? —le preguntó en un descanso.

—No, nada que ver, ¿por?

—Tenés su perfume en tu ropa y acá nadie más lo usa.

Gustavo no supo qué responderle.

Para la segunda cita, Gustavo le grabó un mixtape con "Tunnel of Love" de Bruce Springsteen, "Lips like sugar" de Echo & The Bunnymen, "Bête Noire" de Bryan Ferry y otras canciones que no paraba de escuchar en ese momento. Desde entonces, cada vez que se veían escuchaban ese cassette.

Cuando los padres de Paola volvieron de sus vacaciones, como había hecho con Noelle después de conocerla, Gustavo fue a la casa de La Plata a pedirles la mano de su hija.

El 21 de diciembre de 1989, Federico Moura murió en su departamento de San Telmo y, de alguna forma, fue como si esa noche, mientras sonaban los teléfonos con la noticia, los 80 se hubieran terminado. El año anterior Virus había grabado *Superficies de placer*, su disco más sofisticado y maduro, y después de la gira de presentación en mayo el cantante se había retirado de los escenarios silenciosamente. En la Argentina todavía no se sabía casi nada sobre el sida; para muchos era una maldición bíblica que sólo se contagiaban los homosexuales. El cantante de Virus se convirtió en el primer personaje público en morir por esa enfermedad. Tenía 37 años.

Soda Stereo había atravesado la década compartiendo escenarios en los sótanos de Buenos Aires con Sumo, Virus y Los Abuelos de la Nada. De pronto, ninguno de los líderes de esas tres bandas quedaba vivo. Miguel Abuelo había muerto en mayo y en diciembre del año anterior habían encontrado el cuerpo frío de Luca Prodan en el cuartito del primer piso en el que vivía en una vieja casona del barrio de Montserrat: eso convertía a Soda Stereo en el grupo que había conquistado y sobrevivido a los 80.

El día que Federico Moura fue enterrado en el cementerio de Chacarita de Buenos Aires, el diario *Página 12* publicó un obituario firmado por la periodista Gabriela Borgna que dio cuenta de la discreción que el círculo íntimo del grupo había tenido para hablar de su enfermedad y que a la vez sonaba como un manifiesto de época: "Nos unimos en una conspiración de silencio, y quizá también de esperanza en un milagro de esos que rara vez se producen. Nos unió la solidaridad hacia alguien que respetábamos profundamente, y la conciencia de que, según parece, serán muy pocos los de nuestra generación que logren morirse de viejos".

Virus dio un show en memoria de Federico Moura en

el boliche La Casona cuatro días más tarde, con su hermano Marcelo tomando el rol de cantante. Gustavo, Zeta y Charly subieron como invitados para tocar "Wadu wadu", el primer hit del grupo platense lanzado en 1982 y que sintetizaba el espíritu de diversión, baile y pérdida de la solemnidad que Soda había buscado en las canciones de su disco debut dos años más tarde. Esa noche, Gustavo invitó a Paola al show y en los camarines del boliche le presentó a Belén. Aunque se acababan de separar, ella seguía yendo a sus shows; el divorcio había retrotraído la relación al estado de amistad que tenían antes de casarse y parecían sentirse más cómodos así.

Soda Stereo terminó el año con el show más convocante de su carrera en un festival sobre la Avenida 9 de Julio en el que también tocaron grandes artistas del rock nacional como Luis Alberto Spinetta, Fito Páez y Ratones Paranoicos. A lo largo de la tarde, la avenida se fue llenando de gente y, cuando Gustavo, Zeta y Charly salieron al escenario ya de noche, ahí abajo había más de 150 mil personas esperándolos.

Gustavo empezó el show sintiéndose aturdido. Las formas eléctricas de sus canciones parecían demasiado frágiles para enfrentar a esa multitud. Recién logró calmarse después de un par de temas, cuando estaba tocando el riff de guitarra inicial de "En la ciudad de la furia", se dio vuelta y vio a su padre sonriendo a un costado del escenario. Mientras Zeta empujaba una línea de bajo palpitante, Gustavo comenzó a absorber la energía de toda esa gente que había ido a verlos y pudo convertirse en el superhéroe alado de la canción. Metido en la piel del personaje que había inventado dibujando historietas a los siete años, de pronto todo entró en una sincronía perfecta con ese himno para una ciudad desvelada y rota por la inflación, los saqueos, los levantamientos carapintadas y un gobierno que perdía el control de las cosas.

En el verano de 1989, Soda salió otra vez a la ruta. Fue una odisea de dos meses y medio que cubrió la Argentina de norte a sur con un despliegue monumental. El trío se había transformado en un convoy de setenta personas que viajaban a bordo de dos micros de gira y varios camiones que transportaban instrumentos, equipos y escenografías para el montaje de dos escenarios.

Doble vida significaba la conquista definitiva de México, consagrándolos como las máximas estrellas de rock al sur del río Bravo, pero artísticamente también era un álbum de transición que los empujaba hacia una nueva etapa. La convivencia en la ruta y la vida de estrella de rock habían resultado una fantasía destructiva. El matrimonio de Gustavo con Belén se había desintegrado y, más allá del crecimiento del grupo, su evolución artística puertas adentro estaba alterando la polaridad del trío: en el final de la década, su amistad telepática con Zeta y la hermandad conflictiva con Charly se redefinían.

El grupo necesitaba reinventarse y la forma que encontraron de cerrar ese capítulo fue romper el contrato con Alberto Ohanian al volver a Buenos Aires, armar su propia agencia, comprar la sala donde ya ensayaban, a la que bautizaron Supersónico, y tomarse vacaciones por primera vez para reordenar sus vidas. Gustavo se instaló durante una temporada en la casa de sus padres y volvió a dormir en el cuarto de su infancia: era una forma de buscar refugio, de apoyar la cabeza en la almohada donde todo había empezado y asimilar los últimos años de explosión continental. A la noche, antes de dormir, acostado en su cama de siempre, el mundo parecía volver a ser el mismo que en su adolescencia: el escritorio con unos estantes llenos de libros, el sticker de la Universidad del Salvador pegado en el vidrio esmerilado de la ventana, el póster de The Police firmado por Sting colgado en la puerta y la mesa de luz en la que guardaba sus dibujos.

Sólo cinco años antes se habían juntado a tocar por primera vez en la casa de Charly con la idea de formar un grupo que revolucionara el rock argentino. Después de un año encerrados en la sala ensayando todos los días, en el primer show un cazatalentos les había golpeado la puerta del camarín para ofrecerles un contrato y, desde entonces, todo había cobrado una velocidad abrumadora: sus peinados llamaron la atención de toda la escena y ellos aprovecharon esa atención para demostrar el potencial de sus canciones, convirtiéndose en un fenómeno explosivo, saliendo de gira al exterior y viviendo el sueño rockero de hoteles asediados, fanáticas gritando desconsoladas, novias perdidas, drogas, shows multitudinarios, casamientos, nuevas giras y separaciones.

Gustavo tenía veintinueve años y necesitaba hibernar para cambiar de piel. Algunos días a la semana Paola empezó a quedarse a dormir. Una noche, él abrió un cajón de la mesa de luz para mostrarle sus dibujos y ella vio que guardaba la misma *Enciclopedia del Mundo Animal* que tenía en su casa y que conservaba como un tesoro.

La enciclopedia se convirtió en el talismán de la relación. Acurrucados en la cama, se quedaban hasta la madrugada mirando fascinados esas fotos de animales capturados en situaciones extrañas. Había fotos de serpientes enroscándose en otros animales, tres delfines saltando abrazados fuera del agua, dos leones copulando en medio de la selva.

También aprovecharon el receso para montar las oficinas de Triple Producciones en una casona de Belgrano R. Hacía tiempo que Juan José estaba involucrado en la contabilidad del grupo y, en esa transición, tomó el mando de la administración. Para el puesto de agente de prensa contrataron al periodista del diario *Clarín* Daniel Kon, que había cubierto la gira internacional de Soda durante todo 1988 y se había hecho amigo de ellos.

Por esos días, Charly García salió de una internación forzosa para desintoxicarse y se empezó a reunir con Pedro Aznar para a grabar una secuela de *Tango*, el álbum que habían grabado en 1986. En una de esas reuniones, se les ocurrió invitarlo a Gustavo y, pronto, esas zapadas se convirtieron en el nacimiento de un trío de estrellas del rock nacional. Varias madrugadas se juntaron a tocar temas de los Beatles en el departamento de Charly en Coronel Díaz y Santa Fe, en Palermo, y grabaron unas sesiones en Supersónico, pero hacer coincidir las agendas de los tres resultaba demasiado complicado y Charly estaba cada vez más inestable. De esas sesiones surgieron algunas canciones que finalmente cada uno usó en sus propios proyectos. Para Gustavo esas zapadas significaron además el reconocimiento de dos artistas legendarios y el comienzo de la reconciliación con su propia educación musical en la adolescencia. Soda Stereo era un fenómeno extraño dentro del rock argentino: un grupo que siempre había mirado hacia afuera, nutriéndose de la vanguardia y la modernidad del rock inglés sin prestarle atención a la tradición local.

Después de una temporada amniótica en la casa de Villa Ortúzar, Gustavo empezó a buscar un lugar para mudarse. Quería comprar un departamento que fuera especial, como el de la cúpula al que se había mudado con Noelle. Paola lo acompañaba en las recorridas por las inmobiliarias y él le decía que quería un lugar que tuviera una escalera caracol para que se repitiera la escena de la primera vez que la había visto y, además, correrla por la casa.

En una de esas recorridas, le mostraron un departamento en la avenida Figueroa Alcorta y Basabilvaso, en Núñez, a cinco cuadras de la casa de los padres de Charly. Era un segundo piso de paredes forradas con telas en distintos tonos de grises, piso de cerámica, columnas en el living y un techo de madera recubierto con paneles de gamuza color crema. Antes había vivido el diseñador Martín Churba. Tenía un gran balcón sobre la avenida y las puertas de la cocina, los cuartos y los baños eran de vidrio esmerilado. Además, había un cuarto insonorizado con paneles de gomaespuma donde podía montar su estudio casero.

Se mudó a fines de mayo y al poco tiempo Paola se instaló con él. Todo empezaba a estabilizarse. Soda se volvió a reunir tras varios meses de dispersión y, como una forma de oxigenar la dinámica del grupo, renovaron a los músicos que los acompañaban. Ficharon a Tweety González en teclados, a Andrea Álvarez en percusión y a Gonzo Palacios en saxo.

Algunos días por semana volvieron a ensayar en la sala y todos se acoplaron con una naturalidad inesperada. Gustavo había empezado a cobrar una presencia intimidante para los nuevos integrantes, nadie quería caerle mal. Era el que marcaba el ritmo de los ensayos y las zapadas; todos esperaban sus indicaciones para empezar a tocar.

Una tarde, Andrea Álvarez pensó que Gustavo no había llegado y se puso a tocar un tumbao con las congas para entrar en calor. Pero estaba en el control y, al escucharla, atraído por el ritmo, se sentó en el piso con su guitarra y empezó a seguirla, tocando medio en broma una línea melódica que parodiaba a "Guantanamera". Tweety se sumó con sus teclados y, al final del día, tenían el boceto de una canción que se llamó "Mundo de quimeras".

Esas nuevas sesiones funcionaron inesperadamente bien y desembocaron en la grabación de un EP que se editó a mitad de año con el tema nuevo y versiones alternativas de tres canciones de *Doble vida*, "Languis", "En el borde" y "Lo que sangra (La cúpula)". Por esos días, Zeta se casó con Silvina Mansilla, su novia histórica, en su quinta de San Fernando y, en julio, Soda Stereo viajó a Venezuela y Chile.

Durante esa gira, Gustavo se reencontró con Cecilia en Santiago. Llevaban meses sin hablar ni escribirse. Aunque la intensidad de su relación con Paola lo hipnotizaba, su historia con Cecilia no se había resuelto. Ella había terminado el colegio y estaba estudiando arquitectura mientras su carrera como modelo seguía en ascenso. Falabella y Ripley la habían contratado para sus campañas gráficas y acababa de volver de unas producciones de fotos en China y Rusia, pero seguía siendo menor para viajar a la Argentina sin que su madre le firmara el permiso. Los días que Gustavo pasó en Chile, ella mintió en su casa diciendo que se iba un fin de semana a la quinta de una amiga y se escaparon juntos a un hotel en la playa.

En septiembre, Soda se fue casi cuatro meses a tocar por Centroamérica y Los Angeles, y Gustavo se llevó a Paola con él. El tour empezó recorriendo varias ciudades del interior de México donde la efervescencia del grupo estaba en su pico más alto. Charly no le había perdonado a Paola que empezara a salir en secreto con su compañero de banda y, durante esos días arriba del micro, cruzando el desierto mexicano rumbo a ciudades y pueblos en los que no habían tocado nunca, casi no le dirigió la palabra. Gustavo llevaba un equipo portátil y musicalizó las horas de ruta con cassettes de los Beatles. Había descubierto que la psicodelia del álbum *Sgt. Pepper's Lonely Hearts Club Band* se llevaba bien con las rutas del norte mexicano. Y después de todo, ellos estaban viviendo su propia fantasía beatle.

Paola cada tanto intentaba acercarse a Charly para hablar

un rato, pero cuando conseguía que él se relajara, enseguida sentía la mirada fulminante de Gustavo desde unos asientos más atrás. En los hoteles de las ciudades donde paraban, los pedidos al room service siempre llegaban acompañados de una estela de fans en el pasillo de la habitación y tenían que ponerse a firmar autógrafos. Eran lugares que no estaban acostumbrados a ese tipo de acecho a sus huéspedes. En muchos pueblos Soda Stereo era la primera banda de rock en llegar a tocar y las fanáticas se infiltraban sin que nadie las frenara. Golpeaban la puerta de las habitaciones en mitad de la noche, entraban a los cuartos cuando ellos no estaban y, si Gustavo había salido y la que abría la puerta era Paola, se quedaban hablando con ella y trataban de convencerla de que les regalara algo de él: un par de medias, cualquier cosa.

Salvo por Charly, que tenía veintiséis y estaba en una etapa de salidas nocturnas compulsivas, las giras de Soda habían entrando en una fase conyugal. Gustavo, Zeta y Taverna ya rondaban los treinta y estaban comprometidos. Taverna se había puesto de novio con la vestuarista Alejandra Boquete, Zeta viajaba con su esposa y Gustavo estaba con Paola. De pronto, la vida en la ruta se había convertido en vacaciones familiares. Paola ayudaba a Alejandra con el vestuario y salían juntas a comprar camisas y maquillajes para los shows o pelucas para disfrazarlos en las ciudades donde el acoso de los fanáticos era demasiado intenso.

Durante ese tour, Gustavo no se despegó de Paola. Entre los shows se escapaban a la playa, visitaban ruinas, salían de compras y viajaron una semana solos a Tulum en una especie de luna de miel. Como la gira abarcaba varias ciudades del norte de México, en los días libres los músicos cruzaban la frontera desde Tijuana a San Diego, alquilaban un auto y se iban a Los Angeles por una o dos noches. Era como pasar a otra dimensión: de un lado de la frontera eran las máximas estrellas de rock de Latinoamérica y dormían en hoteles de lujo con fans acampando en la puerta, del otro eran turistas anónimos que llegaban a Los Angeles en el auto alquilado y se alojaban siempre en el mismo motel de 34 dólares la habitación doble, una pocilga con la alfombra hinchada de humedad y paredes descascaradas, donde dejaban sus cosas y dormían cuatro o cinco horas entre sus excursiones a disquerías, negocios de ropa y shows, antes de volver al día siguiente otra vez a su fantasía de estrellas de rock.

En esas escapadas Gustavo y Paola se dedicaron a comprar objetos para decorar el departamento nuevo. Sobre el boulevard de Venice Beach había un negocio esotérico donde compraron estrellas y planetas para colgar. Encontraron una veleta que parecía el recorrido de un meteorito en caída libre y un tensegrid, un juego de palitos de madera con tensores para armar que requería mucha concentración y trabajo para que quedara equilibrado. En una escapada a Nueva York descubrieron el local de Astros & Stars y se compraron móviles, mapamundis y constelaciones para colgar en la casa.

Entre septiembre y diciembre, Soda dio unos treinta shows por el interior de México, además de Panamá, Costa Rica, Guatemala y Honduras. El tour terminaba con dos fechas en el Hollywood Palace de Los Angeles y, la noche que llegaron a la ciudad, el guitarrista Pappo Napolitano les organizó una barbacoa de bienvenida en la casa que alquilaba en Venice Beach. Esa noche, Pappo prendió un fogón en el jardín y también invitó varios músicos negros de la escena blusera de la ciudad.

Un año antes, después de la separación de Riff y de que ninguno de sus proyectos nuevos terminara de funcionar, Pappo había ido a probar suerte a Los Angeles. El trash metal estaba empezando a ganar el mainstream y quería probarse a sí mismo como guitarrista. Aunque en Buenos

Aires con Gustavo, Zeta y Charly nunca se habían cruzado demasiado y pertenecían a escenas distintas, Taverna había empezado su carrera como sonidista de Riff y Pappo lo adoraba.

Soda llenó el Hollywood Palace en su primer show y después todo el equipo fue festejar al restaurante de enfrente, en la esquina de Hollywood Boulevard y Vine. La gira había sido mágica y desgastante: tres meses de vida nómade, días de ruta a bordo de un micro por paisajes desolados de México, calor, comida picante y el ruido ambiente del acoso de los fanáticos. Aunque todos ya estaban acostumbrados a esas condiciones, para Paola era la primera vez y estaba agotada. Además, se había intoxicado con alguna comida y hacía varios días que estaba con fiebre. Después de que todos le hicieran su pedido a la moza, una de las productoras del show la acompañó hasta un drugstore a comprar un remedio. En el camino, Paola le contó que estaba con vómitos y mareos, y ella le sugirió que por las dudas también comprara un test de embarazo. Al volver se encontraron con que Jill Ali, la percusionista de Prince, había entrado al restaurante y se había sentado en la mesa de Soda. Paola aprovechó la distracción y fue al baño para hacerse el test.

Volvieron casi a la madrugada al Sheraton del Sunset Strip y, mientras todos subían a sus habitaciones, Gustavo y Paola agarraron unas mantas y se sentaron en unas reposeras en la pileta del hotel para ver el amanecer.

—Gus, estoy embarazada.

Después de escuchar esas palabras, Gustavo se quedó un rato en silencio.

—¿Qué querés hacer? —le preguntó.

A ella no le pareció que la noticia lo hubiera emocionado y le contestó que lo iba a pensar.

A la mañana siguiente, Soda tenía una entrevista pautada en el Griffin Park de Hollywood Hill para un programa de MTV que conducía la actriz cubana Daisy Fuentes. Para recorrer Los Angeles, Gustavo y Paola habían alquilado un Toyota descapotable con cuatro caños de escape que Charly había estado buscando ni bien habían llegado a la ciudad pero que ellos habían encontrado primero. Después de la entrevista, mientras bajaban la colina en el descapotable por una calle zigzagueante rodeada de un bosque perfumado de eucaliptus, todo le pareció tan perfecto que, por un momento, Gustavo se dejó llevar por la fantasía de ser padre y formar una familia en la Costa Oeste de Estados Unidos.

—Quiero tener este hijo —le dijo. En el stereo estaba sonando "Living in the Paradise", de Phil Collins—. Y cuando termine la gira, compramos una casa acá y nos venimos a vivir.

Esa noche Soda dio el último show de la gira en el Hollywood Palace y también se agotaron los tickets. Al día siguiente, Gustavo y Paola fueron a comer a la casa de Gustavo Santaolalla. El ex músico de Arco Iris se había ido a California a fines de los 70 y vivía en Los Feliz, un suburbio residencial de Los Angeles, trabajando como productor. Gustavo quería afinar a Soda Stereo al sonido de guitarras del rock nacional de los 70 y estaba buscando a alguien que pudiera sintonizar al grupo con ese audio en su próximo disco, pero Santaolalla estaba explorando otro tipo de fusiones.

El cierre de la gira fue con dos shows en enero de 1990 en el Superdomo de Mar del Plata y en el estadio de Vélez junto a Tears For Fears, en el Derby Rock Festival, ante 30 mil personas. En ese show, Daniel Melero tocó como telonero. Después de años alejados, se cruzaron en los camarines con Gustavo y enseguida se estaban riendo juntos como cuando Melero visitaba los primeros ensayos en la casa de Charly.

En febrero, Soda tocó en Rosario y durante el show Paola empezó a sentirse mal. Se encerró en el baño del camarín con pérdidas y, cuando Gustavo bajó del escenario, ya estaba segura de que había perdido el embarazo. Aunque no lo habían buscado, durante esos últimos meses los dos se habían dejado entusiasmar con la idea de tener un bebé. En la guardia de un hospital de la ciudad les confirmaron la noticia y fue como si de pronto hubiera quedado un vacío entre ellos.

En los primeros meses de 1990, Gustavo se encerró en su departamento y emprendió un viaje creativo hacia lo profundo de sí mismo. Durante esas sesiones de composición a la deriva, volvió a sus tardes de fascinación cósmica con sus compañeros de colegio y al rock nacional que había escuchado en esos años de educación sentimental, a las canciones de Pescado Rabioso y Vox Dei, al sonido de guitarra más crudo.

Mientras a su alrededor todo estaba en crisis, Gustavo empezó a despegar definitivamente como artista. Con Soda Stereo siempre había mirado hacia afuera y hacia el futuro: sus canciones habían sido gestos de modernidad, la asimilación de un nuevo sonido y una nueva forma de entender el rock en los 80, un aprendizaje en una década en la que el rock se había reinventado a sí mismo: como compositor, Gustavo había sido un traductor único e inspirado que había filtrado algo de sí en todo eso, pero ahora estaba yendo más lejos.

En el departamento de Alcorta, se quedaban despiertos toda la noche, tomando ácido lisérgico bajo esa galaxia privada de estrellas, mundos y constelaciones que habían creado en el techo del living, dibujando castillos, caras y planetas y escribiendo frases en el piso de porcelanato blanco con marcadores metalizados.

Todo lo que hacían se convertía en un juego permanente de palabras, personajes y voces que después también llevaban a la cama, mientras Gustavo le hablaba al oído y Paola buscaba alguna peluca. Escribían frases en papeles que guardaban en los bolsillos de la ropa del otro como mensajes cifrados, dibujaban personajes que tenían sus propios nombres, personalidades y vocabulario. Durante semanas competían para ver quién tenía la mejor palabra: Paola le decía alguna que le gustaba y al día siguiente Gustavo tenía que responderle con otra que la superara y así.

Acumulaban esas palabras en cuadernos, atesorándolas, usándolas para escribir frases o inventar nuevos personajes. Gustavo recurría a ellas para las nuevas canciones que había empezado a incubar en el cuarto del fondo. El universo privado que había crecido dentro de su relación con Paola estimulaba su creatividad. A la noche iban a comer a los bodegones tradicionales de Avenida de Mayo, con jamones colgando del techo y viejos mozos españoles atendiendo las mesas, para mezclarse entre gente distinta, y Gustavo la desafiaba a ver hasta dónde se animaba a llegar. A veces, salía completamente desnuda, tapada sólo con un sobretodo, frenaban en uno de los parques sobre Figueroa Alcorta y ella se sacaba el sobretodo para correr desnuda alrededor del Planetario.

Gustavo volvía de esas aventuras lleno de inspiración y se encerraba a componer. Hacia agosto empezó a trabajar más seriamente algunas ideas musicales. Tenía una portaestudio Tascam 388 de ocho canales y se compró una MPC, una máquina de ritmos para hacer música electrónica que se usaba, sobre todo, para construir bases de hip hop. Durante su evolución musical dentro de Soda, había ido dejando de lado la guitarra para componer y su forma de construir las canciones era cada vez más desde el groove; partía desde ideas rítmicas y por eso chocaba tanto en la sala con Charly.

Más allá del fuerte carácter de los dos, el problema era que Gustavo tenía una intuición rítmica natural y quería que Charly tocara exactamente lo que él se había imaginado mientras componía las canciones.

Su reencuentro con Daniel Melero también le resultó inspirador. Varias noches iban con Paola a comer al altillo en el que vivía con una actriz. Y cuando Melero se separó, empezó a pasar cada vez más tiempo con Gustavo. En la época de *Nada personal*, la participación en Fricción! le había servido a Gustavo para asimilar la influencia del dark y el post-punk que después iba a volcar en *Signos*. Si bien el encuentro con Charly García y Pedro Aznar lo había hecho sentir a una nueva altura como artista, con Melero fue como si ese magma creativo que se había ido cocinando adentro de pronto empezara a fluir.

Encerrado en la habitación de Alcorta, Gustavo empezó a trabajar en una melodía a partir de la línea de bajo de "Tempted", un tema de Squeeze que se había pasado horas y horas escuchando en el cuarto de Taverna cuando se habían conocido. Tenía una base palpitante, a la que le sumó un tejido de acordes de guitarra con un sonido casi de gaita y una letra que hablaba de un amor cósmico y dramático inspirado en sus peleas y reconciliaciones con Paola que empezaba con la línea:

No vuelvas sin razón
No vuelvas
Yo estaré a un millón de años luz.

Si en los comienzos de Soda las frases de Gustavo sonaban como slogans musicales, en "Un millón de años luz" el estribillo donde repetía ese "No vuelvas" ahora sonaba como un mantra.

Gustavo había construido otro trío con Paola y Melero por fuera de Soda, y nadie parecía sentirse demasiado cómodo. En Supersónico a Melero le habían empezado a decir "El Primo", porque no entendían que Gustavo le prestara tanta atención a menos que fuera familiar. Lo llevaba a los ensayos, lo incluía en las opiniones decisivas del grupo y, aunque todos reconocían que podía tener buenas ideas, lo despreciaban porque casi no sabía tocar ningún instrumento.

Al igual que durante la grabación de *Abbey Road* John Lennon convirtió a Yoko Ono en una integrante más de los Beatles, Gustavo estaba haciendo de Melero un cuarto Soda a la fuerza. Ocupaba cada vez más lugar en su vida y era una situación que incluso a Paola le molestaba. Sabía que para Gustavo era una amistad estimulante —la falta de educación técnica de Melero hacía que tuviera ideas y reacciones musicales que lo fascinaban—, pero veía algo oscuro en su cercanía. De alguna forma, estaba celosa y había empezado a sospechar que Melero estaba secretamente enamorado de Gustavo, tal vez sin saberlo.

Una mañana, Gustavo estaba en el departamento y Lillian lo llamó para avisarle que Juan José había estado con fiebre toda la noche y se había despertado peor. Un médico lo fue a ver y le recetó varios remedios, pero nada logró bajarle la temperatura. Finalmente, fueron a Hospital Alemán para que lo examinaran, pero no encontraban la causa y lo devolvieron a la casa con nuevos medicamentos que lo aliviaron por unos días.

A la semana siguiente, la fiebre volvió a subir y después de hacerle más exámenes, vieron que tenía unas manchas en los pulmones. Los médicos programaron una operación para el mes siguiente y en el quirófano descubrieron que era peor de lo que esperaban: tenía un cáncer de pulmón que había empezado a hacer metástasis. Juan José empezó un tratamiento de quimioterapia y, durante esos días, Gustavo visitó la casa de Villa Ortúzar para tomar el té con él y con Lillian casi todas las tardes.

Cuando volvía a Alcorta, se encerraba a tocar como una forma de purgar todo lo que estaba pasando y su música empezó a sonar cruda. En esas noches, compuso una canción que era una súplica, con una instrumentación mínima detrás del rasgueo angustiado de una guitarra acústica y su voz reconstruyendo cómo había visto a su madre llorar por su padre y que aun en esa tristeza no había nada mejor, para él, que esa casa.

Para "Canción animal", un tema que tenía musicalmente terminado, Gustavo le pidió a Melero una letra que describiera su relación con Paola. Su amigo se tomó el pedido como un encargo casi periodístico y durante semanas acosó a Paola con preguntas sobre su noviazgo que profundizaron todavía más la incomodidad que él le producía. Sin embargo, cuando fue a visitarlos con la letra terminada, Gustavo y Paola quedaron sorprendidos: era un retrato perfecto del vínculo entre ellos.

En el comienzo de la canción, Melero había escrito:

Hipnotismo de un flagelo
dulce, tan dulce
cuero, piel y metal
carmín y charol.
Cuando el cuerpo no espera
lo que llaman amor...
Cada lágrima de hambre
el más puro néctar
nada más dulce que el deseo en
cadenas.

Con los demos de un set de diez canciones casi terminadas, Gustavo se juntó a escuchar el cassette con Zeta y después lo llevó a la sala para trabajarlas con el resto. Las baterías las había programado en su MPC y para que Charly pudiera tocarlas, en la sala hicieron un trabajo artesanal en la percusión de cada canción, un híbrido acústico y digital: los golpes en la batería disparaban samples por medio de un controler para reforzar el sonido de bombos y tambores.

Para "Cae el sol", un tema compuesto sobre teclados, sintetizadores y pocas guitarras, una tarde Tweety llevó al departamento de Alcorta todos sus teclados y se encerraron para trabajar en la canción hasta el amanecer, construyendo una intro orquestal con programaciones. Gustavo lo había compuesto inspirándose en las tardes que pasaban con Paola en el balcón de Alcorta, viendo caer el sol sobre la cancha de River, tomando unas tazas enormes de café con leche que ella preparaba mezclando café instantáneo con azúcar, batiéndolo hasta formar un engrudo, una pasta color dulce de leche a la que después le agregaba leche y que a él le encantaba.

"(En) El séptimo día", una canción en la que Gustavo grabó un riff de guitarra de hard rock, les demandó un trabajo intenso en la sala, porque estaba compuesta en 7 x 8, un ritmo de batería complejo que casi no se usaba en el rock. La idea original de la guitarra de "De música ligera" la tenía hacía varios meses: era una secuencia épica de cuatro acordes menores que le fascinaba a Gustavo y se la hacía escuchar en un cassette a todos los que iban a su casa, incluso a sus suegros. Sabía que era una melodía con una potencia radial poderosísima y que requería una letra popular, lo menos compleja u oscura posible. Finalmente, el tema terminó de cobrar forma en la sala, tocando juntos.

En junio viajaron a Miami a grabar las canciones nuevas en los Criteria Studios. Alquilaron un departamento en un condominio que quedaba cerca y dormían todos juntos. En la división de cuartos, Gustavo dormía con Melero. El resto del equipo, que había transformado su incomodidad por Melero en odio, se la pasaba haciendo bromas sobre su relación.

—Que alguien les abra la puerta —decían.

Si llamaban para pedir que les mandaran una pizza al estudio, Melero llamaba a otro lugar para pedir sushi. Llegó un momento en que todo lo que hacía y decía sólo lograba que, salvo Gustavo, todos lo odiaran más.

Después de casi dos meses, a fines de julio volvieron a Buenos Aires con *Canción animal* terminado. Alfredo Lois diseñó para la tapa un paisaje selvático que resumía el espíritu del disco, pero cuando lo vieron Gustavo y Melero cruzaron un gesto negativo con la cabeza: para ellos, el concepto del disco era otro y nadie más que ellos lo entendía.

Finalmente, Gustavo rehízo la tapa con Paola, usando los móviles que habían comprado en sus escapadas a Los Angeles y tenían colgados en el living del departamento. Sobre una cartulina naranja armaron un collage con los símbolos que representaban las tensiones y el espíritu del trío. La veleta comprada en Venice Beach era Charly, que era el más joven y estaba más perdido. El tensegrid de palitos de madera representaba el equilibrio que Zeta le daba al grupo. Y la imagen de los leones copulando, que fotocopiaron de la *Enciclopedia del Mundo Animal*, era Gustavo y su amor animal con Paola.

Canción animal salió el 7 de agosto de 1990 y fue un quiebre en la carrera del grupo. Mientras estaban en el estudio no habían tenido conciencia del material que se estaba mezclando y sublimando en las consolas; había sido una grabación como cualquier otra. Recién cuando el álbum llegó a las disquerías y los temas sonaron en las radios, comenzaron a entender.

En esas nuevas canciones Gustavo había dado un salto definitivo como compositor, poniéndose casi a la altura de Charly García y Luis Alberto Spinetta. Soda Stereo entraba a la nueva década reinventándose y conectando con las raíces del rock nacional como nunca antes en su historia, grabando un álbum más crudo y rockero centrado en el sonido de la guitarra de Gustavo. El rock latino acababa de alumbrar su primer disco clásico.

Para la presentación de *Canción animal* planearon el tour más grande que un grupo argentino jamás había llevado adelante. Una campaña de casi dos años por todo el continente que empezó recorriendo treinta ciudades del interior del país durante octubre, noviembre y diciembre de 1990, pasando por lugares recónditos como Clorinda, en Formosa, a los que las bandas de rock nunca iban y con un despliegue monumental de micros y camiones que viajaban al mismo tiempo en dirección a distintas ciudades para adelantarse en el armado de los escenarios.

Todo estaba cobrando una dimensión colosal. Viajaban con guardias de seguridad que los acompañaban a todos lados para frenar desmanes y que los fanáticos no los acorralaran en la puerta de los hoteles. De ser un trío habían pasado a ser un equipo de casi treinta personas desplegándose por el interior del país. Dentro del micro la tensión entre Charly y Paola no se desvanecía. Apenas hablaban. Andrea Álvarez estaba de novia con el road manager Pepo Ferradás y se enteraba de las discusiones y negociaciones que Gustavo, Zeta y Charly se cuidaban de mantener lejos del staff, las cifras de los negocios, las condiciones que imponían, una colección de números que sonaba astronómica al lado de lo que ella cobraba por tocar y pasar tres meses lejos de su casa.

Soda además no les pagaba los ensayos a los músicos invitados y ensayaban todos los días durante casi diez horas. El arreglo económico era por los shows y las giras, pero la dinámica vital de la banda demandaba una entrega total. Y mientras todo crecía, las tensiones se convertían en peleas, las pequeñas discusiones se amplificaban en guerras de guerrillas, la distancia entre Gustavo y Charly se volvía abismal, los tours duraban meses y meses.

Cuando la gira pasó por Bahía Blanca, Gustavo y Paola salieron a comer la noche antes del show y, mientras volvían caminando al hotel, un fanático sacó un cuchillo y se les tiró encima para apuñalarlos. Los custodios fueron más rápidos que él y lo atajaron antes de que pudiera alcanzarlos. Mientras lo sujetaban, Paola sufrió un ataque de nervios empezó a llorar a los gritos. Se había pasado el último año entre micros, aviones, hoteles y shows, lidiando con el entorno que rodeaba a Gustavo, las fanáticas que los perseguían por todos lados y ahora también con locos que intentaban matarlos. Ya no aguantaba esa vida.

Soda Stereo terminó 1990 con un show en Vélez que coronó el final del tramo nacional de la Gira Animal y los convirtió en el primer grupo argentino en llenar un estadio de fútbol.

En febrero de 1991 el tour siguió por Venezuela, México y Estados Unidos, pero Paola ya no quería viajar más, estaba harta. Tenía veintiún años y acompañaba a Gustavo desde los diecinueve en una carrera espacial que parecía no tener fin. Eran giras que no la llevaban hacia ningún lugar; para el grupo eran crecimiento, consagración, nuevas fronteras con las que lograban nuevas hazañas en la historia del rock de la región, fiestas, drogas, más escenas en sus películas de estrellas de rock con un coro de chicas bañándose en sus jacuzzis.

Paola lo amaba y podía soportar todo eso, pero quería estudiar, irse a vivir a Estados Unidos, diseñar ropa, tener su propia vida. Ya había dejado de ir a Italia a estudiar arte por Gustavo. El problema era que él sólo quería viajar si iba ella. Mientras preparaban los detalles de la gira en Supersónico, Juan José la llamaba todos los días durante una semana para convencerla.

—Para Gustavito es muy importante que vayas —le decía.

Cuando se sentía bien Juan José seguía trabajando con el grupo. En uno de los viajes se habían comprado un teléfono inalámbrico con contestador automático y, casi todas las mañanas, se despertaban con la voz del padre de Gustavo en el contestador recordándoles alguna reunión.

—Chicos, ¡habla J. J. Cerati! —los saludaba—. Paola, sería conveniente que Gustavito llegara a tiempo.

El desgaste de las giras estaba volviendo la relación algo cada vez más enfermizo. Las peleas siempre habían estado cargadas de dramatismo y teatralidad, con gritos, portazos y llantos, sólo que ahora era peor. Muchas noches Paola se volvía a La Plata o se iba a dormir a lo de una amiga. De pronto lo escuchaba a Gustavo hablando por teléfono de negocios con Kon o Ferradás y no le gustaba en qué se estaba convirtiendo. El grupo estaba envuelto en una vorágine de planes en los que hasta el embarazo de la mujer de Zeta se convertía en un contratiempo.

Cuando volvieron de unas semanas en Venezuela, México y Estados Unidos, alguien le empezó a dejar mensajes a Paola en el parabrisas del Honda Civic azul de Gustavo, en las vidrieras por las que pasaban, en las mesas de los restaurantes cuando salían a comer.

No sólo los habían querido matar, ahora también los perseguían. Los mensajes estaban firmados por una letra

"M". Paola le reprochó que sus fanáticos querían enloquecerla. Todo se estaba volviendo demasiado perturbador. M era alguien que conocía el auto de Gustavo. Que sabía adónde iban a comer. Dónde vivían. Que los seguía cuando salían. Tenía que ser alguien del entorno. Gustavo empezó a sospechar de algunas personas, pero a sus amigos algo en toda la historia les sonaba extraño. Después de que intentaran acuchillarlos en Bahía Blanca, la aparición de M era perfecta para alimentar su paranoia.

Gustavo no sabía de quién desconfiar. Cuando estaba en una fiesta por momentos se quedaba mirando a la gente tratando de reconocer a M. Podía ser cualquiera. A medida que Soda Stereo se había ido convirtiendo en la banda más grande del rock latino, a su alrededor se había formado corte, gente que se cruzaba en fiestas, que lo invitaba a eventos, que le presentaba chicas, que cuando entraba a algún lugar le facilitaban los mejores lugares, una pequeña burbuja de contactos que le hacían más fácil la vida en la noche de Buenos Aires pero que en el fondo no eran sus amigos, no los conocía. Y podía ser cualquiera.

Empezó a pensar que era el dueño de un restaurante al que a veces iban y, en un vuelo al interior con Soda, se lo encontró arriba del avión y se le tiró encima, pero el supuesto perseguidor reaccionó como si no entendiera nada de lo que estaba pasando y Gustavo estuviera loco.

Paola creía que era algún fanático loco de Gustavo, pero también desconfiaba de Daniel Melero. Y para algunos de sus amigos, M no existía. Era una confabulación entre Paola y su hermano, un juego psicopático que habían inventado para manipularlo, pero Gustavo se negaba a creerlo.

Una noche volvieron a Alcorta y encontraron la puerta

de servicio abierta. Pensaron que alguien había entrado a robar, pero cuando se acercaron vieron que había una letra M pintada con aerosol sobre la madera. Gustavo empujó lentamente la puerta y vio ropa de Paola tirada en el suelo. M había hecho un camino con sus bombachas desde el cuarto hasta la puerta de salida. Los espejos estaban escritos con rouge. Había M dibujadas por todas partes.

La locura había llegado demasiado lejos y la relación estaba demasiado en crisis para soportarlo. Esa misma noche, después de que se fuera la policía, decidieron separarse y Paola se llevó sus cosas. Se había pasado los últimos dos años dedicada exclusivamente a Gustavo y a Soda casi como una vestuarista más, y todo terminó en los tribunales con denuncias cruzadas, abogados, cheques rotos y demandas. Paola quería su indemnización por todas esas giras, shows, viajes, noches sin dormir.

Durante junio y julio del 91, Soda Stereo tocó catorce veces en el Gran Rex, batiendo el récord de Charly García de once fechas seguidas. Para esos shows construyeron una pirámide sobre el escenario, llenaron el teatro de burbujas y grabaron un disco en vivo con remixes de *Canción animal* que se llamó *Rex Mix*. Gustavo invitó a la actriz María Carámbula y la presentó en su círculo como su nueva novia.

Rex Mix salió a comienzos de la primavera, mientras el grupo volvía a despegar rumbo a Colombia y Venezuela con una agenda de conciertos acotada porque Juan José estaba cada vez peor. Después de varios años viviendo casi en el aire entre giras y shows, la agonía de su padre fue un golpe de realidad para el que Gustavo no estaba preparado.

Juan José era una figura omnipotente para él. Había llegado de Concordia sin nada, había vivido los primeros tiempos en una pensión y a fuerza de obstinación y trabajo se había abierto camino en la vida hasta convertirse en un ejecutivo de Esso mientras formaba una familia. Después se había comprado su primera casa, su primer auto, una casa de fin de semana en San Isidro, otra de veraneo en Pinamar y había apoyado la carrera de Gustavo al punto de terminar involucrado en la administración de las cuentas del grupo. Si de Lillian había heredado el costado creativo y la curiosidad emocional, Juan José le había transmitido la obstinación y el perfeccionismo, la certeza de que el esfuerzo era una herramienta poderosa.

En diciembre, la Gira Animal tuvo su gran coronación con un show en la Avenida 9 de Julio ante unas 200 mil personas. Desde el escenario veían cuadras y cuadras repletas de gente, un horizonte de fanáticos del grupo. El show empezó con la progresión expansiva de los cuatro acordes de "De música ligera".

—¡Socorro! —gritó Gustavo desde el escenario, hacia el final de la noche, mirando a la multitud que había ido a verlos—. ¡Los amo!

Todo empezaba a parecer demasiado. Esas veinte cuadras repletas eran una nueva cumbre que empujaba al grupo hacia un nuevo abismo. ¿Adónde más podían ir?

Cuando Gustavo no estaba en la clínica acompañando a su padre, se encerraba en Supersónico a componer con Melero. Se sumergían durante horas en un trance electrónico vital y a la deriva, construyendo capas de sonidos con sintetizadores, obsesionados con las texturas que encontraban en el audio y buscando alojar ahí, en esa dimensión abstracta del sonido, la fuente de su creatividad. Usaban como inspiración discos recién salidos como *Loveless* de My Bloody

Valentine, *Screamadelica* de Primal Scream y *Joy* de Ultra Vivid Scene. Los dos tenían a sus padres en estado terminal y buscaban en el sonido algún tipo de sanación.

El padre de Gustavo finalmente murió en enero de 1992 y le tocó a él recoger las cosas que habían quedado en la habitación en la que estaba internado. Había unos pantalones, un sobretodo, zapatos y una camisa. Mientras doblaba la ropa y la guardaba, fue vaciando los bolsillos. Quedaba un juego de llaves, monedas, papeles. Las últimas pertenencias que su padre había llevado consigo. Sus últimos objetos.

Al día siguiente, después del velatorio y el entierro en el cementerio de Chacarita, Gustavo volvió al estudio y compuso la letra de "Tu medicina" describiendo ese momento:

Revisé tu abrigo, todo estaba ahí... tus cosas
todo sigue ahí
Siempre estás tan cerca que nunca digo adiós

Unos días más tarde, Soda Stereo cerró la Gira Animal tocando en el Estadio Mundialista de Mar del Plata y, sobre el escenario, en un momento de la noche Gustavo dijo:

—Este es el último show por un tiempo largo.

El álbum con Melero se llamó *Colores santos* y aunque no tuvo la trascendencia de sus trabajos con Soda Stereo, para Gustavo fue una inyección de inspiración y libertad creativa revitalizante, un descubrimiento de lo lejos que podía llegar por fuera del grupo. *Colores santos* era un álbum fuera de tiempo: un disco de pop experimental y vanguardista completamente adelantado a su época.

En los ensayos para una nueva gira que tenían agendada en junio con Soda por España, Gustavo mantuvo el impulso que había tomando con Melero y las sesiones derivaron en la génesis de un nuevo disco. En mayo, viajaron a España para tocar en Madrid, Oviedo, Valencia, Sevilla y Barcelona y, a la vuelta, se volvieron a encerrar en Supersónico entusiasmados con lo que había surgido en los ensayos.

Mientras tanto, molestos con Sony por el poco apoyo que sentían que les habían dado para abrir el mercado español, decidieron cambiar de compañía tras la edición del nuevo disco y empezaron a negociar con BMG.

En el estudio, Gustavo, Zeta y Charly convirtieron el clasicismo que habían alcanzado en *Canción animal* en un magma experimental de ruido y distorsión, influido por la escena de música shoegazer de My Bloody Valentine y Primal Scream; una catarsis sonora extrema, una purga, una forma de aturdirse en la que Gustavo encontró una nueva libertad, llevando la banda a lugares donde nunca antes había llegado: en su momento de máxima popularidad, el grupo se volcaba a un trabajo desafiante.

"En remolinos", uno de los tracks, era electrónica downtempo con Gustavo soltando versos en el centro de una tormenta de sintetizadores y una guitarra que parecía emitir radiaciones. En "Luna roja" compusieron una balada cálida y distópica en la que la calidez de la voz de Gustavo teñía la oscuridad del tema. Y "Primavera cero" era un juego de texturas y vanguardia pop que jugaba a deformar el estribillo. El álbum se iba a llamar *Gol* hasta que un día Melero visitó la sala y les preguntó si se acordaban de los dínamos que tenían las bicicletas cuando eran chicos. Los tres se miraron. Era verdad, el disco sonaba exactamente así, como un flujo de sonoridad eléctrica transformado en canciones. El álbum salió en agosto de 1992 y se llamó *Dynamo*.

6. La cuarta dimensión

Los dos años de la Gira Animal lo dejaron agotado. El crecimiento artístico había llevado a Soda Stereo a convertirse en la banda más grande de Latinoamérica y, de pronto, Gustavo se sentía una víctima de sus propias ambiciones.

Tenía 33 años y hacía una década que todo lo que no tenía que ver esencialmente con el trío se había vuelto secundario, incluyendo a sus novias, su matrimonio con Belén. Ahora que su padre había muerto, el vacío de su vida fuera del grupo lo angustiaba. Gustavo no tenía nada más a qué aferrarse. Estaban su madre y sus hermanas, pero sentía que él tenía que sostenerlas a ellas. Debajo de la inquietud musical que lo había llevado a asociarse con Daniel Melero se agazapaba una búsqueda más personal, una necesidad creativa y emocional de construir algo por fuera de Soda. Entonces, la llamó a Tashi.

Se habían visto por última vez en el departamento de José Hernández, cuatro años antes, cuando Gustavo le había hecho escuchar "En la ciudad de la furia", sentados en el piso del living. Necesitaba hablar con alguien que no lo viera como una estrella de rock y ella lo conocía de verdad, sabía quién era antes de todo, cuando todavía era un chico que estudiaba en la facultad.

Tashi lo visitó en el departamento de Alcorta y lo encontró deprimido.

—Nunca pensé que a mí se me podía morir mi papá —le dijo Gustavo.

Los dos estaban solos. Durante algunas semanas volvieron a salir, pero ella en seguida se dio cuenta de que no iba a soportar sostener una relación con Gustavo. Ella estudiaba medicina, quería convertirse en cirujana plástica, y él le contaba de las chicas con las que estaba, las fiestas, las giras: tenían vidas muy distintas y ella no quería volver a pasar por eso.

Una noche en el departamento de Alcorta, Gustavo soñó con Cecilia Amenábar. Hacía más de un año que no sabía nada de ella. Había estado absorbido por las giras, su relación tumultuosa con Paola y la agonía de su padre como para tener tiempo de pensar en ella, que todavía era menor y tenía una madre que la retenía lejos. Pero el tiempo había pasado y esa mañana, cuando se despertó solo en su cama, le pareció ver en ella todo lo que necesitaba: un amor menos conflictivo y una fuga.

A la noche, cuando volvió a su casa después de los ensayos para el tour de presentación de *Dynamo* por Latinoamérica, Gustavo llamó a Chile. Mientras discaba trató de pensar qué decirle a la madre de Cecilia si atendía, pero la que levantó el tubo en la casa de la familia Amenábar en Vitacura fue la mucama.

Cecilia ya no vivía ahí, se había mudado sola hacía unos meses. Con cuidado de que la señora no la escuchara, le dio el teléfono de su departamento nuevo y le hizo prometer a Gustavo que no le iba a decir nada.

La vida de Cecilia había cambiado en los últimos años.

Había dejado arquitectura, estudiaba cine y, después de cumplir veintiún años, con sus ahorros y la herencia de una de sus abuelas, acababa de comprar un departamento en Providencia, un barrio residencial en los suburbios de Santiago. Se había peleado con su novio y con sus compañeros de facultad se juntaban ahí casi todos los días, después de clase.

Y esa noche estaban trabajando en un guión para la facultad cuando sonó el teléfono. Cecilia estaba en la cocina y le pidió a uno de sus amigos que atendiera.

—Cecilia, te llama Gustavo —le avisó su compañero.

—¿Qué Gustavo? —le preguntó extrañada.

—No sé, pero suena raro.

En 1992 las llamadas de larga distancia sonaban como si llegaran a través del mar y Cecilia supo enseguida de qué Gustavo se trataba.

—Hola Gus, ¿cómo estás? ¿Cómo conseguiste mi teléfono?

—Hola Ceci. Llamé a tu casa y la mucama me lo dio. Menos mal que me atendió ella.

Después de charlar un rato, Gustavo le contó que la noche anterior había soñado con ella y le dijo:

—¿Cuándo nos casamos?

Cecilia tapó el tubo en un gesto reflejo y miró a sus compañeros, para ver si alguno había escuchado. Después, levantó la mano despacio.

—¿Cómo? —le contestó.

—Sí, ya está, basta, dejate de joder, vos y yo tenemos que estar juntos.

Cecilia se rió nerviosa.

—Pero cómo te puedo decir que me voy a casar, no te conozco bien. Nunca estuvimos más de tres días juntos.

—Bueno, voy para allá y después venite a la gira con nosotros.

A la semana Gustavo bajaba de un avión en el Aeropuerto de Santiago de Chile. Eran comienzos de noviembre. Cecilia estaba con los exámenes de fin de año de la universidad y, mientras ella rendía, él se quedó en el departamento. Durante esas dos semanas al otro lado de la Cordillera, Gustavo comenzó a imaginar su vida fuera de Soda.

A mediados de diciembre, Cecilia lo acompañó a Buenos Aires. Soda Stereo presentaba *Dynamo* con seis shows en Obras y, en cada fecha, eligieron a bandas emergentes como Babasónicos, Los Brujos y Peligrosos Gorriones para que los telonearan. Era un gesto que simbólicamente implicaba apadrinar a una nueva escena de rock que surgía bajo su influencia.

Una noche, Gustavo llevó a Cecilia a comer con Lillian a una parrilla en Costanera Norte: las chicas se convertían en sus novias cuando se las presentaba a su madre. Cecilia era la clase de chica que las madres quieren para sus hijos: bonita, educada, de buena familia.

Soda empezó una gira de casi dos meses por Latinoamérica a fines de enero y Gustavo la llevó con él. Fueron semanas de convivencia entre hoteles de lujo, shows y playas en los que se empezaron a conocer más profundamente. Durante esos días, Gustavo le contó que estaba cansado de vivir entre aviones, micros, hoteles y escenarios, que ya era grande y quería formar una familia, tener hijos, una vida por fuera de la banda. Que Buenos Aires le absorbía demasiada energía, que mucha gente dependía de él a su alrededor y necesitaba liberarse de esa carga. Mientras lo escuchaba, a Cecilia le costaba pensar cómo todo eso podía corresponderse con sus veintiún años y su vida de soltera en su departamento nuevo, pero estaba enamorada.

Cuando el tour pasó por Venezuela, fueron una semana a Los Roques, un archipiélago rodeado por barreras de coral en las Antillas Menores. Mientras caminaban por la arena, jugaron a buscar piedras amarillas. A Gustavo le gustaba pensar que tenían ese color porque retenían una porción de sol dentro de ellas, una pequeña carga de energía solar. Una tarde encontró un ámbar con un mosquito atrapado dentro y se la guardó como un amuleto. El amarillo se convirtió en el color de la relación.

Gustavo disfrutaba más las escapadas con Cecilia que los shows y las rutinas con el grupo. Llevaba demasiado tiempo viajando con Zeta, Charly y el resto del equipo, se sentía atrapado dentro de una gran máquina de tracción a sangre que se nutría de sus canciones, sus performances escénicas y que lo arrastraba por todo el continente: así como sus últimas novias se habían escapado de esa vida, él se encontró queriendo escapar también.

Quería otra vida.

Ya no le gustaba la suya.

Después de unos shows en el DF, no aguantó más y le dijo a Kon, que se había convertido en manager, que se volvía a Buenos Aires. La noticia fue un gran golpe dentro del grupo. Zeta y Charly lo tomaron como una traición y algo se quebró en el trío. Soda Stereo estaba en medio de un tour continental, había fechas pactadas en Estados Unidos, tickets vendidos, contratos, un equipo de producción que viajaba con la banda y su decisión afectaba a todos: no podían seguir sin él.

Cecilia retomaba las clases en la facultad de cine a fines de marzo y Gustavo le preguntó si se podía ir a vivir a Chile con ella.

En Santiago, Gustavo empezó a vivir la vida de Cecilia y a olvidarse de la suya. El departamento de Providencia era una burbuja que lo protegía de la realidad. Mientras Cecilia iba a sus clases, Gustavo viajaba en subte por la ciudad y, a la noche, salían a comer e iban a fiestas de música house que organizaban amigos de ella.

La familia de Cecilia tenía una casa de veraneo frente al lago Vichuquén, un pequeño paraíso rodeado de bosques y montañas a tres horas de Santiago, en el que los fines de semana confluían tíos y primos de Cecilia y que en seguida lo adoptaron como uno más de la familia. Le enseñaban a hacer esquí acuático en las aguas heladas del lago, a pescar machas y se burlaban de cómo cuidaba sus rulos y las cadenas que usaba.

Tras la salida de *Dynamo* el grupo había roto su contrato con Sony y firmado con BMG por tres discos, pero el *impasse* impuesto por Gustavo modificaba las cosas. Durante las primeras semanas en Santiago, Gustavo tuvo que viajar varias veces a Buenos Aires para resolver con los abogados de Soda cómo rediseñar los contratos y, en uno de esos viajes, Cecilia lo llamó y se puso a llorar desconsolada en el teléfono.

Había tenido un retraso y su médico le había recomendado que se hiciera un examen de sangre, que era más seguro que un Evatest. La tarde anterior le habían sacado sangre y esa mañana había ido caminando sola por las calles de Vitacura unas treinta cuadras hasta el hospital, tratando de imaginarse cómo podía cambiar su vida el resultado de ese examen: sus planes en la facultad, su vida de soltera en el departamento nuevo, su relación con Gustavo. Era la mañana del 5 de abril de 1993. Cecilia cumplía veintidós años. Cuando llegó a hospital, el doctor le dio el sobre con los resultados y le dijo feliz cumpleaños: todo parecía estar sincronizándose.

—Voy ya para allá —le dijo Gustavo, después de escucharla contándole todo eso sin dejar de llorar.

A la mañana siguiente se tomó el primer vuelo que encontró a Santiago.

Durante las primeras semanas mantuvieron el embarazo en secreto. Para la familia de Cecilia la noticia iba a ser un shock y, en Buenos Aires, iba a desatar un pequeño drama dentro del grupo.

Desde que Gustavo se había instalado en Santiago, una tía de Cecilia les insistía para que visitaran a una bruja que vivía en lo alto de un cerro en las afueras de la ciudad, quería que ella los viera y quedarse tranquila de que eran el uno para el otro. Al principio le habían contestado con evasivas, pero el resultado positivo del test les pareció una buena excusa para visitarla.

La bruja vivía en una antigua casa que parecía a punto de ser devorada por las plantas salvajes que crecían a su alrededor. Cuando los vio, lo primero que les dijo fue que en otra vida habían sido hermanos y que uno le había salvado la vida al otro tal vez en un incendio.

Después, los hizo sentar y la miró fijo a Cecilia.

—Vas a tener un hijo muy pronto —le dijo—. Es más, tal vez ya estés embarazada. Y este chico va a venir a ocupar el lugar de alguno de los padres de ustedes.

Dos días antes, el médico les había dado una fecha estimada para fines de noviembre, que coincidía con el cumpleaños del padre de Cecilia.

Mientras volvían a la ciudad, pensaron cómo contárselo a la familia. A Cecilia no le interesaba casarse, pero su madre no iba a tolerar que una de sus hijas quedara embarazada soltera. Y además, Gustavo sí quería casarse. Quince días después empezaron los preparativos.

Gustavo viajó a Buenos Aires para avisarles a Zeta y Charly que se iba a establecerse en Chile por lo menos un año. Sus vacaciones al otro lado de la cordillera se habían convertido en un proyecto familiar incubándose en el vientre de su novia y quería quedarse en Santiago durante el embarazo.

Taverna se acababa de separar de Alejandra Boquete y vivía con un colchón, sus discos y sin agua caliente en el garaje de Supersónico. Gustavo fue a visitarlo y le pidió prestados sus vinilos de Spinetta: quería grabar un cover de Almendra o Pescado Rabioso mientras estuviera allá. Una semana después volvió a Santiago cargado de todo lo que necesitaba para pasar una temporada en el departamento de Providencia: ropa, discos, su portaestudio, un bajo, varias guitarras, teclados y la MPC.

Cuando bajó del avión, los carabineros lo encerraron en una oficina durante tres horas a llenar formularios. Para ingresar a Chile con todos esos equipos tenía que pagar impuestos y comprometerse a llevárselos de vuelta a los seis meses. Gustavo montó un escándalo y un tío de Cecilia con contactos en la aduana logró que lo dejaran pasar.

Cuando se subió al Fiat Uno de Cecilia en el estacionamiento del aeropuerto, Gustavo estaba hecho una furia.

—¡Cómo me van a hacer esto! —gritaba indignado—. ¿No saben quién soy?

Cecilia tenía un mes de embarazo y acababa de tomar conciencia de que estaba a punto de casarse con una estrella de rock.

El 19 de mayo de 1993 se casaron en el registro civil del barrio Las Condes y un mes más tarde en la iglesia Los Misioneros en Pedro de Valdivia norte. Cecilia tenía un vestido blanco corto, flores en el pelo y una rosa en la mano. El marido de la madre de Cecilia era socio del Club de Polo de Vitacura y consiguió que les prestaran un salón para la fiesta. Una delegación de familiares y amigos de Gustavo viajó desde Buenos Aires.

En Santiago, corrió en rumor de que Soda Stereo iba a tocar en la fiesta y los alrededores del club se llenaron de fanáticos que intentaron colarse. Y era verdad: en medio de la noche, Gustavo, Zeta y Charly dieron un pequeño set para los invitados. Era la primera vez que tocaban desde el último show en México y nadie sabía si alguna vez iban a volver a tocar. En Buenos Aires, los medios especulaban con la separación del trío.

Después de una luna de miel en San Pedro de Atacama, al norte de Chile, Cecilia retomó su rutina de clases en la universidad y Gustavo armó un estudio casero en el living. En el edificio no tenían vecinos, salvo por dos viejitas de la planta baja que no escuchaban nada, así que podía tocar y grabar toda la noche sin molestar a nadie. A la tarde, cuando Cecilia volvía de estudiar, escuchaba desde la vereda cómo vibraban los vidrios de las ventanas.

La vida durante esos días empezó a acomodarse en una sincronía blanda en la que después de comer se quedaban un rato tocando juntos y, cuando Cecilia se iba a dormir, él se pasaba el resto de la noche componiendo con la MPC. Se acostaba a las cinco de la mañana y dos horas más tarde ella se despertaba para ir a la facultad. Gustavo dormía hasta el mediodía y desayunaba un café con leche, unas tostadas con queso blanco y un bowl de granola con banana. Luego prendía el primer cigarrillo del día y se sentaba en el sillón del living a escuchar la música que había grabado la noche anterior.

A la tarde salía a dar una vuelta y casi siempre pasaba por Background, la disquería de unos amigos de Cecilia que estaba a un par de estaciones de subte. En Santiago podía moverse con una libertad que en Buenos Aires le resultaba imposible.

A la noche invitaban amigos a comer o iban a lo de alguna de las primas de Cecilia. Chile había recuperado la democracia hacía poco y, después de años acostumbrados al toque de queda, la gente todavía conservaba el tic de juntarse en las casas. Cuando volvían, él se quedaba componiendo hasta el amanecer.

Además de los equipos que había desplegado en el living, el impacto ambiental de su llegada al departamento se extendía al baño, los cuartos, la cocina. Gustavo había pasado los últimos años viviendo en hoteles, acostumbrado a que si dejaba una toalla tirada en su habitación cuando volvía una mucama la había llevado a lavar y había colgado una limpia en el baño, que si dejaba su ropa revuelta sobre la cama, luego la encontraba doblada sobre la cama. Pero se había casado con una chica de la alta sociedad chilena que no estaba dispuesta a correr detrás del desorden de su marido. En esos primeros meses de convivencia Gustavo tuvo que aprender otra vez a vivir en una casa.

Tenía una colección infinita de remeras y de unas medias negras idénticas que compraba cada vez que viajaba a Los Angeles: eran las que mejor le funcionaban para combatir la transpiración en los pies. A veces Cecilia lograba que acomodara la ropa que se sacaba y, cuando lo hacía, Gustavo tenía la costumbre de doblarla con las costuras para afuera.

Sobre la repisa de la bañadera desplegó todos los frascos de shampoo que usaba en su tratamiento para que no se le cayera el pelo como a su padre. Tenía que ponerse un compuesto distinto cada día y masajearse el cuero cabelludo bajo el agua tibia. El baño era la zona que contenía sus traumas. También usaba talco compulsivamente: estaba obsesionado con su olor a pata. Varias veces por día se cambiaba las medias y se echaba talco en los pies, las medias y las zapatillas, ensuciando todo el baño en la maniobra.

Pero el mayor conflicto era el humo. Gustavo prendía el primer cigarrillo del día cuando terminaba de desayunar y las colillas se acumulaban en los envases de yogur y las tazas hasta que Cecilia o la chica que iba a limpiar los juntaban. A la noche, mientras componía, fumaba dos paquetes de Jockey suaves largos. Desde la muerte de su padre había incubado un miedo a morir de cáncer de pulmón y fumaba los cigarrillos por la mitad.

—Cuando nazca Beni voy a dejar —le prometió a Cecilia.

Como un eco de lo que pasaba dentro de su mujer, todas esas noches de composición empezaron a cobrar la forma de un disco, una indagación eléctrica sobre la fertilidad, la paternidad y el amor conyugal. Muchas veces, Cecilia se sumaba a las sesiones sobre el parquet del living.

Su formación musical no dejaba de sorprender a Gustavo. Había heredado una gran colección de vinilos tras la muerte de su padre y sabía tocar varios instrumentos. También dibujaba y escribía, como Paola. Tenía cuadernos y diarios en los que anotaba cosas todos los días y que guardaba en el cajón de su mesa de luz.

Una tarde, volvió de la facultad y descubrió a Gustavo revisándolos.

Cuando lo increpó, él trató de defenderse y le dijo que estaba buscando inspiración para sus canciones.

—Es que me gusta lo que escribís. ¿Puedo usar algunas frases para una letra?

A comienzos de los 90, en Santiago habían abierto varios shoppings y las clases ilustradas de la ciudad lo veían como el despertar de una fiebre consumista. En los cuadernos, además de dibujos de planetas y medusas, cartas de ex novios y diarios íntimos, Gustavo encontró una línea que decía "Cuando uno no ama, compra" y le gustó tanto que la usó para una canción.

Los cuartos estaban al fondo del departamento y Gustavo podía quedarse despierto sin molestar a Cecilia, pero una noche un loop espumo la despertó y fue al living a ver qué era. Gustavo había tomado una muestra de los latidos del bebé en una de las ecografías y los estaba mezclando con el sonido de un geiser en ebullición para construir una base rítmica.

—Le podría quedar bien un coro —le dijo Cecilia.

Gustavo levantó la vista de la MPC, se sacó los auriculares y le dijo:

—Dale, hacelos.

Cecilia se sentó en el parquet en camisón, agarró un micrófono y empezó a cantar sobre ese loop. Para Gustavo, la opinión de sus mujeres siempre era fundamental: era el primer filtro externo que atravesaban todas las cosas que hacía. La música para él era un arma de seducción y si seducía a su mujer quería decir que funcionaba.

Otra de esas noches, quiso subir el volumen de una consola y los parlantes escupieron un acople ensordecedor que dejó parpadeando las luces. Cuando miró el techo, las lámparas del living se movían: la vibración no emanaba de su música. Eran las tres de la mañana y estaba solo, despierto en el living de un segundo piso de un barrio que de noche quedaba vacío, con Cecilia embarazada y dormida en el cuarto del fondo, sin saber si despertarla o no, mientras a kilómetros de profundidad la tierra se revolvía: había un terremoto.

Se puso una campera de duvet que había colgada en un perchero, un casco de minero que tenían de decoración y movió la MPC debajo del marco de una puerta. El resto de la noche siguió trabajando así, como si estuviera siguiendo la veta de una canción en una mina hacia el centro de la tierra.

A mitad de año ya tenía unas diez canciones nuevas y decidió sumarles una versión de "Bajan", un tema clásico de Spinetta incluido en el disco *Artaud*, que había salido en 1973, cuando Gustavo estaba empezando la secundaria y del que se habían hecho fanáticos con Marciano y el Tano. En agosto aprovecharon las vacaciones de invierno de Cecilia en la facultad y viajaron a Buenos Aires para grabar y mezclar el álbum en Supersónico.

Al principio, Gustavo armó una banda para llevar los temas a una escala más *hi-fi*, como solía hacer con Soda, pero mientras grababan sintió que las canciones perdían algo del espíritu original. Quería conservar ese latido de incubación de los demos, ese aura de exploración casera, y decidió quedarse con las versiones que había grabado en el living del departamento, salvo por las voces y unos bajos y teclados que agregó Zeta.

La presencia de Zeta era siempre una tranquilidad para él. Durante todos esos años, las canciones se terminaban de completar cuando las trabajaba con Zeta. Convocarlo, además, era un intento de cicatrizar la grieta que había abierto su ida a Chile.

Cuando el disco estuvo listo, Gustavo invitó a Spinetta al estudio para que escuchara su versión de "Bajan". Quería tener su aprobación. Aunque era uno de sus máximos ídolos, casi no se habían cruzado y era el reconocimiento que le faltaba; pero no se animaba a llamarlo. Después de dar vueltas durante varios días, finalmente el contacto fue a través de los managers y, cuando le dijeron que Spinetta había aceptado, recién entonces lo llamó para invitarlo formalmente. Unos días más tarde, Spinetta fue al estudio y, cuando empezó a sonar la versión de "Bajan", se sentó frente a la consola, se encorvó hacia adelante y apoyó la cabeza sobre los brazos con los ojos cerrados.

Si en la grabación original la belleza y la fuerza del tema estaban en la desnudez de la guitarra del comienzo y la fragilidad de su voz hasta que en el estribillo se electrificaba del todo, en la versión de Gustavo la potencia estaba en el color de la voz, en la calidez sensual de su interpretación mientras la distorsión controlada de las guitarras dibujaba un paisaje emocional por detrás.

Spinetta escuchó la canción encorvado, sin que Gustavo pudiera verle la cara para descifrar qué estaba pensando. Hacia el final, en vez de resolverse con un solo de guitarra, el tema mutaba hacia una *suite* electrónica sampleando su voz como un eco suave y difuso. Cuando terminó, Spinetta se quedó unos segundos en silencio mientras Taverna y Cerati se miraban de reojo. Finalmente se levantó, se dio vuelta y Gustavo vio que estaba llorando.

—¡Es una maravilla, Gustavo! —le dijo Spinetta con su voz desinflada. Se levantó y lo abrazó—. Te agradezco tanto.

Gustavo y Cecilia volvieron en septiembre a Santiago a esperar el parto. En sus dibujos y sus lecturas astrales se habían hecho fanáticos de Saturno: era el planeta del sistema solar que más les atraía por su consistencia casi líquida, su forma ovalada y los anillos que giran a su alrededor.

Durante algunas semanas pensaron ponerle Saturnino al bebé. A Cecilia también le gustaban Gaspar y, sobre todo, Benito. Su madre había estado a punto de llamar así a uno de sus hermanos. En la Argentina, además, estaba la historieta del Fantasma Benito y Gustavo empezó a jugar, poniendo una voz aguda de dibujo animado y en las últimas semanas del embarazo le hablaba a Cecilia y a la panza con esa voz durante horas.

Una noche de fines de noviembre, dos amigos DJ de Cecilia organizaron una rave en la montaña y, como Cecilia ya estaba con algunas contracciones, Gustavo fue un rato solo. Cuando volvió a las cinco de la mañana, Cecilia había empezado el trabajo de parto y decidieron ir a la clínica. El bebé nació la mañana del 26 de noviembre de 1993 y tenía la piel tan transparente que se le notaban todas las venas: tenía que llamarse Benito.

Ni bien Gustavo lo tuvo en brazos, su primera forma de contacto fue hacerle ritmos con la boca. Lo paseaba por los pasillos de la clínica armando un loop encima del ritmo con el que lo acunaba. Cuando volvieron al departamento, Cecilia pasó los primeros días casi sin salir del cuarto, acostumbrándose al ritmo de hambre y sueño de Benito. Gustavo dejó de fumar como había prometido. Hacía mucho que quería ser padre y estaba completamente compenetrado con su nuevo rol, acostándose y levantándose a la misma hora que Cecilia, despertándose en medio de la noche a cambiar pañales, asistiendo a su mujer en todo lo que necesitaba.

Al cuarto día, Gustavo salió por primera vez del departamento para hacer las compras al supermercado. En el camino pasó por un kiosco y simplemente no pudo resistirse. Compró un paquete de Jockey suaves largos, fumó dos cigarrillos dando una vuelta por el barrio y antes de volver al departamento tiró el paquete. Cuando subió los dos pisos, fue directo al baño a lavarse los dientes para que Cecilia no sospechara.

Y ya no pudo resistirse. Todas las mañanas empezó a inventar excusas para bajar a la calle después de desayunar a comprar algo. Después volvía, se lavaba los dientes y se reintegraba a su nueva rutina de padre primerizo. Cecilia sentía el olor a pasta de dientes que tenía Gustavo cada vez que volvía al cuarto y empezó a sospechar.

—Gus, da lo mismo, si no puedes, no puedes —le dijo—. Trata, pero si no puedes no tienes que andar escondiéndote.

Terminaron negociando que bajara a la calle o fumara junto a la ventana del living si Cecilia estaba en el cuarto con el bebé.

Durante todo ese año recorrieron Chile de norte a sur en el Fiat Uno de Cecilia, pasaron los fines de semana en la casa del lago Vichuquén y en el invierno ella lo llevó al cerro Valle Nevado para que aprendiera a esquiar. Gustavo tenía 34 años y nunca se había puesto unos esquíes. Mientras tomaba clases, Cecilia lo filmaba y era tan descoordinado que una vez ella terminó haciéndose pis de la risa.

Llevaban una vida hippie sin horarios, viajando, escribiendo, dibujando, criando a su hijo. Gustavo estaba hechizado con la simbiosis familiar que habían creado con Cecilia y Benito, alejados del mundo. Las noches de eclipse iban a las fiestas electrónicas de la montaña en las que tocaban los DJ chilenos que habían vuelto del exilio en Alemania con información musical fresca.

Apenas Benito se sentó, Gustavo le dio un teclado Casio Rapman para que jugara; se pasaba todo el día con él, tratando de enseñarle música, estimulándolo. Cada tanto, Zeta lo llamaba para preguntarle qué pensaba hacer. En Buenos Aires, todo el equipo de Soda Stereo esperaba que a Gustavo se le terminara el capricho y decidiera volver. La decisión de instalarse en Santiago no sólo había resquebrajado la relación dentro de Soda, había roto para siempre la inocencia del trío: para uno de ellos el grupo ya no era el plan principal en su vida.

El verano del 94 lo pasaron en la casa del lago y, una tarde, hacia el final del febrero, estaban sentados en los sillones del deck y Cecilia le preguntó qué pensaba hacer. Ya habían tenido unas vacaciones de un año concentrados en el embarazo y el nacimiento de Benito, aislados, sin ninguna rutina por fuera de esa vida familiar que llevaban. Aunque él estaba feliz con esa vida, ella tenía veintitrés años y ese estado de indefinición había empezado a afectarla. Necesitaba saber si se iban a quedar en Santiago o iban a volver a Buenos Aires y planear su regreso a la facultad o empezar a trabajar.

—¿Qué vamos a hacer, Gus?

Gustavo estaba tan hipnotizado con su nueva vida que la noción de realidad que había en las palabras de Cecilia lo descolocó. Volver a Buenos Aires significaba romper el hechizo y enfrentar sus problemas con el grupo. La vida que había alumbrado en Chile era un limbo que lo mantenía a salvo de tomar alguna decisión mientras Zeta, Charly y el resto del equipo lo esperaban en Buenos Aires.

Estaba tan cómodo así, en ese exilio mental y familiar, que no se le había ocurrido que en algún momento esos dos mundos tuvieran que chocar. A partir de marzo de 1994, Gustavo, Cecilia y Benito empezaron a pasar varios meses en Buenos Aires para que él reordenara su vida y decidiera qué quería hacer.

Se instalaron en el departamento de Alcorta y los fines de semana dejaban a Benito al cuidado de Lillian para salir a boliches donde pasaban música house y a ver bandas nuevas. El crítico musical Pablo Schanton y los diseñadores Alejandro Ros y Gabriela Malerba organizaban el ciclo de música electrónica Estetoscopios en la Goethe y Gustavo y Cecilia se volvieron habitués. A través de Malerba, en el boliche El Cielo conocieron a Leo García, que cantaba en Avant Press y era fanático de Gustavo.

Esa noche, se la pasaron hablando de la nueva música que estaban escuchando, como Chapter House, The Orb y el sonido de Manchester. Gustavo le contó que le había gustado el EP que habían grabado con Melero y quedaron en juntarse a zapar. En la semana se encontraron en el departamento de Recoleta del compañero creativo de Leo en el grupo, Ezequiel Araujo. Tocaron juntos un rato y Leo le mostró un cassette con el demo de un tema nuevo del grupo que se llamaba "Cibersirena", que había grabado a la noche en su cuarto, en la casa de sus padres en Moreno, cantando bajito para no despertarlos. Puso el cassette en un equipo, esperando que Gustavo pudiera ver el potencial que tenía para ellos la canción más allá de las limitaciones de la grabación y apretó play.

—Me gusta cómo está —les dijo—, hay que grabarla así.

A los pocos días los invitó al departamento de Alcorta, mientras empezaba a proyectar su vida familiar en Buenos Aires. El vecino del 2° A había puesto en venta su departamento y querían comprarlo.

En el cuartito donde estaba su estudio casero, tenía un equipo poquet y una computadora en la que estaba aprendiendo a usar una nueva versión del Reason, un programa con el que podía manipular el audio de las canciones. Después de volver escuchar el demo con sus nuevas canciones, se cumplió lo que Melero les había profetizado cuando les producía el primer EP: Gustavo les ofreció grabarles el disco.

Las relaciones dentro del trío no era lo único que había cambiado durante el tiempo que Soda Stereo llevaba inactivo. Ningún otro grupo había ocupado ese vacío, pero un nuevo fenómeno masivo crecía en los márgenes del rock nacional. A comienzos de los 90, la experiencia contracultural de vida artística en comunidad de los primeros años de Patricio Rey y los Redonditos de Ricota en la ciudad de La Plata había mutado en un grupo de culto que llenaba estadios atrayendo con sus fábulas proletarias y un rock oscuro y festivo a una generación de jóvenes que venían de familias a las que la hiperinflación y los despidos del menemismo habían dejado fuera del sistema.

El gobierno de Carlos Menem había promovido la ley de convertibilidad atando el valor de la moneda nacional al dólar para poner fin a las crisis de hiperinflación que durante la gestión de Raúl Alfonsín se convirtió en el gran trauma de la economía argentina. La medida buscaba ser un ancla para los precios pero resultó letal para la industria local, que dejó de ser competitiva frente a la avalancha de productos importados que saturaron el mercado como un espejismo irresistible. De pronto la Argentina era un país subdesarrollado con góndolas del primer mundo y la clase media con cierto poder adquisitivo viajaba con dólares baratos que volvían las vacaciones en el exterior experiencias de consumo desconocidas.

También se privatizaron las empresas de servicios públicos buscando modernizarlas y restarle un pasivo millonario de sueldos al presupuesto nacional, pero las ventas estuvieron contaminadas de sobornos e inauguraron una era de despidos y retiros voluntarios para volverlas rentables que dejó a miles de personas fuera del mercado laboral para siempre: el gran rojo de esos años iba a ser un piso del 20 por ciento de desocupación.

Esa doble dimensión de consumo y exclusión pronto se vio reflejada en el rock. El germen de esa división había sido inoculado en los 80, cuando Luca Prodan comenzó una pelea ficticia de Sumo contra Virus y Soda Stereo que reflejaba dos formas opuestas de ver el rock. Y en los 90, esa división tenía su segundo capítulo. Un grupo de hijos bohemios de la aristocracia platense que habían formado una cofradía artística, se convertían en un fenómeno de estadios que heredaba esa dialéctica, convirtiéndose en la banda de sonido de los suburbios arruinados por la hiperinflación y las privatizaciones, con la voz del Indio Solari sonando como una cura envenenada en historias de pibes de los suburbios a los que las aventuras les iban a salir mal, mientras que Soda representaba exactamente lo contrario. Era un grupo que siempre se había nutrido de la escena inglesa, importándole al rock nacional un sonido, una imagen y una concepción moderna y sofisticada que, en los nuevos parámetros de la época, era leída como las aspiraciones superficiales de la clase media que podía viajar mientras medio país se hundía en la pobreza.

Durante ese tiempo, Charly empezó a salir con la modelo Deborah de Corral, que tenía dieciocho años, y formaron Plum, un grupo con el que estaban terminando de grabar un álbum. Zeta, por su parte, produjo el primer disco de Peligrosos Gorriones, una banda platense de rock alternativo que encabezaba el costado más surrealista de la escena del Nuevo Rock Argentino. Seguía viviendo en su quinta de San Fernando con su mujer, Silvina, y sus dos hijos, Tobías y Simón.

Todos los días hacían pool entre los padres para llevarlos al jardín y, la mañana del 4 de julio de 1994, la madre de unos compañeros pasó a buscarlos por la casa de Zeta para llevarlos al jardín. A las pocas cuadras, frenó en una esquina con su auto y un colectivo que venía detrás no llegó a detenerse y chocó el baúl. Fue un golpe fuerte, pero casi no se golpearon.

La mujer se bajó del auto a ver qué tan grave era el bollo y pedirle los datos al chofer, pero el tanque de combustible estalló y el auto se prendió fuego. Corrió a sacar a los chicos mientras las llamas se comían los tapizados y los asientos. Sacó a Simón, a sus hijos y, cuando intentó agarrar a Tobías, que tenía tres años e iba atado en una silla especial, las llamas la escupieron para afuera. Zeta estaba en el gimnasio y durante un par de horas nadie pudo ubicarlo.

Mientras Simón se recuperaba de las quemaduras y enterraban a Tobías, de pronto todo el círculo de Soda Stereo volvía a encontrarse en los pasillos de un hospital después de un año y medio alejados. El shock fue tan grande que la única forma de reaccionar que encontraron fue restaurar las cosas y, al poco tiempo, Gustavo, Zeta y Charly volvieron a encerrarse en una sala como en los viejos tiempos.

Solos y a oscuras, empezaron a juntarse a zapar en Supersónico, tratando de descubrir qué tan posible era volver a despertar la memoria muscular del trío. Durante varias semanas avanzaron a ciegas, arrastrados por el sonido hacia ningún lugar; sus vidas habían cambiado tanto en ese tiempo que volver a estar los tres juntos en una sala contenía una rara carga de extrañeza y familiaridad. Experimentaron con samplers, loops y percusiones creadas desde la guitarra en busca de sonidos o acoples que sirvieran de disparadores de una nueva energía para el grupo. Gustavo había vuelto de Chile fanatizado con el acid house y el ambient, y esa música contaminó el espíritu de lo que estaban haciendo.

Cecilia empezó a trabajar con productoras de televisión y a planificar una vida en Buenos Aires. Se compró un Fiat Vivace con un plan de cuotas del gobierno y compraron el 2° A del edificio y lo unieron al suyo. Los sábados a la noche se corrían picadas sobre la avenida Alcorta y el ruido no dejaba dormir a Cecilia.

A fin de año Gustavo, Zeta y Charly decidieron tomarse unas vacaciones para dejar reposar lo que habían grabado y, a comienzos de 1995, volvieron a juntarse y, cuando escucharon todo lo que tenían descubrieron que había material suficiente para grabar un disco doble. El tiempo que habían pasado separados les había permitido tomar perspectiva sobre su propia obra; las nuevas canciones sonaban como una cristalización pulida y actualizada de la esencia de Soda Stereo. Después de un álbum experimental y radical como *Dynamo*, el nuevo álbum sonaba como un grupo grabando un grandes éxitos de canciones nuevas: un ejercicio de clasicismo pop tan contundente que no necesitaba estribillos.

En abril viajaron a Londres para mezclar el álbum en Matrix, unos estudios en el barrio de Fullham donde se habían grabado y mezclado varios discos con un sonido de vanguardia a comienzos de los 90, como *Blue Line* de Massive Attack, un destilado climático de soul, jazz, dub y hip hop de laboratorio que alumbró un nuevo género primo del house al que la prensa británica bautizó trip hop en 1991. Al año siguiente, Björk grabó parte de *Debut*, su segundo trabajo, absorbiendo influencias tecno, jazz, pop y trip hop. Parecía el lugar perfecto para que Soda Stereo satisficiera su curiosidad sonora; para un grupo que desde sus comienzos había tenido como guía el sonido del rock-pop inglés, era un viaje hacia la meca.

A mitad de año las paredes de Buenos Aires amanecieron empapeladas con afiches que anunciaban un disco nuevo después de tres años de silencio:

El 21 de junio no sólo comienza el invierno...
empieza un sueño...
Sueño Stereo, el nuevo álbum de Soda Stereo.

El disco salió el 21 de junio de 1996 y fue presentado con un raid de nueve shows en el teatro Gran Rex durante septiembre, una aparición en el programa *Videomatch* y un show gratuito gigante en el que convocaron a más de 150 mil personas en la Plaza Moreno de La Plata. Después de eso, Soda viajó a Venezuela y Colombia.

A fin de año, Cecilia quedó otra vez embarazada y decidieron volver a instalarse en Santiago. Con la salida de *Sueño Stereo* volvían las giras, iba a ser más cómodo para Cecilia estar cerca de su hermana y de su madre cuando Gustavo estuviera de viaje. Pusieron en alquiler el departamento de ella en Providencia y se mudaron a una casa en el barrio Las Condes, en la misma cuadra que la madre de Cecilia. Era una casita inglesa con un jardín al fondo y un cuarto de herramientas en el que Gustavo armó un pequeño estudio casero.

Para él instalarse en Santiago no suponía más que dos horas de avión desde Buenos Aires, pero hacia dentro del grupo el viaje de vuelta a Chile fue una señal de que Gustavo no había vuelto del todo a Soda Stereo: seguía viviendo en otro país. El video de "Ella usó mi cabeza como un revólver" se rodó en Santiago y lo dirigió el publicista Stanley Gonczanski, uno de los compañeros de facultad de Gustavo y Zeta en la Universidad del Salvador. Gustavo no sólo había vuelto a vivir a Chile si no que ponía cada vez más condiciones y todo el equipo tenía que viajar a filmar donde estaba.

Al año siguiente, la gira siguió por Honduras, Panamá, Costa Rica, México, Guatemala y varias ciudades de Estados Unidos. En los ratos muertos de hotel, ensayaron unas versiones casi lounge de varias canciones de su catálogo y el 12 de marzo grabaron un especial para MTV Unplugged en Miami, que salió editado bajo el título *Confort y música para volar.*

Era un disco que mostraba hasta dónde había llevado

Soda Stereo su obsesión con el audio: en las versiones que grabaron, las canciones parecían flotar en el sonido. Gustavo parecía a miles de kilómetros de Zeta y Charly.

Soda nunca había sonado tan bien y nunca había estado tan cerca de la desintegración. Para una versión ambiental y llena de efectos atmosféricos de "En la ciudad de la furia", invitaron a la cantante colombiana Andrea Echeverri, del grupo Aterciopelados y, más que un grupo, pareció un combinado de estrellas latinas: ya no había nada que los uniera.

Al final de la gira Gustavo volvió a Santiago y, mientras esperaba que Cecilia diera a luz, empezó a juntarse por las noches con los amigos de ella en la casita del fondo. De esas jams noctámbulas nació Plan V, un grupo de música electrónica con el que empezaron a grabar un disco. Cecilia estaba esperando una nena y, como Benito se había hecho fanático de Los Simpson y corría por todos lados con sus muñecos, gritando "¡Lisa! ¡Lisa! ¡Lisa!", les pareció natural que su nueva hija se llamara así.

Lisa nació el 2 de mayo de 1996 y, un par de semanas después, Plan V editó su álbum debut.

En la segunda mitad del año, Soda Stereo inició una nueva gira para presentar el *Unplugged* y Gustavo lo empezó a vivir como una tortura. Después de la muerte del hijo de Zeta lo había intentado y por un momento parecía que funcionaba, hasta habían compuesto un disco clásico en su regreso, pero ya no le encontraba sentido. Que el tour no estuviera empujado por un disco con canciones nuevas mostraba el agotamiento creativo del grupo. Gustavo se aburría. Las cosas se estaban volviendo insostenibles. Para Zeta y Charly Soda Stereo seguía siendo el corazón de sus vidas, pero a Gustavo, que era el cantante y el motor creativo, el grupo se había convertido en un peso que no entendía por qué tenía que cargar. Se había empezado a convertir en un líder insufrible. Zeta y Charly ya se referían a él como "El quía" y todos estaban atentos a ver con qué humor se había despertado ese día.

Hacia el final de esa gira, Gustavo terminó forzando la charla sobre la separación. Era una decisión compleja, que involucraba desarmar una estructura gigante y que iba a implicar un proceso, pero ya no quería esperar más y una mañana de marzo de 1997 Zeta y Charly se enteraron por las radios que la decisión se había concretado: alguien había filtrado la noticia a los medios.

El 1 de mayo, el grupo anunció oficialmente su separación a través de un comunicado de prensa y Gustavo escribió una carta que salió publicada en el suplemento Sí! del diario *Clarín*.

Estas líneas surgen de lo que he percibido estos días en la calle, en los fans que se me acercan, en la gente que me rodea, y en mi propia experiencia personal. Comparto la tristeza que genera en muchos la noticia de nuestra separación. Yo mismo estoy sumergido en ese estado porque pocas cosas han sido tan importantes en mi vida como Soda Stereo. Cualquiera sabe que es imposible llevar una banda sin cierto nivel de conflicto. Es un frágil equilibrio en la pugna de ideas que muy pocos consiguen mantener por quince años, como nosotros orgullosamente hicimos. Pero, últimamente, diferentes desentendimientos personales y musicales comenzaron a comprometer ese equilibrio. Ahí mismo se generan excusas para no enfrentarnos, excusas finalmente para un futuro grupal en que ya no creíamos como lo hacíamos en el pasado. Cortar por lo sano es, valga la red, hacer valer nuestra salud mental por sobre todo y también el respeto hacia todos nuestros fans que nos siguieron por tanto tiempo. Un fuerte abrazo.

Aunque ese final terminó de romper las relaciones, Charly los convenció de hacer una última gira por Latinoamérica para que el grupo se despidiera del público y todo el equipo que trabajaba con ellos tuviera una indemnización. Tocaron en México, Venezuela, Chile y todo terminó el 20 de septiembre en el estadio de River, a diez cuadras del cuartito arriba de un garaje donde había empezado quince años antes.

El día anterior, Gustavo dio una entrevista al noticiero de Canal 13 después de la prueba de sonido y, aunque había demostrado la conciencia que tenía sobre el hito histórico que ese show iba a marcar en la historia del rock latino, le quitó dramatismo a la despedida.

—Con este concierto nosotros estamos celebrando un pasado y un presente hasta ese momento, pero estamos abrazando una idea de futuro también —dijo en la nota—. Yo creo que el domingo, además de plenos, nos vamos a sentir también aliviados de haber hecho las cosas bien todo este tiempo y haberlo cerrado.

La periodista le pidió que les dijera algo a los fanáticos a los que Soda Stereo había marcado generacionalmente en toda la región y que estaban tristes con el final del grupo. Gustavo contestó que en ellos también anidaba tristeza, que era imposible no sentir nostalgia por algo así: una parte importantísima de la historia de sus vidas estaba por terminar.

—En ese momento, en el escenario —agregó—, estoy seguro que voy a pensar que esto debería seguir mil años más.

La mañana del último show, Gustavo se despertó temprano y desde la ventana del living espió a la gente que ya desde el mediodía hacía la cola para el show. Mirando a través de la persiana, se divertía pensando que nadie ahí abajo se imaginaba que mientras ellos esperaban para verlo convertido casi en un dios arriba del escenario esa misma noche, él estaba ahí enfrente encargándose de las tareas domésticas de su casa.

Vivía exactamente a cuatro cuadras del estadio y había pensado en disfrazarse y cruzar caminando, pero la afluencia de público era tan grande que el plan era imposible. A la noche, más de 50 mil personas llenaron el estadio para el debut y la despedida de Soda Stereo en River. El grupo había irrumpido en la escena como una banda casi ska, después se había vuelto pop, dark y casi funk hasta terminar convirtiéndose en la gran banda de rock de Latinoamérica. Habían empezado siendo tres chicos recién salidos a la vida que se paraban el pelo con jabón y quince años después ya eran tres hombres maduros. Zeta se había quedado pelado, Charly estaba canoso y Gustavo usaba apliques para aumentar el volumen de su pelo. Arriba del escenario de River, se separaban sonando mejor que nunca. El show fue una cumbre de clasicismo, electricidad y emoción que terminó con "De música ligera", el hit más emblemático de la historia del grupo.

—No solo no hubiéramos sido nada sin ustedes, sino con toda la gente que estuvo a nuestro alrededor desde el comienzo. Algunos siguen hasta hoy. ¡Gracias... —dijo Gustavo al micrófono y se quedó una milésima de segundo tratando de completar esa frase, mientras el aire todavía vibraba con los últimos acordes de la canción y 60 mil personas ahí abajo absorbían esos miles de voltios de energía convertida en rock de estadios; fue una milésima de segundo que se tragó los quince años de historia del grupo y en su cabeza de pronto vio todo como el final de una gran película en el que empezaban a caer los subtítulos frente a toda la gente y entonces quedó liberado de nombrar a nadie antes del estallido final del tema, sólo agregó —: ... totales!

Después descorcharon una botella de champagne para brindar frente al público y se abrazaron por última vez. Mientras el escenario se llenaba de familiares y amigos, Gustavo agarró su filmadora y grabó al público. Benito y Lisa todavía eran chicos y no comprendían qué pasaba, alguna vez quería mostrárselos.

—Ustedes disculparán la obviedad —dijo acercándose por última vez al micrófono con la camarita en la mano, mientras las luces iluminaban al público—, pero qué se puede hacer si no filmar.

Un rato más tarde, después de pasar por el camarín y abrazar a su familia, siguió grabando todo con su cámara durante el after-show. En un rincón del gimnasio del estadio de River, mientras un DJ ponía música, los mozos pasaban con bandejas de comida y la gente se acercaba a saludarlo, Gustavo registraba todo con su filmadora como un turista de su propia despedida: de alguna manera él ya estaba muy lejos de ahí, mirando un recuerdo.

7. El futuro se estrella ante mí

La vedette Alejandra Pradón era un resplandor rubio y plástico bajo las luces de las cámaras que la acorralaban en la entrada del boliche. Un grupo de movileros la entrevistaba para los programas de la tarde mientras, a sus espaldas, Gustavo Cerati, Cecilia Amenábar y unos amigos entraban a Sunset por detrás de ese revuelo, sin ser vistos. Alguien les había prometido una mesa para que celebraran tranquilos después del show en el vip de ese boliche sobre la costa de Olivos, pero de pronto comprendieron que habían caído en la trampa de un relacionista público: estaban entrando al sitio que atraía a toda la farándula de la televisión.

El último concierto de Soda Stereo en el estadio de River había terminado sólo dos horas antes y una declaración de Cerati después de bajar del escenario valía oro, pero cuando el tumulto de periodistas se dispersó tras entrevistar a la vedette, Gustavo ya se había escapado y viajaba en una camioneta hacia el centro, para terminar la noche en el bar Ozono.

Mientras la combi atravesaba la ciudad, Gustavo fumaba un cigarrillo mirando por la ventanilla y experimentaba los últimos resabios químicos del último show de Soda Stereo, esa rara energía que lo dejaba flotando tras los conciertos y que le llevaba varias horas calibrar hasta volver a la normalidad: bajar del escenario y regresar al mundo real tenía un costo emocional en el cuerpo.

Cuando se despertó al día siguiente, Cecilia ya había levantado a los chicos y estaban jugando en el living. Gustavo se bañó, tomó un café con leche y al mediodía fueron a almorzar a lo de Lillian, como todos los domingos.

En esas comidas también todo giraba alrededor suyo, pero que estuvieran su madre, sus hermanas y sus sobrinos le daba una dinámica natural porque Gustavo era el hijo mayor, el varón de la familia. Además, siempre acababa de volver de algún viaje, algún show, alguna gira. Lillian recortaba las notas que salían en los diarios y las coleccionaba en carpetas que funcionaban como álbumes auxiliares, anexos de la memorabilia familiar. Laura se ocupaba de la parte administrativa de sus regalías, de resolver asuntos como mandarle su registro de conducir cuando quería alquilar un auto en otro país y se lo había olvidado, y siempre tenían algo que charlar sobre algún asunto pendiente.

En los viajes astrales que había hecho, cuando los guías le pedían que buscara un lugar donde se sintiera realmente en paz, su mente siempre lo llevaba al living de esa casa de Villa Ortúzar, al rincón junto al ventanal de la terraza, bajo el haz de sol que entraba a la tarde y donde se sentaba con su guitarra a practicar después del colegio.

Una tarde, cuando tenía trece años, Lillian lo escuchó tocando una melodía que le gustó y le preguntó desde la cocina:

—Qué lindo, Gustavo, ¿de quién es eso que estás tocando?

—Te gusta, ¿má? Lo hice yo recién.

Era una base rítmica de guitarra que iba a volver a tocar durante mucho tiempo en su adolescencia y que finalmente usó en "Cuando pase el temblor", el reggae con arreglo de carnavalito con el que Soda Stereo dio el primer paso de su proyección continental.

Gustavo estaba por cumplir cuarenta y, en esa casa, Lillian mantenía su cuarto exactamente igual que siempre: estaban los stickers que había pegado en la ventana, el póster de The Police colgado en la puerta, los dibujos guardados en los cajones.

Mientras la separación de Soda Stereo todavía era noticia y los canales de televisión emitían especiales sobre el grupo, Gustavo se refugió en su rutina familiar y en asuntos más concretos como poner en venta los departamentos de Buenos Aires y Santiago para comprar una casa en la zona norte de la ciudad. Querían que Benito y Lisa crecieran en un lugar con jardín. Era la escena que terminaba de consumar el cuadro que siempre había proyectado para su vida adulta.

Una tarde de fines de noviembre, Gustavo había ido a Supersónico a resolver los últimos detalles de la venta de su parte del estudio cuando llamaron de una inmobiliaria para avisar que se acababa de desocupar una casa en Vicente López. Cecilia estaba en Alcorta recibiendo a Andrés Bucci y Christian Powditch, dos de sus amigos chilenos con los que Gustavo había armado Plan V. Acababan de llegar de visita a Buenos Aires por unos días y les pidió que la acompañaran en el Fiat 147.

La casa quedaba en la zona de barrancas de Vicente López y el frente no decía demasiado: pared de piedra Mar del Plata, rejas negras y algunas plantas. Pero una vez adentro los ambientes eran amplios y luminosos, había un ascensor para subir al primer piso y ventanales que daban a un gran jardín rodeado de enredaderas que caía suavemente hacia una pileta de lajas moradas. Detrás de la pileta, una escalera que llevaba a un cuarto de juegos bajo tierra.

A Cecilia la casa le encantó y Powditch, que era arquitecto, también le dio su bendición, así que fueron a buscar a Gustavo y esa misma tarde volvieron a reservarla.

En diciembre, mientras se mudaban, Gustavo dio un pequeño show en Brotecitos, el jardín de Benito, en un acto a beneficio de la cooperadora. Sobre el pequeño escenario del salón de actos, sentado en una silla, tocó con una guitarra acústica un set de nueve canciones que incluyó varios temas de *Amor amarillo* que casi no había tocado en vivo y algunos hits de Soda Stereo para los chicos, las maestras y unos cuarenta padres que se sentaron en el piso: fue su primera aparición musical tras la separación del grupo.

A la semana, Plan V dio dos shows casi secretos en el bar Ozono para cien personas. Un día antes, en el suplemento joven del diario *Clarín* había salido un anuncio encriptado: "Plan-V, vos sabés quiénes son..."

Eran pequeños movimientos en puntas de pie después de la avalancha que había significado la gira final de Soda Stereo.

A fin de año viajaron a Chile para pasar el verano en la casa del lago. La idea era quedarse hasta marzo, pero a mediados de enero un llamado interrumpió las vacaciones.

Miles Copeland, el ex manager de The Police y hermano del baterista Stewart Copeland, lo invitó a participar en un disco tributo al trío inglés del que también serían parte grupos latinos como Plastilina Mosh, Los Pericos y Desorden

Público. Tenía que elegir alguna canción del catálogo de la banda, traducirla al español y viajar a Los Angeles a grabarla ocupando el lugar de Sting, que estaba en el pico de su carrera solista, vendiendo millones de discos en todo el mundo.

Para Gustavo esa invitación era una consagración y a la vez un cierre perfecto para la etapa de Soda. Unos días después, fue a una disquería de Santiago a comprar todos los discos de The Police y volvió a escucharlos en el living de su casa con la misma concentración obsesiva con la que los había escuchado cuando se juntaban con Charly y Zeta en el cuartito arriba del garaje, un verano quince años atrás. Y otra vez volvió a fascinarse con el segundo disco del grupo, *Reggatta de Blanc*, del que habían tomado la energía con la que se aproximaban a las canciones para el primer álbum de Soda.

Se decidió por "Bring on the Night", una balada oscura que le gustaba por la forma en la que Andy Summers tejía los acordes de su guitarra entre la percusión. La letra estaba inspirada en Gary Gilmore, el primer condenado a muerte tras la restauración de la pena máxima en Estados Unidos en 1977, que se había vuelto aun más famoso por no presentar ningún tipo de apelación que pospusiera su condena; pero Gustavo tenía una lectura más emocional de la canción: para él se trataba de alguien que esperaba la noche porque no podía apreciar la claridad de las cosas.

A fines de febrero, le enviaron un ticket en primera para un vuelo a Los Angeles y una reserva por cuatro noches en el hotel Hyatt. Llegó un sábado a la mañana, bajo un pequeño temporal de lluvias que las radios de la ciudad pronosticaban para toda la semana. Cuando el auto que lo buscó en el aeropuerto lo dejó en el hotel, pidió en la recepción un cuarto para fumadores y se cruzó en el lobby con una comitiva de guardaespaldas que rodeaba a Little Richard, una de las leyendas de los orígenes del rock & roll.

Mientras subía en el ascensor, pensó que ese encuentro era una buena predicción para su viaje.

Después de descansar un rato, salió a pasear y, como siempre que visitaba Los Angeles, terminó revolviendo bateas en Amoeba, una disquería independiente del tamaño de un supermercado a media cuadra del Sunset Boulevard. Compró vinilos de tecno, house y DJ alemanes que escuchaba en ese momento, pero también elegía discos si le gustaba el arte de tapa, el nombre del grupo o se llevaba cosas al azar, a ver si descubría algo por accidente.

Los hermanos Copeland lo invitaron a comer a la noche a la casa de Stewart en Santa Mónica y, en el living, protegidos de la lluvia, hablaron hasta tarde de la historia de Soda Stereo en Latinoamérica mientras tomaban un vino tinto chileno. Stewart no iba a poder grabar: tenía que viajar de urgencia a terminar las bandas de sonido de dos películas que habían adelantado sus agendas, pero lo iba a reemplazar el baterista Vinnie Colaiuta, que tocaba en el grupo de Sting.

Gustavo volvió al hotel tarde y cansado. La noche anterior había dormido mal en el avión y al día siguiente empezaba la grabación. Se acostó y empezó a escuchar ruidos extraños. Pensó que alguien tenía la televisión demasiado fuerte, pero también retumbaban risas y una percusión que sonaba como el batir de unas congas. Entonces se acordó de su encuentro con Little Richard. Sus músicos estaban alojados en las habitaciones contiguas y, mientras Gustavo daba vueltas en la cama, se quedaron tocando y cantando hasta la madrugada.

Un auto lo buscó al mediodía siguiente para ir al estudio y se encontró con Andy Summers. Tomaron un té, charlaron un rato y agarraron dos guitarras acústicas para trabajar en una primera versión de "Bring on the Night". Antes de empezar, Summers tocó la línea de guitarra original como guía sobre la que trabajar las variaciones.

—El riff es impresionante —le dijo Gustavo, con una sonrisa.

Después le mostró los arreglos para el tema que se le habían ocurrido en Chile y tocó una versión con una afinación distinta. Enseguida, la energía comenzó a magnetizarse a su alrededor. Esa tarde, Gustavo grabó una guitarra acústica por detrás de la eléctrica de Summers, el bajo, las voces y, como hacía con Charly Alberti en los ensayos de Soda, le dictó a Vinnie Colaiuta cómo tocar algunas partes en la batería.

Summers y Copeland creían que habían invitado a un cantante, pero se encontraron con que, además de un músico superdotado, Gustavo era un productor con una sensibilidad cautivadora. Una combinación de talento, visión, prepotencia de trabajo y seducción que hacía que quedara al mando de las situaciones en las que participaba.

A la tarde llegaron unos periodistas a presenciar la sesión. Gustavo había arreglado que el diario *Clarín* y MTV mandaran a dos equipos a cubrir el día de grabación: era una forma de empezar a posicionar su carrera solista por fuera de Soda y mostrarlo a la altura de estrellas de rock internacional. Los periodistas de MTV les preguntaron a Summers y Colaiuta por el trabajo con Cerati.

—Al ir tocando tenía ideas de adónde podía llegar, y Gustavo dijo: "Creo escucharlo así en este verso" —contó el baterista frente a la cámara—. Yo lo escuchaba de otra forma, pero me pareció que lo que Gustavo sugería también funcionaba.

A la noche fueron con Summers a comer un bife a un restaurante argentino de la ciudad y charlaron sobre las historias de Soda y The Police. En la vida de Gustavo todavía todo se estaba reacomodando. Habían desarmado la productora Triple R, Zeta le había comprado su parte de Supersónico y, básicamente, no habían vuelto a hablar desde el último concierto. Summers le contó cómo habían sido las cosas con Copeland y Sting.

Al día siguiente le dieron los últimos retoques al tema, que tradujeron como "Tráeme la noche" y se quedaron mezclando hasta tarde.

Tenía el pasaje de vuelta recién para el miércoles. El martes salió de compras por la ciudad bajo la lluvia. Estaba obsesionado con la ropa de texturas extrañas y pasó casi toda la tarde recorriendo locales de diseñadores de Hollywood buscando buzos y camperas para su nueva etapa. Estaba cambiando la piel.

En marzo Gustavo empezó unas obras en el cuarto debajo de la pileta para ampliarlo y montar un estudio. Un búnker que equipó con consolas, sintetizadores, teclados, una computadora, sillones, guitarras y pedaleras. En el techo colgó el tensegrid de madera que había usado en la tapa de *Canción animal* como un talismán para bendecir todo que ocurriera ahí dentro, puso una foto de Cecilia con Lisa recién nacida en una pared y pegó un cartel del subte de Londres en la puerta que decía "Underground". Al estudio lo bautizó Casa Submarina.

Mientras Cecilia empezaba a trabajar con productoras de canales culturales, filmaba videoclips y se involucraba en la escena electrónica de la ciudad, Gustavo se dedicaba a su vida familiar. Se despertaba temprano para prepararles el desayuno a los chicos, los llevaba al jardín, cambiaba pañales y cocinaba pollo al horno o fideos con alguna salsa rosa con jengibre los días que no estaban Cecilia ni la chica que los cuidaba.

Cuando volvía del jardín, Benito dejaba la mochila tirada, corría directo al estudio y si encontraba la reja de la pileta cerrada, se agarraba de los barrotes y se quedaba llorando hasta que Cecilia iba a buscarlo. Desde que tenía tres meses, Gustavo le había dado teclados y sintetizadoras a Benito para entretenerse y ya era un experto. Pasaban horas y horas ahí abajo los dos solos jugando con las consolas y la computadora. Benito construía loops, grababa varias capas de voces con efectos y había empezado a componer sus primeras canciones.

Durante ese año, grabó en Casa Submarina su primer disco, *Cohete,* que se convirtió en un hit intrafamiliar y que presentó con un show en el jardín de la casa cuando cumplió cinco años, como Gustavo cuando era chico.

Charly García vivía atrincherado en su cama, entre restos de basura, teclados y comida en descomposición, en un departamento destruido y pintarrajeado en la esquina de Coronel Díaz y Santa Fe. Luis Alberto Spinetta casi no salía de su casa de Villa Urquiza, vivía alejado del mundo, cocinaba pulpos a la cacerola, sacaba discos de rock cada vez más jazzeros y se escondía de los paparazzis que lo perseguían para conseguir una foto suya con la modelo Carolina Peleritti. Andrés Calamaro atravesaba una temporada química en su departamento de Recoleta: grababa compulsivamente y vivía sin dormir en una alucinación yonkie de dealers y personajes del hampa que colapsaba su computadora de nuevas canciones.

Gustavo, en cambio, habitaba su fantasía familiar en una casa de los suburbios, criaba hijos, armaba su estudio en el fondo y apadrinaba a una nueva generación de músicos acompañado por una bella mujer con sus mismas inquietudes artísticas. Casi todos los fines de semana salían a ver bandas nuevas o a bailar a fiestas electrónicas y se hacían amigos de artistas emergentes. En una de esas fiestas, Flavio Etcheto pasaba música house bajo el alias de Trineo y a Gustavo le encantó su set. Etcheto había trabajado con él en la época de *Colores santos* y *Dynamo* y, después de esa noche, Gustavo lo llamó para invitarlo a zapar en su estudio.

La música electrónica era un lenguaje sin palabras que lo alejaba de su rol de cantante en Soda y en el que se sentía un principiante, un sentimiento que le resultaba revitalizante. Mientras terminaba de equipar Casa Submarina, Etcheto empezó a visitarlo y la forma de probar los equipos nuevos fue zapando entre ellos. Empujados por un groove etéreo, atravesaban melodías como si fueran nubes en el camino y la excursión desembocó en la formación del dúo Ocio. Las horas de house atmosférico que grabaron durante esas sesiones fueron el germen de *Medida universal,* un álbum que editaron de forma casi anónima.

El año anterior Cecilia había dirigido el video de "Linternas" de Antonio Birabent y ahora estaba empezando a trabajar en uno nuevo para Altocamet, una banda electro-pop de Mar del Plata. Antes de empezar los integrantes del grupo viajaron a Buenos Aires para hablar con ella sobre las ideas que tenían y los citó en su casa. El cantante y el baterista del grupo se habían conocido a comienzos de los 90 en El Club de la Furia, un fanclub de Soda Stereo que tenía células en toda la región, y para ellos esa intrusión en la vida familiar del ídolo de sus adolescencias era algo casi irreal.

Un chalet en las afueras de la ciudad, una casa amplia con una colección enorme de sombreros en la entrada, instrumentos desparramados entre los juguetes, vinilos, muebles de época y los ventanales que daban al jardín: el paraíso privado de Gustavo. La sola idea de llegar a cruzárselo en una escena doméstica los llenaba de ansiedad y, finalmente, una tarde que estaban sentados en unas reposeras del jardín lo vieron llegar. Todos se quedaron en silencio. Gustavo se había cortado el pelo y usaba unos anteojos de marco grueso. Los saludó, les preguntó cómo iban con el video y desapareció escaleras abajo hacia su estudio.

Un mes más tarde acompañó a Cecilia a Mar del Plata para la presentación del video, que habían rodado entre un bosque de cielos saturados y una pileta. Benito aparecía jugando con un barrilete y Lisa dando vueltas en una calesita. Cuando llegaron, los recibieron con un asado en la casa de Pedro Moscuzza, el baterista, y charlaron de música toda la noche. Al igual que Gustavo, a ellos les gustaba DJ Shadow, el alemán Wunder y las dimensiones paralelas que parecían estar descubriendo en el audio algunos géneros de vanguardia como el deep house.

Gustavo estaba reconstruyendo su entorno. Se juntaba con artistas jóvenes como Flavio Etcheto o Leo García, que tenían un acercamiento experimental a la música que le interesaba, y a partir de esa noche los incluyó a ellos también en la nueva constelación de artistas de los que se estaba rodeando. Eran casi todos músicos que habían crecido escuchándolo a él, que además de las canciones habían absorbido la búsqueda sonora del trío, su costado más experimental: una generación que había evolucionado del pop hacia la electrónica y que encontraba en Gustavo un padrino para esa nueva escena en formación.

Así como siempre salía con mujeres más jóvenes que él, ahora también se rodeaba de amigos más jóvenes. Separarse de Soda había sido una liberación que estaba viviendo como un renacimiento personal y artístico. Pedro Moscuzza los visitaba varios fines de semana en Buenos Aires y se alojaba en el cuarto de huéspedes del altillo. Los fines de semana salían a ver bandas o a bailar con Capilla y Etcheto.

De día, en la superficie, Gustavo se concentraba en su vida familiar; de noche, después de comer con Cecilia y los chicos, bajaba al estudio y se quedaba hasta las seis de la mañana grabando y componiendo música electrónica. En la segunda mitad del año, lo visitaron los chilenos Powditch, Bucci y Guillermo Ugarte para grabar unos tracks de tecno ambiental para un disco de Plan V en conjunto con el grupo inglés Black Dog y se pasaron una semana atrincherados en el sótano: un arquitecto, un ingeniero de sonido, un DJ y una estrella de rock jugando con las consolas.

En noviembre, Gustavo volvió a los escenarios en la segunda noche del Festival Inrockuptibles, sobre la terraza *belle époque* del Centro Cultural Recoleta. Bajo una pantalla circular que proyectaba imágenes psicodélicas y, por momentos, parecía una luna llena de papel. Era la reaparición de Gustavo Cerati en un escenario de Buenos Aires, en medio de un festival de pop *avant garde*; pero no fue tanto un show como una demostración de todos los proyectos que estaba llevando adelante.

Tras una introducción climática con un sampler, se colgó la guitarra y tocó "Pulsar" de *Amor amarillo* y "Sweet sahumerio" de *Dynamo* con Leo García. Después se sumergió en un set de música house con Flavio, hubo una suite tecno con los Plan V y terminó el show tocando "Tu medicina", de *Colores santos*, acompañado por Leo García en teclado y en las partes vocales de Daniel Melero.

Cuando bajó del escenario, Fernando Nalé, el bajista de Illya Kuryaki, se acercó a decirle que lo admiraba y que si en algún momento volvía a armar un grupo que le diera una oportunidad de probarse. Al día siguiente, el crítico Pablo Plotkin escribió en el diario *Página 12*: "A diferencia de sus registros en disco, Plan V experimenta en vivo con el costado más rítmico de la música dance: bases tecno cargadas de percusión y Cerati tocando la guitarra a cuentagotas. Para ese entonces, los desprevenidos que esperaban verlo cantar 'De música ligera' empezaban a mirarse las caras y a comprender".

Algunas noches Gustavo iba a comer a la casa de Eduardo Capilla y se quedaban hablando hasta la madrugada echados en los sillones del living y tomando alguno de los vinos Santa Digna que Gustavo traía de Chile en cajas. Sus charlas invariablemente derivaban hacia temas metafísicos.

A Gustavo le gustaba imaginar cuánta gente estaría haciendo lo mismo en ese mismo momento en la cuadra en la que estaban, el barrio, la ciudad, el continente. Se preguntaba cuántos amigos habría echados en los sillones del living, tomando una botella de vino tinto y preguntándose por el universo. Cuánta gente estaría subiendo en ascensor en ese momento. Cuánta estaría lavándose el pelo bajo el agua caliente de la ducha. Cuántos se estaban poniendo unas medias nuevas esa noche. Cuántos estaban mirándose al espejo antes de salir. Cuántos cruzaban un océano a bordo de un avión sin poder dormir. Cuántos estaban teniendo sexo contra una pared. Se imaginaba una pantalla gigante en la que se proyectaban todas esas imágenes repetidas de un barrio, una ciudad, un continente: una coreografía trazada a ciegas por miles de desconocidos, una especie de armonía.

Gustavo no creía exactamente en Dios, pero la educación cristiana en el colegio San Roque había sembrado en él una inquietud existencial. A lo largo de los años esa curiosidad había adquirido diferentes formas: siempre había sentido una fascinación por el sol y los misterios de la naturaleza como los agujeros negros, la vida en otros planetas y el Triángulo de las Bermudas; en las giras de Soda Stereo por México se había sugestionado con la cosmovisión de los mayas y, más tarde, con los signos del Zodíaco. Tras la muerte de su padre esa búsqueda trascendental lo había llevado hacia la astrología, el tarot, las culturas antiguas, la física, la biología. Cuando no se podía dormir, miraba los documentales sobre tiburones y vida submarina que pasaban en el cable. En el jardín de su casa le gustaba quedarse un rato con las palmas de las manos abiertas para absorber la energía del sol.

Durante esas sobremesas en lo de Capilla, después de hablar sobre el cosmos, terminaban divagando, preguntándose por qué el Vaticano había sido decorado por banqueros judíos como los Medici o por qué, si el ser humano es en definitiva un algoritmo molecular, una combinación única de átomos, los científicos no habían descubierto todavía una forma de replicar ese algoritmo y poder reconstruir a una persona a partir de un mapa genético.

A veces también se preguntaban hasta dónde llevarían su pulsión de vida en caso de tener un accidente.

—¿Qué harías si perdieras las piernas? —le preguntó Capilla.

—Seguiría —le contestó Gustavo.

—¿Si te quedaras cuadripléjico?

—También, seguiría.

—¿Si te quedara sólo la cabeza?

—También, seguiría viviendo si tuviera solo la nariz.

Una de esas noches, Gustavo le confesó que estaba asustado.

No era algo que se permitiera con otros amigos. En general, siempre se mostraba seguro, en control de lo que le pasaba, pero Capilla era artista plástico y tenía una sensibilidad para ver las cosas que a Gustavo lo calmaba. Tenía miedo de que su carrera solista no tuviera el impacto de Soda Stereo y que eso fuera tomado como un fracaso. Por momentos, también, el éxito comercial de Soda Stereo le hacía desconfiar de su obra. Gustavo veía en Capilla un artista más puro, desentendido del mercado, y se preguntaba si él no tenía que profundizar su búsqueda artística más allá de la repercusión que tuviera su música.

Mientras él se hacía esas preguntas, los medios y los fanáticos se hacían otras. Charly Alberti estaba volcado al negocio de internet y Zeta trabajaba como productor de bandas nuevas. El único que iba a lanzar su carrera solista era Gustavo y todos los ojos estaban puestos en él. ¿Se iba a parecer a Soda Stereo? ¿Iba a tocar temas del grupo en los shows? ¿Sus nuevas canciones iban a sonar en la radio? ¿Los fanáticos de Soda iban a acompañar su carrera solista?

La separación del grupo había sido una diáspora. Después del último concierto ninguno de los miembros del staff se había vuelto a ver durante meses. Necesitaban vaciarse del pasado, desintoxicarse de todos esos años de convivencia, giras y conflictos. Gustavo dejó de verse incluso con Taverna, su gran amigo dentro del equipo. Recién en la segunda mitad del año volvieron a llamarse y a salir a andar en bicicleta algunas mañanas por la costa de Vicente López.

Se desprendió de todo el entorno, pero lentamente volvió a acercarse a tres personas que le resultaban clave. Taverna: que además de amigo había sido una pieza fundamental del sonido del trío y la única persona en la que confiaba para tocar en vivo con la ambición *hi-fi* que él tenía. Eduardo "Barakus" Iencenella: su mano derecha en el escenario desde la época de *Dynamo* y el asistente que conocía exactamente qué tipo de procesadores, delays y demás efectos acumulaba en cada canción para conseguir el sonido de guitarra que quería. Y Daniel Kon: el manager que había manejado al grupo en su etapa más monumental y que le aseguraba la tranquilidad de mantener su carrera solista en una escala parecida a la hora de negociar contratos, giras y shows.

Sin embargo, poco después de firmar el contrato Kon renunció y le dijo quería alejarse de la industria musical. A las semanas, Gustavo se enteró de que era el nuevo manager de Bersuit Vergarabat. Tenía que empezar de nuevo y sin Kon no sabía cómo.

En el verano de 1999 Gustavo se sintió con la energía para empezar a trabajar en el álbum que iba a inaugurar su etapa solista. Sabía que en tracks como "Pulsar", de *Amor amarillo*, y "Tu medicina", de *Colores santos*, en los que cruzaba capas electrónicas con guitarras procesadas estaba el punto de fuga que le interesaba explorar.

Empezó a pasar horas y horas en ese sótano, hasta que Cecilia bajaba para avisarle que estaba la cena o Benito aparecía de sorpresa. A la noche comía con ellos y, cuando se acostaban, bajaba otra vez a seguir componiendo. Lo primero que hizo durante esas madrugadas fue samplear unos segundos de la base tribal y exótica de "Waltz for Lumumba", un track de 1967 de la banda inglesa Spencer Davis Group. Tomó una muestra y la fue estirando hasta transformarla en una percusión hipnótica, sobre la que grabó una melodía de guitarra escondida y una línea de voz balbuceada que desembocaba en un estribillo de notas altas: era el primer boceto de una canción tras la separación de Soda y lo llamó "Tabú".

Después compuso una melodía de guitarra aparentemente dulce que fue tiñendo de una perversión imperceptible y la guardó en la computadora con el nombre "Engaña". Siguió revolviendo entre sus archivos y sampleó el mellotrón que aparece durante algunos compases en "Eruption", un track que dura 23 minutos del grupo progresivo Focus y cosió un loop que después envolvió en un suspenso downtempo con el nombre provisorio de "Bocanada".

El resto de las composiciones se empezaron a abrir hacia diferentes paisajes y afinaciones. Boleros exóticos, rock glam, paisajismo pop y cierta ansiedad melancólica empujada por una rítmica funk: estaba reinventando y expandiendo su *ars poetica*. Su discurso siempre había sido musical y su relación con la época era a través del sonido.

Hacía varios años que venía acumulando un banco de sonidos, samplers y bocetos de canciones en su computadora. Una maraña de archivos a los que volvió durante esos meses de manera aleatoria en busca de inspiración. Su forma de componer había mutado a través de los discos, pero estaba cada vez más interesado en usar la tecnología como disparadora de su creatividad. Sentía que tocando una guitarra encendía mecanismos que ya tenía automatizados y que lo llevaban a repetirse; en cambio, si jugaba con sonidos construidos con la MPC, tomaba partes de otras canciones y las deformaba cambiándoles el tempo y estirándolas, aparecían ideas nuevas, gérmenes de canciones que lo llevaban a lugares inesperados. Cada vez más le gustaba llegar a la composición desde el groove y la percusión. Cecilia siempre le decía que en el fondo era un baterista, por eso su relación con Charly siempre había sido tirante: en un trío no había lugar para dos bateristas.

Cuando el material cobró forma definida, sumó a las sesiones a Flavio Etcheto y a Leo García, que para ir se tomaba el tren desde Moreno con su teclado. Las noches que terminaban muy tarde, Leo se quedaba a dormir en el altillo. Quería involucrar a otros músicos que lo inspiraran y potenciaran, como le había sucedido en *Colores santos* con Melero. Aunque él los trataba como pares y les consultaba sobre qué nuevos músicos podía convocar o qué manager contratar para esta nueva etapa, para Flavio y Leo él seguía siendo el ídolo de la adolescencia: les costaba quebrar ese encantamiento.

Llegaban a Vicente López a la tardecita, comían con Gustavo, Cecilia, Benito y Lisa en la cocina, y después bajaban al estudio a componer o se quedaban horas charlando en el jardín sobre meditación, el boom de la autoayuda y los libros Deepak Chopra que estaban enfocados en la noción de "vivir el presente". En esas sesiones, a "Engaña" le agregaron un arreglo soplando unas copas con agua que Leo después sampleó. Gustavo encontró un boceto en su computadora y armó "Raíz", una pieza de pop preciosista en la que convirtió una percusión folclórica en un loop casi tecno.

Mientras avanzaba con las composiciones, sintió que necesitaba terminar de rodearse de una banda. Primero llamó al bajista Fernando Nalé, que unos meses antes le había pedido que lo probara, y después al baterista Martín Carrizo, que acababa de dejar el grupo nü-metal A.N.I.M.A.L.

Carrizo había aprendido a tocar en su cuarto, pegándole a una batería de madera armada con bancos del colegio y copiando a Charly Alberti en el vinilo de *Ruido blanco*. Todas las noches, apagaba la luz, pegaba la lista de temas del show en el piso, ponía una botella de agua a un costado, le daba play al equipo y, mientras los ruidos del público grabados en el disco empezaban a sonar, él cerraba los ojos y se compenetraba tanto que llegaba a sentirse el baterista de Soda, a punto de tocar en un estadio de Latinoamérica. No sólo sabía todos los temas a la perfección, también conocía de memorias las distintas versiones que la banda hacía en cada gira. De "Sobredosis de TV" podía tocar la versión original, la del primer Obras en 1986, la de *Ruido blanco*, la de Viña del Mar y la del último concierto.

El día que fue a Vicente López para la prueba, bajó su batería al estudio y estuvo siete horas seguidas tocando con Gustavo, Flavio, Leo y Fernando. Al final del ensayo, se sentaron todos en el piso a tomar algo y Gustavo les habló de la gira de setenta shows que estaba proyectando por todo el continente para presentar el disco y del clima que quería conseguir con las canciones sobre el escenario. En un momento se hizo un silencio, lo miró a Carrizo y le dijo:

—Bueno, ¿tocamos juntos?

Una vez que la banda estuvo armada, empezaron a ensayar todos los días en Casa Submarina. El bautismo definitivo llegó una tarde en que Gustavo les mostró "Puente", un tema construido sobre un arpegio de guitarra acústica y delays al que todos se acoplaron. En unas pocas horas lograron que desplegara toda su prepotencia radial y grabaron un coro que la hacía flotar antes del estribillo. Para una de las estrofas Gustavo se inspiró en las charlas metafísicas con Capilla sobre el amor y los átomos y escribió:

Desordené
átomos tuyos
para hacerte aparecer.

En otra sesión Gustavo empezó a tocar un fraseo de guitarra de la época de *Dynamo* que nunca había podido resolver y, encerrados en el sótano, tiñeron la melodía de un aura glam que le gustó. Cuando terminaron, la grabó en la computadora con el nombre de "Paseo inmoral".

El momento de escribir las letras le seguía resultando estresante y lo dilataba hasta el final, pero las melodías de voz ocupaban un lugar central en estas nuevas canciones: muchas se resolvían en su perfomance vocal, cantando como un *crooner* lánguido de los años 50 y potenciando su rol actoral para diferenciarse de la métrica de Soda.

Mientras avanzaba la grabación le pidió a Francisco Bochatón, que acababa de separarse de Peligrosos Gorriones, y al crítico musical Pablo Schanton, que solía escribir las canciones de Leo García, que lo ayudaran con algunas letras. Al director y arreglador Alejandro Terán le pidió que tradujera para una pequeña orquesta los arreglos de cuerda que había compuesto en un teclado en "Verbo carne". Terán fue una tarde a Casa Submarina y después de escuchar la canción le dijo que iban a necesitar como mínimo cincuenta músicos para replicar esa orquestación.

En mayo Gustavo viajó con Terán y Flavio a Londres a grabar "Verbo carne" con una orquesta sinfónica de 48 músicos en el estudio 1 de Abbey Road y mezclar todo el disco en Matrix, con el mismo ingeniero de sonido de *Sueño Stereo*. El día que llegó al estudio, la orquesta ya estaba trabajando en la canción. Durante un rato, se dedicó a mirarlos sin decir quién era y filmó la grabación con su camarita como un turista, maravillado con la dimensión sinfónica que estaba alcanzando su composición. Terminó tan conmovido que, cuando llevó las cintas esa noche a los estudios Matrix, volvió a grabar la voz.

A la mezcla invitó a periodistas de MTV, *Rolling Stone* y a Dolores Barreiro, la modelo que conducía el programa *El Rayo*.

—Este disco que estoy haciendo es el principio de algo que viene —le dijo al periodista de MTV.

Muchos medios y fans veían sus proyectos de música electrónica como desvíos o caprichos musicales, y que existiera esa percepción a Gustavo lo ponía de mal humor.

—Hay muchas formas de hacer música que me gustan. Creo que la tecnología nos empezó a dar una cantidad de elementos para hacer con otros instrumentos que se han ido agregando a los que ya más o menos conocíamos. Después de la agonía del rock en cuanto a su fórmula, quizás el espíritu más rockero, entre comillas, e investigador y excitante, fue la música electrónica… —dijo. Le parecía mentira que lo cuestionaran cuando el nivel del rock nacional para él era tan malo—. Cuando veo lo que hay a mi alrededor, cuando prendo la radio y escucho lo que hay, no me cabe la menor duda de que estoy por un buen camino.

Durante esos días en Londres, Gustavo fue a un show del grupo electrónico GusGus y se encontró entre el público a Deborah de Corral, que se había involucrado en la escena underground de la ciudad y estudiaba ingeniería en sonido. Intercambiaron teléfonos y Deborah visitó varias veces el estudio. Siempre se habían llevado bien pero se habían conocido en los peores años de Soda, cuando la relación entre Gustavo, Zeta y Charly se estaba rompiendo. Ella había empezado a salir con Charly mientras Gustavo estaba en Chile con Cecilia embarazada y después se habían cruzado durante la disolución del grupo. Ese encuentro era una especie de revancha y, en esos días, algo se empezó a despertar entre ellos.

Cuando volvió a Buenos Aires, Gustavo recibió un llamado de Oscar Roho, el dueño de la peluquería donde los músicos de Babasónicos, Los Brujos y Juana La Loca se cortaban el pelo. Había planeado un calendario con la fotógrafa Nora Lezano en el que participaban varios artistas de la escena sónica, pero sentía que le faltaba tener al padrino de todos ellos. Se le había ocurrido hacer una producción de fotos en la torre de control de una base aérea de Morón, con Gustavo rodeado de antenas y equipos de navegación.

—Dale, me encanta —le dijo—. Pero me tenés que cortar el pelo, porque lo tengo hecho un desastre.

Cuando a la semana lo vieron llegar a la peluquería, Oscar y los otros peluqueros se metieron en la cocina, sin saber qué hacer. Ninguno se animaba a salir. El local era un rectángulo mínimo en una cortada del barrio de Caballito. Todos tenían alrededor de veinticinco años y habían crecido escuchando Soda Stereo. Aunque estaban acostumbrados a que pasaran músicos todo el tiempo, Cerati significaba algo mucho más importante.

Y estaba ahí, vestido con una campera de jean abotonada, pantalones camuflados, zapatillas, unos *clippers* de Ray-Ban y los rulos crecidos, parado en la puerta, solo, esperando que apareciera alguien. En el local sonaba una playlist con canciones de Blur, Pulp, Oasis, Ian Brown, Beastie Boys, High Llamas: exactamente las mismas bandas que él escuchaba en ese momento.

Roho juntó fuerzas y salió a recibirlo. Después de charlar un rato sobre la producción de fotos para el calendario, Gustavo le dijo que quería cortarse el pelo pero no sabía cómo. A lo largo de su carrera se había cortado el pelo de todas las formas posibles, pero necesitaba encontrar algo nuevo: una nueva década estaba a punto de comenzar y él estrenaba carrera solista. Después de repasar todas sus mutaciones estéticas, decidieron buscar un look medio glam y sofisticado, con rulos apenas crecidos.

Unas semanas más tarde, Gustavo posó con su nuevo corte para la producción de la tapa del álbum, a cargo de la fotógrafa Gaby Herbstein y del diseñador Alejandro Ros. El resultado fue un retrato misterioso y a la vez sofisticado, en el que aparecía de perfil, envuelto en un aura de humo azul que emanaba una extraña calidez glacial.

Bocanada salió a la calle en junio de 1999 y fue un gesto desafiante. Hacia el final de los 90, el sonido y el discurso del rock nacional se volvían corrosivos y conservadores. Después de una década en la que las importaciones cargaban con el estigma del modelo que había arruinado la economía, dentro del rock la sofisticación era tomada como una frivolidad. Los Redondos y La Renga llenaban canchas de fútbol con un rock crudo y las nuevas grandes bandas del rock argentino como Bersuit y Los Piojos, que estaban en plena carrera de convocatoria hacia shows de estadio, rotaban en las radios con discursos politizados y un sonido rioplatense.

El primer corte que llegó a las radios fue "Raíz", un bolero construido sobre una base tecno-folclórica que mostraba la amplitud estilística del álbum y que fue recibido como un artefacto extraño. Dentro del panorama musical, el collage sonoro con el que Cerati daba su primer paso por fuera de Soda Stereo a muchos les sonó presumido y artificial.

Gustavo y el director Andy Fogwill proyectaban la filmación de un video para "Raíz" con una escenografía hecha completamente en madera, cuando la discográfica les avisó que el *single* no funcionaba en las radios: iban a adelantar la rotación de "Puente", un hit asegurado que Gustavo había preferido guardar para rotar una canción más representativa de la búsqueda que había llevado adelante en el álbum.

La sugestión melódica de las guitarras, la cadencia de su voz deslizándose sobre las notas y el estallido luminoso del estribillo contenían la memoria musical de Soda a la vez que sonaba como un pasaje más natural a su estadío solista. "Puente" era una evolución menos rupturista pero, sobre todo, tenía la prepotencia radial de un hit; que hubiera guitarras al frente funcionaba como un espejismo decisivo para infiltrarse en los rankings: era rock.

Mientras Fogwill reagrupaba a su equipo de producción para pensar nuevas ideas, Gustavo se acordó que cerca de su casa alguien había aterrizado un helicóptero para publicitar algo y se le ocurrió que en el video podía convertirse en un piloto que sobrevolaba a la noche la ciudad en busca de sus amigos. Una reescritura tecno y menos dramática de la epopeya del héroe alado de "En la ciudad de la furia".

La idea de Gustavo era presentar el disco en Buenos Aires y después salir de gira, pero el programa infantil *Chiquititas* tenía reservado el teatro Gran Rex durante todo agosto y septiembre. Primero viajó a dar un par de entrevistas a Chile, después fue México y en un programa estuvo solo frente a las cámaras atendiendo llamados de los televidentes y finalmente encaró una breve gira por Latinoamérica antes de dar una serie de seis shows en Buenos Aires en octubre.

Había un tabú: el público de Gustavo estaba compuesto por el público de Soda Stereo y la gran pregunta era cuántas canciones de su vieja banda iba a tocar en vivo. En qué medida verlo a él iba a seguir siendo una experiencia parecida a ver a Soda. Eduardo Capilla ambientó el escenario como un living con veladores antiguos, un sillón Barcelona y espejos para la presentación de un disco que ya era una ambientación en sí mismo.

El primer show fue el 21 de octubre y Gustavo salió al escenario con la percusión acuosa de "Río babel" ya disparada. Estaba vestido con un chaleco entretejido y pantalones anchos.

—Buenas noches, hermosos —dijo cuando terminó la canción.

Gustavo no era exactamente un performer: arriba del escenario siempre enfrentaba al público filtrando su sensualidad con una guitarra colgada, pero necesitaba evolucionar en esta nueva etapa y para "Verbo carne" la dejó a un costado, concentrándose en su voz, envuelto en el humo de un cigarrillo.

El set incluyó tres canciones de Soda. Una versión downtempo de "Hombre al agua" de *Canción animal*, "Sweet sahumerio" de *Dynamo* y "Zona de promesas", una cumbre emocional de su obra en la que le cantaba a la madre y que constituía una excepción en un corpus de canciones en los que nunca aparecían personajes concretos. Hacia el final del show, desde las plateas varios fanáticos le reclamaron más temas de Soda.

—Para eso quedan los discos —les contestó Gustavo, casi con mal humor—. Esto es otra cosa.

En febrero de 2000 Gustavo emprendió con su nueva banda un tour por siete ciudades de Estados Unidos a bordo del micro de gira de los Red Hot Chili Peppers. Una nave plateada y futurista acondicionada con minibar, un sector de cuchetas con pantallas individuales, una zona para comer y un living con sillones y una tele de 50 pulgadas en la que vieron *2001: Odisea del espacio* mientras corrían de noche por una ruta al borde del Pacífico rumbo al sur de California.

Después de tocar en Los Angeles y en Anaheim, el tercer punto de la gira fue en el Club Tropicana de San José, una ciudad sobre la bahía de San Francisco. Esa noche salieron al escenario y al segundo tema se armó una pelea entre los parroquianos. Los guardias de seguridad inundaron la sala con gases lacrimógenos y ellos tuvieron que salir del escenario gateando para poder respirar. Mientras bajaban a los camarines, Gustavo vio a Leo tosiendo sin parar entre los instrumentos, lo bajó a la rastra y se volvieron al hotel.

Con las giras volvían las aventuras y las tentaciones. Después de una temporada de placidez familiar, estar en la ruta despertó algo en él. En seguida empezaba a experimentar las mutaciones de su personalidad que afloraban en los tours. Estaba Torpeman, el apodo con el que lo habían bautizado en Soda por su torpeza en la mesa. Solía causar desastres en cadena: tiraba copas en dominó, arrastraba manteles que arrastraban platos, vasos y botellas. También estaba Beto, un alterego pendenciero que se adueñaba de él las noches que salía de fiesta y usaba una peluca negra llena de rulos. Estaban las chicas que merodeaban los camarines y las que se colaban en los hoteles para llegar hasta su habitación.

Cuando estaba de viaje, Gustavo era una mezcla de guía turístico, *gourmand* cosmopolita y salidor compulsivo. Durante esa gira, que abarcó también Puerto Rico, Ecuador, Venezuela, Costa Rica y México, llevó a los músicos de su nuevo grupo a Disney, a comer hamburguesas de mariscos en Guadalajara y a pasar el día en una islita de Morrocoy, en el Caribe venezolano. Para llegar, tuvieron que aterrizar primero con un aeroplano en una isla casi desierta y desde ahí tomaron una lancha hasta otra más alejada, mientras Taverna se mareaba con el oleaje y vomitaba por la borda.

A la noche, después de los shows, les preguntaba qué comida querían probar y los llevaba a restaurantes de cocina exótica y a fiestas en lugares insólitos. Muchas veces, Leo se quería quedar durmiendo en el hotel y Gustavo y Flavio entraban a su cuarto y se ponían a saltar en su cama para despertarlo y convencerlo de que los acompañara a bailar.

Entre los vuelos y los ratos muertos en el hotel, Leo le mostró unas canciones que estaba componiendo y a Gustavo le gustaron tanto que al volver a Buenos Aires se encerraron en Casa Submarina a grabarlas. A fines de 2000 sacaron un EP adelanto con "Morrissey", una canción de amor entre dos hombres a escondidas de una novia, construida sobre unos acordes de guitarra rítmica y el estallido suave de una batería electrónica en el estribillo. El tema se convirtió en un éxito radial instantáneo y lanzó la carrera solista de Leo antes de que tuviera el disco terminado.

Un periodista de *Clarín* los entrevistó en el estudio y registró el ritmo del trabajo que imponía Gustavo. Contaba que volvía obsesivamente sobre los mismos compases del estribillo en los que Leo cantaba empujando su voz al borde un falsete "Y sentir lo que es morir y renacer", mientras seguía con todo el cuerpo la melodía y manipulaba las consolas.

—Hace semanas que no puedo sacarme ese tema de la cabeza —le dijo uno de los asistentes del estudio esa tarde.

—Ese es el objetivo, que se te pegue —le contestó Gustavo—. Que no te lo puedas sacar de encima nunca.

Leo se había limitado a cantar, dejando el resto de las cosas en sus manos.

—Se internó a full, en jornadas que duraban hasta las seis de la mañana —contaba—. En este tiempo no estuvo con sus hijos y hasta me dio cierta culpa. Yo veía que los chicos lo buscaban, que querían ver al padre.

Ese sótano era el juguete perfecto para Gustavo pero también era el escondite de un matrimonio que empezaba a aburrirlo. El primer choque de Gustavo contra el tiempo había sido la muerte de su padre en 1992 y había reaccionado con ataques de asfixia. Después de cruzar la frontera de los cuarenta, su reacción era volver a sus años de juventud: la vida de padre de familia de pronto ya no le alcanzaba. Volver a salir de gira había sido como despertarse del encantamiento de un largo sueño. A la noche, después de pasar el día entero en el estudio, Cecilia lo encontraba en el baño peinándose y arreglándose para salir a bailar con Capilla y Flavio al Morocco, un boliche alternativo en el Microcentro.

Casa Submarina tenía otro problema: estaba al pie de una barranca, cerca del río y las tormentas eran una amenaza de inundación permanente que finalmente se concretó un fin de semana en el que un temporal hizo crecer las napas y toda esa zona del jardín quedó bajo el agua, sin que llegaran a rescatar los equipos. Mientras caía la lluvia, Gustavo miraba llorando desde el ventanal del living cómo el agua entraba en su estudio.

Brian Eno había intentado varias veces llevar un diario, pero el impulso siempre le duraba unas pocas semanas. Por lo general empezaba la mañana siguiente de Año Nuevo y, durante algunos días, se preparaba un café después de levantarse y se encerraba en su estudio a escribir unos párrafos, hasta que en la segunda o tercera semana de enero los viajes y proyectos como músico o productor de Roxy Music, David Bowie, Talking Heads, U2 o alguna de sus grabaciones experimentales lo absorbían del todo y terminaba olvidándose del diario.

El resultado de esos abandonos eran varios cuadernos apenas empezados que registraban cómo habían sido sus primeros días de cada año desde mediados de los 70. Finalmente, en 1995 Eno decidió tomárselo en serio y llevó un diario durante todo el año en el que narró la trama interna de sus días. En ese tiempo, grabó junto a U2 música para películas imaginarias, produjo el álbum *Outside* de Bowie y convocó a grupos como Radiohead, Oasis y Massive Attack a que participaran en un disco con el que reunió fondos para los chicos huérfanos por la guerra en los Balcanes.

Al año siguiente, publicó *A Year With Swollen Appendices*, un libro donde compiló esos diarios e incluyó una segunda parte en forma de apéndice con ensayos, cuentos breves, entrevistas y su correspondencia con el escritor americano Stewart Brand, editor de la revista contracultural *Whole Earth Catalog*. Gustavo lo encontró en una librería de Londres mientras mezclaba *Bocanada*, lo compró y, a la vuelta, quedó perdido en la biblioteca hasta que Cecilia lo descubrió una tarde. Los ensayos de Eno combinaban experiencias, anécdotas, reflexiones sobre el rol del arte en la vida de las personas y consejos, como si se tratara del manual de estilo para la vida de los músicos. Después de la gira de *Bocanada* todo había empezado a desmoronarse lentamente y leyeron esos diarios como una terapia de pareja.

Eno recomendaba, por ejemplo, ordenar la casa y el estudio una vez al día, para que todo se mantuviera en armonía, una batalla que Cecilia perdía con Gustavo casi siempre: no había forma de que dejara algo en el lugar de donde lo había sacado. También recomendaba que los músicos o productores no tuvieran el estudio en sus casas, porque si no nunca terminaban de salir del todo de ahí adentro cuando volvían a su vida familiar. Decía que lo mejor era tenerlo fuera pero cerca, a algunas cuadras, y poder ir caminando. Después de leer esos diarios, Cecilia empezó a insistirle a Gustavo para que buscara alguna propiedad cerca de la casa donde armar su estudio.

Entre la inundación, las peleas matrimoniales y las limitaciones espaciales de Casa Submarina, a comienzos de 2001 Gustavo decidió empezar a trabajar en su nuevo disco fuera de casa y alquiló durante un mes y medio los estudios Del Cielito, una casona equipada en una quinta de Parque Leloir, un suburbio de casas de fin de semana en la zona oeste del Conurbano bonaerense.

Bocanada había sido un trabajo de laboratorio y quería que su próximo movimiento fuera más expansivo y grupal. Leo García estaba lanzando su carrera solista y Martín Carrizo armaba su propia banda, así que reformuló el grupo manteniendo a Flavio Etcheto y a Fernando Nalé como la base nuclear, reemplazó a Carrizo por el baterista Pedro Moscuzza y convocó a varios músicos de la escena electrónica de la ciudad, como Rudy Martínez, del grupo tecnopop Audioperú, y a los DJ Javier Zuker y Leandro Fresco.

Todos los mediodías, Barakus los buscaba por el puente de Pacífico, en Palermo, y se apretujaban durante media hora en el Fiat 147 que había heredado de Gustavo para el viaje en autopista hasta la sala. Pasaban todo el día zapando a la deriva. Gustavo daba una directiva cada tanto, soltando un loop que tomaban como punto de partida, pero la idea era crear la música desde el groove y avanzar sin rumbo definido.

Las sesiones empezaron a fluir con la fuerza de una catarsis y en pocas semanas acumularon varias horas de grabación. Zuker llevó vinilos de su colección que usaron como disparadores. Sobre un piano de Herbie Hancock y un contrabajo, compusieron una canción de pop distorsionado que en el pizarrón del estudio bautizaron "Radiohead". También samplearon "Dreams" de Fleetwood Mac y los coros de un disco de soul.

El negativo de toda esa combustión musical era la decadencia de su matrimonio. Mientras avanzaban las sesiones, un paparazzi de la revista *Caras* lo fotografió con Deborah de Corral paseando a su perrito por Palermo y todo terminó de romperse. La revista *Pronto* publicó que Cecilia estaba saliendo con Francisco Bochatón, un ex protegido de Gustavo. De pronto, el fin del matrimonio perfecto del rock inundaba las revistas con rumores de infidelidades cruzadas y detalles melodramáticos. Que Deborah fuera la ex novia de Charly Alberti sólo le sumaba morbo a la noticia.

En medio de todo eso, Gustavo intentó seguir adelante

con las sesiones. Su forma de superar las crisis era abrazarse al futuro. Nunca había sido nostálgico; solía desprenderse del pasado con cierta indolencia, había dejado atrás a novias, amigos, bandas, convencido de que lo que viniera iba a ser mejor.

La foto de la revista *Caras* también era la respuesta para todas las preguntas que le hacían a Gustavo sobre cuándo iba a volver Soda Stereo. Y era la segunda vez. Casi diez años antes algo parecido había sucedido con Paola Antonucci. Deborah acababa de volver de Londres, se habían cruzado en fiestas, shows y la tensión que siempre había flotado entre ellos había terminado consumándose. Tenía sentido. A los treinta, Gustavo se había casado y tenido dos hijos con una chica de una belleza sofisticada y familiar de la alta sociedad chilena que además era modelo, DJ y tenía una cultura musical casi tan grande como la suya. Y después de cruzar los cuarenta, estaba empezando a salir con una modelo lánguida y desenfadada de rasgos exóticos: Deborah tenía un brillo felino en los ojos algo separados y una cara angulosa que componían una belleza imperfecta y a la vez irresistible.

Y tenía, además, una historia tumultuosa. Había crecido sin conocer a su padre, a los dieciséis salió en la tapa de *Gente* bautizada como "La nueva Lolita", a los diecisiete se había escapado a Europa con un novio polista, a los veinte estaba conduciendo el programa de televisión *El Rayo* mientras salía con el baterista de la banda más popular de Latinoamérica y, después de una temporada en Londres viviendo sin papeles y sumergiéndose en la escena *underground* de la ciudad, había vuelto a Buenos Aires a recuperar su lugar y el primer golpe de ese regreso había sido empezar a salir con el ex cantante de ese mismo grupo haciendo estallar su divorcio en los medios: esa clase de desenfado.

Gustavo siguió con las zapadas mientras se mudaba de Vicente López a una casa alquilada en Saavedra, pero esta vez simplemente no pudo. Mantener la energía creativa en medio de la separación fue imposible y decidió tomarse un respiro, dejar reposar ese material un tiempo y que todo a su alrededor se acomodara. Separarse de Cecilia era el final de muchas cosas: el final de la relación más importante de su vida, el final de su proyecto familiar, el final de la convivencia diaria con Benito y Lisa, el final de ese paraíso privado que se había construido para sí mismo como un refugio, el final de un modelo de vida utópico para una estrella de rock.

Aunque en medio de todo eso estaba naciendo un nuevo amor con Deborah, quedarse quieto tampoco le funcionaba. Gustavo había aprendido a alimentarse de las crisis, usar el dolor como una energía que había que quemar para mantenerse en movimiento. A mitad de año, actuó y compuso la banda de sonido de la película + *Bien*, dirigida por su amigo Eduardo Capilla, y aceptó participar de un especial de televisión que consistía en la grabación de un disco en vivo en el teatro Avenida con versiones orquestales de once canciones de su carrera, que se llamó *11 episodios sinfónicos*. Un día de ensayos en el teatro, ella pasó a buscar a Benito y Lisa, que estaban en los camarines con él, y todo terminó a los gritos cuando vio a Deborah. La pelea fue tan ruidosa que todos los músicos de la orquesta la escucharon y pensaron que era un día perdido, pero quince minutos después Gustavo apareció en el escenario y cantó a la perfección.

Después de la grabación del especial en agosto de 2001, se fue con Benito y Lisa a Estados Unidos en sus primeras vacaciones de padre separado. A la vuelta, se encerró en la casa de Saavedra a trabajar en su computadora con el material grabado en Del Cielito. Mientras Cecilia evaluaba instalarse una temporada en Chile con los chicos, la mujer de Barakus buscaba alguna casa en venta por Vicente López para que Gustavo armara su nuevo estudio, dos aviones chocaban contra las Torres Gemelas en Nueva York, la Argentina caía en un desmayo institucional estimulado por una crisis política, económica y social: el caos parecía envolverlo todo. Gustavo se quedaba hasta la madrugada haciendo zapping en la tele y mirando las emisiones nocturnas de *Gran Hermano*, dándoles forma a las zapadas y escribiendo frases en papelitos que dejaba tirados por los cuartos y después juntaba de forma aleatoria para construir las letras de las canciones. Había tanto material que empezó a pensar en grabar un disco doble, dividiendo los impulsos más rockeros de las incursiones electrónicas.

A fines de diciembre, mientras el presidente Fernando de la Rúa renunciaba tras decretar el estado de sitio, Gustavo viajó con Deborah a Punta del Este y se alojaron en el hotel Cipriani, un cinco estrellas con vista al mar que acababa de abrir en la zona de La Barra. Oscar Roho había viajado con su mujer y sus hijos a la casa de sus suegros y el primero de enero, después de despertarse, Gustavo y Deborah fueron a comer un asado al mediodía. Era un día gris, lloviznaba y todos habían dormido poco, así que esa primera tarde de 2002 se quedaron echados en los sillones del living mirando la película *Buscando a Nemo* en la televisión.

Durante esos días con Deborah se dedicó a recorrer Punta del Este, visitó José Ignacio y se empezó a enamorar de esas playas, la zona de chacras más alejadas, los bosques, los paisajes naturales. Era la primera vez que iba estrictamente de vacaciones, antes sólo había ido algunos días a tocar, como ese verano antes de formar Soda Stereo en el que habían contratado a Sauvage para presentarse en un bar fundido a la semana y él se había quedado varado en Uruguay, sin nada que hacer, con todo el verano por delante, y entonces se había cruzado con un compañero de facultad que estaba con su banda y al que todos le decían Zeta.

En febrero retomó las sesiones grupales para pulir los demos que se habían alimentado del caos de todos esos meses. En esas nuevas zapadas la música alcanzó una crudeza que sus canciones nunca habían tenido. Había una especie de desnudez en ellas. Había amor, oscuridad, reconstrucción y despecho. Si *Bocanada* era un estado de flotación surreal, estas nuevas canciones sonaban más turbulentas y tenían esa clase de fragilidad vital que queda en el aire después de un temporal. En medio de su separación, su nuevo amor, las peleas, los dos aviones chocando contra Torres Gemelas, las noches mirando *Gran Hermano* y la caída del gobierno de De la Rúa, las canciones sonaban como manifiestos emocionales sobre el caos.

Que Cecilia hubiera empezado a salir con alguien tan rápido había sido un golpe doloroso para su ego: él era el que seguía adelante, no los demás. Le había pasado con todas sus ex novias, casi siempre su forma de dejarlas había sido yéndose con otras. Y le había pasado con Zeta y Charly, primero se alejó del grupo yéndose a vivir a Chile y, finalmente, cuando decidió separarse del todo, el único que continuó con una carrera musical fue él. Que Cecilia además estuviera de novia con Francisco Bochatón, un músico más joven que él y al que encima había apadrinado, era una afrenta.

Aunque en casi todos sus discos había convertido sus sentimientos en imágenes abstractas, en estas canciones había algunas letras bastante literales. En "Karaoke", un track con una cadencia plástica, cantaba:

Ya no me necesitas
es lo mejor
eras alguien a quien yo solía conocer
fue muy simple
despegar
solo un corto tiempo y te buscaste un nuevo corazón.

Cecilia pasaba música en un ciclo en Boquitas Pintadas, un viejo hotel de San Telmo reconvertido en spot cultural, y cuando el estribillo caía en una ensoñación pop Gustavo cantaba:

Ahora vamos a ver tu show
en el cuarto de un hotel.

En el tema "No te creo", sobre una base de hip hop con *scratchs* de Zuker, había unos versos que mostraban el final turbulento de la relación y el grado de incomunicación que habían alcanzado:

No hace falta tu cinismo
yo soy parte
y también soy el que parte
a nuevos rumbos
la estupidez triunfa en este juego
sé que dices la verdad
la conozco
te conozco
no te creo.

El resto del álbum se desplegaba como una novela emocional, en distintos movimientos de una sinfonía de caída y redención. "Nací para esto" era una arenga sabia y vital sobre una guitarra acústica envuelta entre teclados, sintetizadores, guitarras eléctricas y una percusión radiante. "Yo nací para esto", cantaba Gustavo en el estribillo, en un momento de autodefinición, con una frase que podía sonar a predestinación pero que en sus labios adquiría el tono de una decisión existencial y una transformación: alguien convirtiendo su pasión en un destino.

Gustavo no había nacido con oído absoluto, ni había

empezado a tocar el piano a los tres años ni tenido ninguna escena definitiva como la de Charly García a los ocho avisándole al folclorista Juan Falú que la quinta cuerda de su guitarra estaba desafinada. Tampoco había sido un niño iluminado como Luis Alberto Spinetta, con un aura mágica desde su infancia y que había compuesto sus primeros clásicos a los quince años. En Gustavo había sido una decisión transformadora.

"Vivo" sonaba como una resurrección controlada tras un descenso a los infiernos que terminaba con un solo de guitarra épico. Y en "Sudestada", cantaba con la paz de quien acababa de atravesar una temporada oscura y empieza a pisar tierra firme, sobre una línea de teclado sutil y luminosa grabada por Charly García.

Andy Fogwill le regaló el libro de Emil Cioran *Conversaciones*, en el que el filósofo rumano retomaba la noción del eterno retorno que Nietzsche desarrollaba en *Así habló Zaratustra*, negando la cosmovisión judeo-cristiana sobre el sentido lineal y trascendente del tiempo: el presente no era un estado de tránsito entre el pasado y el futuro. Gustavo siempre había encontrado una circularidad en la forma en que se adoptaban las cosas en su vida, había ciclos. La composición, la grabación y luego las giras con cada álbum. El enamoramiento, la fascinación y el fin de la ilusión con las mujeres. Pero también había una evolución, un aprendizaje en cada una de esas repeticiones. Durante esos días, mientras leía a Cioran y después a Nietzsche fascinándose con esas ideas, empezó a pensar cómo todo eso se conectaba con el concepto de habitar el presente con el que se había fascinado en la época de *Bocanada*, grabando canciones como "Aquí y ahora". Empezó a pensar en la idea de pasado y presente como un espejismo y encontró un concepto que parecía sublimar esa falta de trascendencia y que se convirtió en la frase central del nuevo disco: "Siempre es hoy".

En *Más allá del bien y del mal*, Nietzsche decía: "Todo lo que es profundo ama el disfraz. Todo espíritu profundo necesita una máscara". Y en "Camuflaje", una de las canciones nuevas, escribió una letra muy breve, encontrándole una semántica sensual y pop a esas ideas:

todo lo profundo ama el disfraz
separemos el amor
de la avidez por mitigar el dolor
¿sólo por espinas desechar la flor?

Unas semanas más tarde la mujer de Barakus encontró una vieja fábrica de zapatos en una calle de Florida que estaba en venta. Era una casa con un galpón detrás, que tenía techos altos con un tragaluz y cientos de subdivisiones internas: cuartitos y cuartitos repletos de hormas de zapatos flotando en un aire dorado y sucio.

Cuando Gustavo fue a verla, entró, caminó entre esos cuartos y no consiguió imaginarse cómo ese laberinto de pasillitos y hormas podía convertirse en un estudio, salvo tirando todo abajo. A los pocos días volvió con un arquitecto que vio el potencial que escondía la fábrica. Tenían que remodelar la parte de adelante, construir de nuevo, pero el fondo, donde iría el estudio propiamente dicho, podían conservar las estructuras. Además, Cecilia se había mudado con Benito y Lisa a una casa a pocas cuadras.

Gustavo compró el lugar y, mientras empezaban las refacciones, viajó a Miami con Deborah. Era la primera edición de los MTV Video Music Awards Latinoamérica y le iban a dar el premio "Leyenda" a Soda Stereo. Desde el último concierto, cinco años atrás, Gustavo, Zeta y Charly no estaban juntos en el mismo lugar.

—Es un momento muy pero muy especial de la noche —dijo el conductor Mario Pergolini, sobre el escenario del teatro Jackie Gleason de Miami Beach, hacia el final de la ceremonia—. Es el momento de presentar el primer premio Leyenda que otorga MTV en su historia. Aunque no puedan creer, el rock en español existe desde hace cuarenta años. Durante mucho tiempo, eso sí, estuvo atomizado, disgregado. Recién a fines de los 80 comenzó a integrarse, a tener una identidad latinoamericana. Tal vez eso se lo debamos a una gran banda que logró grabar sus canciones en la memoria de todos, una banda que abrió las puertas para muchísimos grupos de esta parte del continente cuando era impensado salir de su país de origen. Empezaron por Chile, siguieron por Perú, más tarde siguieron por Colombia y siguieron subiendo hasta que en México descubrieron que a su paso habían refundado un movimiento musical que en muchos países estaba adormecido.

Entonces Pergolini señaló una gran pantalla en la que un video recorrió la historia de Soda Stereo desde sus comienzos hasta el último concierto.

—¡Señoras y señores, es realmente para mí un honor darle el premio a la trayectoria a Soda Stereo!

Gustavo, Zeta y Charly se levantaron de sus butacas mientras, a su alrededor, el resto de los invitados gritaban y aplaudían: eran todos músicos que habían crecido escuchándolos. Caminaron hacia el pasillo central, se abrazaron y subieron al escenario para recibir las estatuillas de MTV en forma de lenguas gigantes.

Después hubo unos raros segundos frente a las cámaras, sin saber muy bien cómo comportarse mientras asimilaban con la mayor naturalidad posible la idea de estar otra vez reunidos arriba de un escenario. Era un momento demasiado confuso y durante unos segundos jugaron a sopesar esas lenguas aparatosas que les acababan de dar.

Ninguno de los tres sabía muy bien qué decir.

—Ahora sí vamos a poder hablar todo lo que no hablamos —dijo Charly.

Y después hubo algunos comentarios entre ellos que no terminaron de ser una conversación, Gustavo se acercó al micrófono, le agradeció el premio a MTV de forma un poco torpe y agregó:

—Y personalmente a mis dos compañeros de ruta, porque pasamos momentos tan increíbles.

Siempre es hoy salió a fines de 2002. En la tapa aparecía el lado derecho de la cara de Gustavo pintado por el artista plástico Diego Gravinese, que concentró la tensión de las pinceladas en su boca y logró el extraño efecto de algo en creación. Era un álbum energético y disperso como los días en los que había sido concebido, sin ningún hit radial contundente. El crítico Pablo Schanton escribió en *Clarín*: "Gustavo Cerati exhibe el diario personal y lírico de un divorcio y un renacimiento en 17 canciones. Por un lado, su separación de quien fuera inspiración y también cantante del primer disco (Cecilia Amenábar) y por el otro, el enamoramiento actual que tiene a Deborah de Corral en el papel de musa y vocalista invitada".

Por primera vez en su carrera, el público y la crítica recibían un disco suyo con displicencia. El ascenso al mainstream de grupos como Los Redondos, Bersuit, La Renga y Los Piojos había engendrado una nueva camada de bandas de rock barrial que invandían las radios con un sonido monolítico, un discurso que renegaba de los artificios del pop y una reivindicación de la realidad de las esquinas. De pronto Gustavo era la persona menos cool de Buenos Aires: las nuevas generaciones le daban la espalda al padrino de la modernidad y las paredes de Palermo amanecían pintadas con stencils con su cara que decían "Viejo choto" y "Papadas totales".

Veían la exploración electrónica, las letras abstractas, el trabajo con las texturas del audio como gestos frívolos. En los shows de rock barrial, el público cantaba: "Luca no se murió/ Luca no se murió/ que se muera Cerati/ la puta madre que lo parió". En los conciertos de heavy metal, la letra se alteraba poniendo al guitarrista Osvaldo Civile en lugar de Luca: "Civile no se murió/ Civile no se murió/ que se muera Cerati/ la puta madre que lo parió".

Antes de presentar el álbum en Buenos Aires, Gustavo emprendió una gira por Latinoamérica que empezó con dos noches en el Auditorio Nacional del DF y siguió con nueve fechas en el interior de México. En Aguas Calientes, el hotel donde estaban alojados era un cinco estrellas en medio de la nada, a casi una hora de la ciudad. Después del show, se encontró a un grupo de veinte fans en la puerta del hotel y los invitó a pasar para charlar un rato en la pileta. Uno tenía una guitarra y Gustavo se la pidió, la afinó y, mientras les respondía lo que le preguntaban sobre Soda Stereo y sobre sus hijos, cantó algunas canciones de los Beatles.

En Ciudad Juárez terminaron de tocar y se encontraron con que no había ningún lugar para comer ni para salir. Finalmente, los miembros de un club de fans de Soda lograron que el dueño de uno de los boliches lo abriera para la banda. Cuando volvía al hotel, se quedaba navegando en internet antes de dormirse. Le gustaba entrar a los foros de Soda Stereo en los que hablaban sobre los pedales y efectos que usaba para sus guitarras y participaba de las discusiones con nombre falso.

A comienzos de 2003 se compró una casa de piedra y vidrio en el Bajo Belgrano a la que sus amigos bautizaron "Casa Turrón" y Deborah se mudó con él. Antes de la presentación en el Luna Park, un periodista de *Rolling Stone* entrevistó a Gustavo y le preguntó por el título del álbum. "Generalmente, los títulos de mis discos provienen de frases que están dando vuelta por las canciones de ese momento", le dijo. "Esas frases resuelven situaciones: 'Te quiero para siempre, pero siempre es hoy'. Es posible alterar el espacio temporal: rescatar un recuerdo ubicándolo en el presente."

En marzo presentó el disco en el Luna Park mientras Bersuit, en su pico de popularidad, cerraba ahí mismo la gira de *De la cabeza con Bersuit Vergarabat* durante cinco noches. Cuando vio que Bersuit lo llenaba cinco noches seguidas y él sólo iba a dar un show, no entendió qué estaba pasando. Aunque sentía que las críticas a *Siempre es hoy* eran básicamente prejuicios, Gustavo empezó a desconfiar del sello.

—Debe estar mal vendido el show —le dijo a su *road manager* cuando vio la cartelera fuera del Luna Park—. No puede ser que Bersuit haga cinco y yo uno solo.

Sentía que lo habían dejado de entender. El sello tenía que estar llevando adelante una estrategia de venta equivocada para el show. De pronto, Bersuit tenía un poder de convocatoria cinco veces mayor que el suyo. ¿En qué momento había sucedido eso? Mientras él ampliaba el arco sonoro de sus canciones y absorbía nuevos paisajes, el público parecía no seguir su evolución. Los grupos nacionales que sonaban en las radios cantaban letras aparentemente desafiantes contra el sistema sobre estructuras musicales conservadoras, reivindicando las esquinas y el barrio como lugares de pertenencia, mientras para Gustavo el rock siempre había sido exactamente al revés: una aventura para dejar el pasado atrás y salir en busca de nuevas experiencias y nuevos sonidos, dejándose transformar por el futuro, por el mundo exterior.

En la prueba de sonido en el Luna la tarde antes del

show, además de tocar con sus músicos en el escenario se trepó por las plateas con la guitarra colgada para ver cómo se escuchaba desde todos los rincones. Charly García iba a tocar en "Vivo" y "Sudestada" y se pasaron toda la tarde esperándolo, hasta que finalmente apareció tres horas después de lo pactado, en un taxi, tambaleándose con un teclado todo pintado con aerosol bajo el brazo y una botella de whisky. La prueba fue desastrosa, pero a la noche, para el show, Charly volvió bañado, cambiado y completamente lúcido en una limusina.

El resto del año lo pasó de gira por Latinoamérica y Estados Unidos y, en esas noches de hotel, se empezaron a juntar con Flavio Etcheto y Leandro Fresco a hacer música con sus laptops. Acababan de salir el Ableton Live y el Reaktor, unos programas que permitían manipular el audio para componer. Con el Ableton podían tomar porciones de alguna canción en formato de loop y distorsionarlas, agregarles efectos y aislar alguno de los instrumentos para usarlos en algo Nuevo. Y con el Reaktor podían diseñar instrumentos para crear sonidos.

A partir de la exploración de esos programas formaron un trío de computadoras al que bautizaron Roken y debutaron zapando en una terraza del *downtown* de Los Angeles y resultó un pequeño éxito. Los llamaron para tocar en fiestas de las ciudades por las que pasaban de gira y terminaron como parte del line-up del Festival Mutek en Chile.

La primera mitad de 2004 giraron con Roken tocando en fiestas electrónicas de todo el continente y en junio Gustavo viajó a Bahamas para trabajar una semana con Shakira. Con *¿Dónde están los ladrones?* la cantante colombiana había dado su primer zarpazo en la industria vendiendo más de 10 millones de discos en 1998 y consiguiendo entrar al mercado anglo. Empujado por los hits "Ciega, sordomuda", "Inevitable" y "Ojos así", el álbum vendió un millón de copias en Estados Unidos y, al año siguiente, fue la primera artista latina en grabar un MTV Unplugged transmitido en los televisores de ese país.

En 2002, el disco *Servicio de lavandería* había tenido su versión en inglés para rotar en las radios americanas y había funcionado: el *single* "Whenever, Wherever" llegó al sexto puesto en el ranking Billboard Hot 100 y el álbum vendió 25 millones de copias en todo el mundo. Ya convertida en una artista en Estados Unidos, su paso siguiente era crucial en su carrera por ganar un lugar como estrella pop de escala global. En su mansión de Nassau, en Bahamas, había empezado a trabajar en su próximo álbum e invitó a Gustavo para que la ayudara con la composición y producción de algunas canciones. En Barranquilla, Shakira se había criado escuchando Soda Stereo y en las entrevistas, cuando le preguntaban por los artistas que la habían marcado, siempre lo nombraba a él, decía que era el artista más grande del rock latino y varias veces, a través de sus managers, había intentado contactarlo para trabajar juntos.

A mitad de año, con la agenda despejada, Gustavo viajó una semana a Bahamas y se alojó en un hotel que tenía sus habitaciones sobre el agua. Combinó días de playa con tardes de trabajo en los Compass Point Studios y noches en la casa de Shakira y Antonito de la Rúa. Durante ese viaje, compusieron dos canciones. "No", una balada down-tempo en la que Gustavo grabó una guitarra sutil y tintineante por debajo de la voz camaleónica de Shakira, que concentraba toda la energía emocional del tema. Y "Día especial", en el que además de componer juntos la música y una letra que hablaba sobre el tiempo, Gustavo grabó una línea de guitarra con algunos destellos melódicos clásicos de su estilo.

De Bahamas Gustavo viajó a Buenos Aires algunas semanas para ensayar en Unísono, su nuevo estudio, para una nueva gira. Aunque todavía estaba en obra, la sala de ensayo ya estaba terminada y, todos los días, tenían que entrar esquivando a los obreros y atravesando nubes de polvo. En España acababa de salir *Canciones elegidas 93-04*, un álbum que compilaba temas de *Amor Amarillo*, *Bocanada* y *Siempre es hoy* y buscaba abrirse camino en el mercado español, un lugar que Soda Stereo había intentado conquistar sin suerte. Viajaron por Madrid, Granada, Murcia, Valencia, Mallorca, Barcelona y Zaragoza, tocando sobre todo para argentinos expatriados después de la crisis del 2001: el oído español parecía no terminar de abrirse nunca del todo para Gustavo. El tour siguió por Chile, pasó por Buenos Aires y terminó con siete shows en México.

Mientras tanto, en la Argentina salió a la calle una edición de la revista *Inrockuptibles* con él en la tapa. Era un buen momento para Gustavo, las giras eran un éxito, tenía nuevos proyectos, Unísono estaba casi terminado y en la casa del Bajo Belgrano había logrado combinar una convivencia casi perfecta con Deborah con sus rutinas de padre separado, recibiendo las visitas de Benito y Lisa varias veces por semana cuando estaba en Buenos Aires y llevándolos al colegio las mañanas que se despertaban en su casa. Sin embargo, en la nota Gustavo mostró que todavía seguía herido por la poca repercusión que había tenido su último álbum.

—Tengo la sensación de que todo lo que se dijo sobre *Siempre es hoy* ya se pensaba antes de escuchar el disco —decía en la entrevista—. Es disperso, el resultado de una época personal que también fue dispersa. Tardé mucho en hacerlo; en el medio me separé, cambié de banda, el país se fue al carajo… Es un disco extenso, intenso y disperso.

En la nota le preguntaron por el estado del rock nacional y, aunque solía ser cuidadoso en sus críticas a otros artistas, habló específicamente de Bersuit, un grupo que representaba el otro extremo estético y discursivo.

—Escucho *La argentinidad al palo* y me preocupa esa cosa patriota y berreta que parece contagiarlo todo —contestó—. Hay mucha gente que no se participa de eso, y personalmente no me siento muy orgulloso del rock que se dedica a reivindicar la porquería.

Durante los primeros meses de 2005 Gustavo y Deborah se tomaron vacaciones mientras terminaban las obras en el estudio nuevo. Gustavo había contratado a un equipo de arquitectos con los que trabajó casi a la par en los planos, jugando a resucitar su vieja inclinación adolescente por esa profesión, encargándose de detalles como que las refacciones mantuvieran las claraboyas de la vieja fábrica de zapatos para que la atmósfera del lugar se alimentara de luz natural durante el día.

El ingeniero Eduardo Bergallo, un experto en grabación y masterización que venía trabajando con él desde *Colores santos*, planeó el diseño sonoro y el equipamiento para que el estudio fuera un laboratorio musical confortable y *hi-tech* en el que Gustavo pudiera encerrarse durante meses.

Unísono estaba en una callecita tranquila de Florida y desde afuera tenía la apariencia de un chalet moderno, con un gran portón negro automático que daba a un patio para dejar los autos. Al fondo, un pasillo llevaba hacia una sala de estar con *kitchenette* y más atrás estaba el living de sillones negros, ventanales que daban al patio y un gran televisor con una consola xBox para distraerse con videojuegos en los ratos libres. En las paredes Gustavo colgó los premios y los Discos de Oro y Platino de toda su carrera que tenía amontonados en cajas. En el baño de venecitas turquesas puso el Disco de Oro que ganó con *Canción animal*.

Para la sala de control compró una consola digital, un

gran sillón blanco y colgó una foto de los Beatles y otra de César Luis Menotti. La sala de ensayo era un ambiente de paredes blancas y techos altos, con un telón que podía cerrarse sobre el fondo para modificar la acústica y que Gustavo había usado con su banda antes de las giras de *Siempre es hoy* y *Canciones elegidas*. Pero Unísono todavía era una nave sin estrenar. Gustavo no había grabado nada allí y, en los primeros meses de 2005, se lo prestó a Leo García, que estaba terminando su disco nuevo con Ezequiel Araujo como productor.

Desde la separación de Avant Press, Leo había emprendido su carrera solista y Araujo se había sumado al grupo de rock alternativo El Otro Yo como tecladista, tuvo una hija con su compañera de banda María Fernanda Aldana y se volvió un fundamentalista del audio: fabricaba preamplificadores valvulares y compresores, se hacía cargo del trabajo de técnico de grabación y mezcla, y finalmente renunció para concentrarse en la producción.

Gustavo admiraba a Araujo porque, además de ser un músico extremadamente talentoso y erudito que podía ejecutar cualquier instrumento a la perfección, su sensibilidad para aproximarse a la música partía también desde el audio y se tomaba el trabajo de producción como una parte esencial del ejercicio compositivo. Como él. Mientras lo veía trabajar con Leo, empezó a pensar en sumarlo a la banda para su próximo álbum.

Durante las sesiones Gustavo visitó varias veces el estudio y terminó cantando unos versos en "Tesoro", una canción de pop-rock energético. Siempre iba con Deborah, que había estudiado ingeniería de sonido en Londres y le encantaba merodear las grabaciones, quedarse horas mirándolos trabajar. Aunque le gustaba cantar y había grabado algunas voces en *Siempre es hoy*, Deborah no tocaba ningún instrumento: era un mundo que la atraía pero la presencia de

Gustavo la inhibía. ¿Cómo podía empezar a tocar al lado de un músico que proyectaba tanta perfección en todo lo que hacía y, además, era la máxima estrella del rock latino?

Después de grabar salían todos juntos a comer y a bailar. Leo estaba eufórico con su nuevo disco y, cuando se iban a dormir, él siempre buscaba otro lugar donde estirar la noche. A la mañana, Gustavo encontraba mensajes que Leo dejaba en el contestador automático de su casa completamente borracho antes de acostarse. Unos balbuceos incomprensibles en los que parecía estar tratando de decirle algo.

Mientras terminaba la grabación, esos mensajes se convirtieron en un chiste para Gustavo. Se despertaba todos los días esperando a que hubiera alguno nuevo, hasta que un día la que llamó fue Lillian. En un programa de chimentos habían dicho que se había separado de Deborah y que ella ya tenía un nuevo novio que también era músico.

Gustavo se quedó un rato en silencio asimilando lo que acababa de escuchar. Uniendo imágenes, palabras, tensiones y gestos sin significado que había percibido esas últimas semanas, cargándoles un nuevo sentido, repasando toda esa secuencia desde una nueva perspectiva mientras empezaba a entender con el estómago qué intentaba decirle Leo en sus mensajes.

Ezequiel Araujo ya no iba a formar parte de su próxima banda. Deborah de Corral ya no iba a formar parte de su vida. Ezequiel y Deborah habían comenzado una historia a sus espaldas. Las cosas a su alrededor quedaron tocadas por esa noticia aunque todo estuviera aparentemente igual. Trató de imaginarse la casa sin ella. Habían sido casi cuatro años. En la decadencia de su matrimonio con Cecilia había encontrado en Deborah una fuerza avasallante y rejuvenecedora que lo había cautivado. Ella tenía una personalidad tan imponente como la suya, una belleza desafiante y, después de una temporada en Londres, en su vuelta a Buenos

Aires lo había acompañado en la grabación de *Siempre es hoy*, las giras, los shows, pero en el fondo ella no era el tipo de mujer que acompaña a un hombre como él. Su sombra era demasiado pesada para una chica que había crecido acostumbrada a ser el centro de las miradas.

Eran comienzos de marzo. Gustavo tenía 45 años y era la primera vez que una mujer le rompía el corazón. Siempre había sido al revés, siempre había sido él el que se había escapado de las relaciones, siguiendo una curva de seducción, fascinación y un lento alejamiento que iba agotando el amor mientras encontraba uno nuevo: un diagrama invariable. Sus relaciones parecían no soportar el momento en el que las mujeres estaban por cumplir treinta. Algo parecido a lo que le había pasado con su entorno tras la separación de Soda: sus nuevos amigos y los músicos de sus bandas eran siempre más jóvenes que él.

El domingo siguiente fue almorzar con su madre y sus hermanas. Solo, de novio con alguna modelo o casado con una mujer hermosa, siempre volvía a ellas. Tras la muerte de Juan José su familia se había convertido en un suave matriarcado que lo contenía.

Cuando llegó a la casa de Villa Ortúzar, Lillian estaba terminando de cocinar. Después de saludarla con un abrazo, ella trató de consolarlo y él le respondió como solía responder, flotando sobre la situación con una sonrisa.

—Mami, por fin una mujer me deja a mí.

Mientras Deborah hacía las valijas y se iba de la Casa Turrón, después de unas semanas de angustia Gustavo hizo lo que hacía siempre: se encerró a grabar. La música había sido para él un arma de seducción pero también un antídoto, una malla de contención que podía amortiguar las turbulencias.

En Unísono empezó a componer con el Ableton Live y llamó a Tweety González para invitarlo a producir con él su nuevo disco. No trabajaban juntos desde las épocas de Soda Stereo; para Gustavo era una forma de buscar refugio en el pasado. Tweety se estaba recuperando de un ataque cardíaco que había sufrido en enero después de separarse y que los médicos le habían diagnosticado como "síndrome del corazón roto": la narrativa científica para el impacto químico del shock emocional que había sufrido con la ruptura y que le había inducido una sobredosis accidental de adrenalina en la sangre alterando su frecuencia cardíaca hasta provocar una falla muscular en el miocardio.

Se encontraron una tarde en el estudio, escucharon los bocetos que había armado Gustavo, armaron un plan de composición y pensaron nombres para la nueva banda. Gustavo decidió mantener en el bajo a Fernando Nalé y en teclados a Leandro Fresco, llamó al baterista Emmanuel Cauvet y a Capri para tocar sintetizadores.

El primer día que se reunió la nueva banda en Unísono, Gustavo se colgó la guitarra y empezó a tocar una melodía como la de "De música ligera", buscando un método de composición instantáneo en el que que el grupo se fuera acoplando a sus ideas. Una descarga eléctrica que empezó a tomar la forma de un fraseo de guitarra épico, expansivo y distorsionado que se disolvía contra el latido del bajo, dejando todo en suspenso por unos compases hasta que entraba la voz y todo volvía a cobrar intensidad. La grabaron con el nombre "La excepción".

Durante los meses siguientes se juntaron todos los días a tocar. Dentro de ese estudio se estaba gestando una noticia: Cerati estaba volviendo al rock. En su casa, solo, había vuelto a escuchar viejos discos de Queen y Led Zeppelin. Le gustaba el clasicismo de los arreglos de Queen y el trabajo con el sonido de las guitarras de Jimmy Page, la forma en que las entrelazaba. Así como en *Dynamo* había purgado el dolor por la muerte de su padre componiendo un disco desde el ruido y la distorsión, el duelo de esta separación iba a ser tocando riffs de guitarra con los dientes apretados.

La ruptura se convirtió en una novela en las revistas del corazón. Deborah no sólo salía con Araujo: habían empezado a hacer música juntos y estaban armando un trío de pop-rock que bautizaron Imperfectos. Era como si separarse de Gustavo la hubiera liberado y la nueva relación con Araujo le resultara inspiradora. Que se llamaran Imperfectos también parecía una ironía que contrastaba con la perfección que transmitía la imagen de Gustavo. Deborah encima tardaba en llevarse su piano de la casa.

—Osqui, esta mina me deja señuelos por todos lados —le decía Gustavo a Oscar Roho, quejándose, cuando hablaban por teléfono.

En esas semanas, Gustavo se encontró con Tashi a tomar un café en un barcito de la calle Barrientos, en Recoleta. Cuando estaba angustiado por alguna mujer, volver a ella lo sanaba. Era una de las mujeres más importantes de su vida y le ayudaba a poner en perspectiva al resto de sus relaciones. Desde la muerte de su padre que Tashi no lo veía tan mal.

Un amigo que lo notó deprimido le recomendó estudiar Kabbalah y Gustavo se anotó en un centro que acababa de abrir en Palermo, sobre la calle Godoy Cruz. También fue a una quinta en la que un chamán le dio a probar un jugo de cactus y sintió que todos sus instintos animales se liberaban. De pronto, en medio del bosque, empezó a moverse en cuatro patas como un felino enloquecido y hambriento, buscando una presa para saciar su hambre y una hembra para calmar sus deseos.

El efecto le duró varias horas, hasta que en un momento experimentó cómo esas fuerzas se dormían dentro suyo y descarnaban de su cuerpo mientras caía en un silencioso trance espiritual. Estaba acostado en el pasto, boca arriba, mirando las estrellas. Había oscurecido. Gustavo sintió que nunca las había mirado de esa forma, podía sentir en la piel el calor que emanaban a millones de años luz, desde una era pasada en la que todavía la onda expansiva del Big Bang ni siquiera había formado la Tierra y los átomos que ahora componían su cuerpo estaban dispersos en el universo.

Unos meses más tarde, cuando Roho también se separó de su mujer, Gustavo lo invitó a vivir con él. En la mitad de sus cuarenta, soltero y con el corazón roto, Gustavo se encontró volviendo a su adolescencia, volviendo a salir sin parar. Casi todas las noches iban a comer a alguno de los restaurantes del Bajo Belgrano y después salían. Fueron unos meses en los que se entregaron a esa rutina nocturna con dedicación. Se lo tomaron tan en serio que se empezaron a llamar a sí mismos "Los canallas del amor", una frase que Coleman había dicho una vez y se había convertido en una muletilla entre ellos.

El RRPP Gaby Álvarez los invitaba todas las noches a restaurantes, bares y eventos llenos de modelos y casi siempre terminaban en las fiestas que se organizaban en el hotel Faena. La noche era la distracción perfecta y Gustavo estaba comprobando algo que le había dicho varias veces en chiste a Andy Fogwill: ninguna chica le decía que no.

El empresario Alan Faena tenía casa en Punta del Este y lo invitó varios fines de semana. En sus viajes con Deborah a Uruguay había empezado a pensar en comprarse una casa allá y en una de esas escapadas Gustavo compró unos lotes cerca de la laguna de José Ignacio, un terreno que quedaba en los Altos de Medellín, una zona de campos donde también tenían casa Shakira y el ex presidente Fernando de la Rúa.

A comienzos de julio Gustavo interrumpió un día las sesiones para ir al estudio de la fotógrafa Gaby Herbstein en Palermo y posar para la portada de un calendario de músicos que la Fundación Huésped iba a lanzar como campaña de prevención contra el sida.

Unos días antes había ido al estudio el cantante Diego Torres y para la foto de febrero había tomado una caipirinha bajo una nevada de azúcar. La Mona Jiménez era marzo entre la maraña de pelos de su cabeza, Juanse era noviembre respirando contra un vidrio empañado y Charly García estaba sentado en la contratapa con un vestido rojo y las piernas dobladas sobre una silla con alas de madera.

Esa tarde, mientras maquillaban y peinaban a Gustavo en el camarín, una vestuarista se acercó a mostrarle algunas opciones de ropa. La miró a través del espejo: tenía pelo castaño con reflejos rojizos, una nariz que parecía dibujada, ojos negros que atravesaban lo que miraban y una campera de Adidas con un stencil pintado en la espalda. Tenía un aire a Paola Antonucci.

Gustavo se probó un chaleco con un cuello de terciopelo y se quedaron charlando un rato. Se llamaba Sofía, tenía veinte años y, antes de empezar a trabajar como vestuarista, había pasado casi toda su vida en San Martín de los Andes. Aunque ella sabía quién era él, casi no había escuchado sus discos y no parecía tan impresionada por su presencia como el resto de la gente en esa producción, y eso a él le gustó.

—Qué buena campera —le dijo Gustavo un rato después, y durante el resto de la tarde no volvieron a hablar pero cruzaron miradas.

En la foto unas manos femeninas le tenían que acariciar la cara y revolver el pelo mientras él se mantenía imperturbable, atravesando la cámara con sus ojos celestes. Sofía se paró justo detrás de la fotógrafa, concentrada en que no se le corriera el maquillaje ni le desacomodaran demasiado la ropa y Gustavo jugó durante toda la sesión a devolverle la mirada, sosteniéndola de una forma cada vez más intensa.

Cuando terminó la producción salió con Oscar a tomar algo y no paró de hablarle de esta chica. Se había separado hacía cuatro meses, pero Gustavo no era un hombre que pudiera estar solo. Una conocida en común le pasó su teléfono y unos días más tarde Gustavo le escribió un mensaje de texto para invitarla a tomar algo. Sofía estaba en su casa y cuando lo vio sintió una mezcla de vértigo y miedo. Hacía tres años que estaba de novia con un músico de la zona oeste de Buenos Aires y, aunque atravesaban una especie de crisis, no estaba preparada para recibir en su celular un mensaje de una estrella de rock invitándola a salir.

Después de leerlo, Sofía le respondió de forma simpática pero evasiva. Algunas semanas más tarde Gustavo volvió a intentar, Sofía volvió a ser simpática y evasiva, pero al mes, una tarde que él estaba por Palermo, le volvió escribir y notó que ella le seguía el juego. La invitó esa noche a comer, ella le dijo que no se sentía bien, él le insistió un poco más, ella terminó cediendo y le contestó que podían tomar algo después de una comida que tenía con amigas en Rumi.

Esa noche, Gustavo pasó a buscarla a las doce en su camioneta y, mientras salía, Sofía se cruzó con unos amigos que se sorprendieron de que se estuviera yendo tan temprano. En general, el programa era ir a comer a Rumi y quedarse a bailar. La camioneta Honda de Gustavo no tenía vidrios polarizados y que la vieran irse con él le daba pánico, así que Sofía esperó que sus amigos entraran al boliche y recién después se subió.

Mientras se alejaban de Rumi por la avenida Alcorta, Gustavo le dijo:

—Vivo acá cerca, podemos ir a tomar algo a casa o ir a un bar.

Sofía pensó un segundo.

—No, mejor a tu casa —le contestó.

No iba a haber forma de estar en una mesa con Gustavo Cerati y pasar desapercibida.

La Casa Turrón estaba a seis cuadras de Rumi y, cuando llegaron, Sofía se sorprendió con los juguetes que tenía Gustavo desparramados como decoración en el living. Había muñecos, casas de plástico y hasta un teleférico que podía subir o bajar entre la escalera y el balcón del primer piso a través de un cablecarril. A ella ese pequeño mundo de fantasía le gustó, en su casa también tenía muñequitos por todos lados.

Mientras Gustavo preparaba unos camaparis con naranja en la cocina, Sofía se sentó en el sillón marrón del living. En San Martín de los Andes se había criado escuchando a Los Redondos y nunca había tenido ningún disco de Soda Stereo ni de Cerati y apenas conocía algunas de sus canciones. En la producción de fotos le había parecido que él podía tener unos cuarenta años y tampoco sabía que tenía hijos. El último verano, se había ido de camping con unos amigos a la montaña y uno había llevado varios discos, entre los que estaba *Siempre es hoy* y una noche habían jugado a cambiarle la letra a "Cosas imposibles". Ese había sido el único acercamiento en su vida a Cerati y, de pronto estaba ahí, en su living, mientras él llevaba unos camparis desde la cocina y ella estaba por dejar a su novio.

Cuando las nuevas canciones estuvieron listas, Gustavo decidió ampliar el grupo y sumó a viejos amigos a la grabación. Para tocar la batería en algunos temas convocó a Fernando Samalea, que había sido compañero suyo en Fricción! a mediados de los 80. Y para grabar las guitarras de los tracks más rockeros llamó a Richard Coleman, que había vuelto hacía unos meses a Buenos Aires después de varios años viviendo en Los Angeles y también estaba en una nueva etapa de su vida. Había seguido un programa de rehabilitación para dejar el alcohol, había vuelto a reunir a su grupo de rock alternativo Los 7 Delfines y se había separado.

Gustavo lo invitó a Unísono una tarde para mostrarle sus canciones nuevas y terminó pidiéndole que grabara unas guitarras y lo ayudara a escribir las letras de cuatro canciones: le gustaba la idea de reactivar la amistad creativa que habían tenido en los 80 para Soda Stereo y Fricción!

—¿Qué querés que haga? —le preguntó Coleman, después de escuchar los demos.

—Nos acabamos de separar, así que va a ser un disco de rock —le respondió.

Tweety González había sufrido un ataque al corazón, Coleman se había ido de su casa y Gustavo todavía estaba acomodándose de la separación de Deborah: eran una banda de corazones rotos. Un grupo de amigos que atravesaba las turbulencias los cuarenta encerrándose a tocar rock & roll para sanar sus heridas.

Benito visitaba el estudio varias tardes después del colegio, mezclándose entre los músicos y los asistentes. Ya tenía once años, estaba en sexto grado y había terminado de grabar *Amor a décima vista*, su tercer álbum casero.

Gustavo siempre le mostraba sus canciones nuevas porque le fascinaba ver sus reacciones, qué partes de los temas le llamaban la atención y, esta vez, fue un poco más lejos: uno de los días en los que le tocaba tener a Benito y Lisa con él, le dio un CD con la música para que escribiera algunas letras.

Benito se lo llevó a su cuarto, se encerró a escucharlo y unas horas más tarde volvió al living con varias canciones escritas. Gustavo fue pasando las hojas maravillándose con lo que leía, hasta que llegó a una que lo dejó helado. En "Adiós", un track tejido entre guitarras acústicas y eléctricas que iban cobrando una fuerza melancólica, Benito había escrito una frase que caía en el borde del estribillo y era perfecta:

Poder decir adiós es crecer.

Era una línea demasiado sabia para un chico de su edad y con una intuición pop muy profunda. También había otra con una imagen que le gustó tanto que la usó para el comienzo de la canción:

Suspiraban lo mismo los dos
y hoy son parte de una lluvia lejos.

En medio de esas sesiones, Gustavo llevó al estudio una balada que había compuesto en su computadora con él varios meses antes pero que no terminaba de convencerlo. Una noche de desvelo en un hotel de México, como no tenía instrumentos, había empezado a cortar con el Ableton los acordes menores del piano de un tema de Elvis Costello, después había buscado otra canción para samplear acordes mayores, los había afinado y había empezado a componer una melodía de piano inspirándose en "Jealous Guy", de

John Lennon, un tema que siempre le había encantado por cómo convivían en la fragilidad de esa línea de piano la parte naïf del amor con el costado más oscuro de los celos. Después sampleó una percusión, le agregó unas guitarras que sostuvieran la tensión y la guardó en su computadora con el nombre de "Robbie Williams".

En Buenos Aires la siguió trabajando con el nombre de "Celos" y se la mandó a Shakira por si quería incluirla en el disco que estaba componiendo. Una tarde se la hizo escuchar a sus músicos en Unísono y a Tweety le gustó tanto que se pasó la siguiente semana insistiéndole para que la usara en su disco.

—Es un hitazo, Gus, grabémosla, va a romper todo.

Gustavo sentía que esa balada rompía el clima rockero que imponían el resto de las canciones, pero Tweety logró convencerlo y la grabaron con el nombre de "Crimen".

En octubre cortaron las sesiones una semana para trabajar en cuatro canciones que Shakira le mandó a Gustavo para que las produjera. Eran temas que ya estaban terminados y habían pasado por las manos de varios productores, pero ella quería que él les diera su toque. Todos en Unísono tuvieron que firmar un contrato de confidencialidad para que el material no se filtrara y durante varios días se dedicaron a desarmar los tracks y construirlos de nuevo, cambiándoles el ritmo, la instrumentación, las melodías. A "Don't Bother" le bajaron el tempo hasta convertirlo en una balada, pero el día que Shakira visitó el estudio, la escuchó y, aunque le gustó, les dijo que en el álbum ya tenía demasiados temas lentos.

En esos días, Roberto Costa, director de la productora PopArt, le mandó un mail a Daniel Kon que decía: "¿Podemos hablar?"

8. Viaje en el tiempo

Después de la separación de Soda Stereo, el manager Daniel Kon se había casado con la dibujante Maitena y se habían ido a vivir a La Pedrera, en Uruguay, a una casa cerca de la playa. Sin embargo, aun en ese pequeño exilio, cada vez que algún empresario había empezado a jugar en su cabeza con la fantasía megalómana de reunir a Soda Stereo en esos ocho años desde el último concierto en River, siempre le escribían o lo llamaban a él.

Además de ser el último manager del grupo, Kon era casi el único que conocía la trama interna de egos, el frágil equilibrio en el que convivían, las razones de la separación y el mecanismo interno que podía volver a poner en funcionamiento a la estructura monumental en la que se había convertido Soda en su última época.

A comienzos de 2005, el empresario Daniel Grinbank lo había llamado para proponerle la reunión del grupo para el relanzamiento en abril de la marca de telefonía Movicom como Movistar. Pero si Gustavo, Zeta y Charly alguna vez se volvían a juntar, no iba a ser contrarreloj y con el grupo tan asociado a una marca.

Unos meses más tarde, en octubre, recibió el mail de

Roberto Costa y, en un viaje a Buenos Aires, quedaron para comer en el restaurante Oviedo, en Recoleta. Durante el almuerzo, el director de PopArt le planteó una oferta con números concretos. Durante todos esos años, Kon había escuchado propuestas fuera de escala, como que Soda volviera a juntarse para tocar en el estadio de Obras o que implicaban un operativo de organización de un par de semanas como el de Grinbank, pero el plan de Costa le sonó bastante ideal: prometía un regreso que pusiera al grupo por encima del lugar que ocupaba al separarse, con tiempo para prepararlo a la perfección y un tour por todo el continente. Aunque Charly Alberti intentaba volver a la música con su grupo Mole y Zeta estaba volcado a sus programas de radio y televisión, Kon sabía que ellos estaban predispuestos para que Soda se reuniera alguna vez. El problema era Gustavo.

Él había empujado la separación del grupo, había construido una carrera solista continental y cada vez que en una entrevista le preguntaban por una futura reunión de Soda se mostraba desinteresado; pero ya habían pasado ocho años y Kon no perdía nada con preguntarle.

Un mediodía lo invitó a comer a La Parolaccia, un restaurante italiano sobre la avenida Libertador, cerca de su casa del Bajo Belgrano, y durante esa charla le contó los detalles del plan que le había propuesto Costa. Para su sorpresa, Gustavo se mostró más receptivo que de costumbre a la idea de un posible regreso, sólo que estaba en medio de las grabaciones de su disco nuevo. Si volvían, iba a tener que ser después del lanzamiento y la gira que llevara adelante. Además, antes que nada, quería que la reunión del grupo empezara con un reencuentro con Charly y Zeta después de años sin cruzarse. Le habían quedado grabadas las palabras que Andy Summers le había dicho cuando había viajado a Los Angeles a grabar un tributo a The Police: cuando se había vuelto a juntar con Sting y Stewart Copeland, las razones por las que se habían separado afloraron a los cinco minutos.

Había otra cosa más. Le preocupaba cómo iba a ser leída la vuelta del grupo por la gente. No quería que pareciera que lo hacían por la plata ni porque su carrera solista no había alcanzado la popularidad que esperaba: el regreso tenía que tener un *timing* perfecto.

Gustavo y Sofía viajaron a Cancún a pasar Año Nuevo. Después de unos días de playa en un hotel cinco estrellas, alquilaron un auto y fueron a Tulum. Desde las primeras giras con Soda, Gustavo se había ido volviendo un fanático y un especialista de México, conocía todos los puntos turísticos, las playas, las ruinas y le gustaba llevar a sus novias a conocer los rincones que más le gustaban. En medio de las giras del trío, con Paola y Cecilia se había escapado a Tulum de luna de miel.

Después de recorrer las ruinas de la vieja ciudad amurallada de los mayas, bajaron por la costa de la península de Yucatán siguiendo el camino de la Riviera Maya, y tomaron una ruta hacia el oeste rumbo a Chiapas. Los días siguientes cruzaron con el auto caminos de cornisa envueltos en una niebla cada vez más densa y pesada que parecía aplastar las cosas, viendo sólo un metro de ruta por delante, subiendo hacia Chiapas.

En Palenque, un pueblito construido en medio de la selva y rodeado de ruinas mayas, se encontraron con que estaba el Subcomandante Marcos a punto de hablar en la plaza central y se acercaron a escucharlo. A Gustavo la figura de Marcos le despertaba mucha intriga, había leído una biografía y le atraía el misterio de esa vida en los campamentos zapatistas, su pasado como estudiante de filosofía, la vida en la selva, esa especie de país mítico, casi de fantasía, que había creado al sur de México. Conocía todas las teorías sobre él, desde dónde había nacido, si era argentino, cuántos hijos tenía, ese look tan icónico y pop de la cara cubierta, fusil y una pipa.

Mientras atravesaban Chiapas, a Gustavo le empezaron a doler las piernas. A la noche, en los hoteles en que paraban a dormir, Sofía le hizo masajes varias veces, pero el tirón no cedía. Más adelante, en San Cristóbal de las Casas, un pueblo colonial de veredas angostas y altas rodeado de montañas y colinas, donde la revolución zapatista dio su primer golpe tomando el Palacio Municipal en 1994, los detuvo un retén del Ejército Zapatista de Liberación Nacional para revisarlos y, unos días después, volaron en una avioneta hacia la isla de Flores, en Guatemala. Desde ahí fueron a las ruinas mayas de Tikal y una tarde se quedaron en lo alto de un templo viendo cómo llegaba la noche desde la selva, escuchando a los pájaros, los insectos y el ruidos de los monos saltando entre los árboles mientras una luna llena crecía sobre la selva.

A la vuelta pasaron una semana por Uruguay. La casa de Punta del Este ya estaba casi terminada, así que aprovecharon para comprar algunos muebles en Maldonado y una de las primeras noches que durmieron ahí la bautizaron Casa Camaleón. En marzo, Gustavo retomó las grabaciones y terminó las letras que le faltaban. También decidió que el álbum se iba a llamar *Ahí vamos*, una frase que habían empezado a repetir como una arenga durante las sesiones en el estudio.

Una de esas noches, después de pasar el día encerrado en Unísono, fue a comer con Sofía a Edelweiss, un restaurante tradicional de la zona de teatros de Buenos Aires. Todavía hacía calor. Cuando les trajeron la comida, Gustavo empezó a sentir una puntada que le atravesaba el pecho y lo dejó doblado en la mesa. El dolor era tan agudo que se asustó y le pidió a Sofía que lo llevara a una guardia, dejando los platos sin tocar.

Sofía, que nunca manejaba, aceleró cruzando el centro de la ciudad en el Mini Cooper hacia la clínica Suizo Argentina en Recoleta, pasando semáforos en rojo, con Gustavo agarrándose el pecho en el asiento del acompañante, dolorido y asustado, creyendo que podía ser algo en el corazón, o tal vez en los pulmones.

Después de que le calmaran el dolor, Gustavo volvió a su casa y se pasó las semanas siguientes haciéndose chequeos para descubrir qué era lo que había tenido y a fines de marzo viajó a Estados Unidos para mezclar el disco.

Ahí vamos salió a la venta en los primeros días de abril y "Crimen" fue un golpe radial perfecto que lo puso otra vez en el centro de la discusión. El regreso de Cerati a los charts era con una balada al piano que se electrificaba lentamente, a medida que la letra desplegaba su conflicto narrativo —una autopsia pop sobre el cadáver de una relación que sonaba como un ajuste de cuentas con Deborah— y que terminaba rompiéndose en un estribillo distorsionado de guitarras que convertían el dolor en una melodía ascendente.

Si *Bocanada* y *Siempre es hoy* habían sido movimientos para alejarse de Soda Stereo explorando los límites electrónicos de la canción pop, *Ahí vamos* marcaba un regreso a los estribillos de vocación radial y al rock de guitarras de *Canción animal* y *Dynamo*. Gustavo había ido en busca de cierto clasicismo, recuperando intensidad, distorsión y melodías pop de alcance masivo; había ido en busca de la consagración definitiva de su carrera solista.

"*Ahí vamos* es una buena frase para bautizar un disco de resurrección personal, encierra el sabor de la arenga interna y funciona hacia afuera como la voz de mando que aprueba el resultado del ensayo. Esa sensación de prueba y error, transmisión sanguínea y sudor valvular, y toda la liturgia que esconde el laboratorio de un disco sin tanta presencia digital desembocaron en el trabajo más convincente de Gustavo Cerati en años", escribió el crítico de *Rolling Stone* Oscar Jalil. "Las letras de *Ahí vamos* caminan por el despecho, los amores infieles y una esperanza sentimental que sostiene el lenguaje de un letrista más musical que poético. 'El tiempo es arena en mis manos' es la sentencia urgente que mejor pinta el regreso a la central eléctrica Cerati y a esa energía pop que parecía adormecida."

Mientras "Crimen" sonaba en todas las radios, durante la primera semana de abril Gustavo empezó el rodaje del videoclip. La idea fue una representación literal de la canción, llevándolo todo hacia un film *noir* de los años 50 en el que el final de una relación se convertía en un caso policial, con Gustavo en la piel de un detective peinado a la gomina y con un traje azul eléctrico.

Para filmar los exteriores usaron como locación una calle empedrada de Barracas, bajo uno de los puentes del ferrocarril Roca. Tenía que ser una toma nocturna, así que fueron al final de la tarde y estuvieron varias horas en el set. Durante la filmación, a Gustavo volvió a dolerle una pierna y se pasó casi toda la tarde aguantando para cumplir el cronograma, pero mientras rodaba una de las últimas tomas, en la que debía caminar hacia su Chevrolet Bel Air para ir a resolver el crimen, no pudo más y tuvo que cortar.

Oscar Roho, que estaba a cargo del peinado fijado con spray, lo acompañó en una combi de la producción hasta la clínica Suizo Argentina: era su segunda visita a la guardia en menos de dos meses. Los médicos le hicieron varios exámenes para descartar que fuera un problema circulatorio, que era la peor hipótesis, pero a medida que le hacían resonancias magnéticas, tomografías, ecografías y análisis de sangre buscando diagnósticos más benignos, les fue quedando claro que se trataba de una tromboflebitis: una vena se le había inflamado a causa de un coágulo.

Que ese cuadro se diera en alguien de su edad era grave más allá de la gravedad del diagnóstico: ese mismo coágulo viajando al corazón podía provocar un infarto y en el cerebro un ACV. Gustavo quedó internado, conectado a máquinas de monitoreo y asustado. Era la primera vez que su cuerpo le ponía un límite real. La ilusión de juventud eterna en la que vivía acababa de romperse.

Nunca había sentido la edad que realmente tenía, se sentía un espíritu joven flotando en un cuerpo que le respondía, pero de pronto estaba ahí, internado en una cama de terapia intensiva, con doctores diciéndole que la cantidad de vuelos que tomaba en las giras era un factor de riesgo muy grande para su sistema circulatorio, que el humo de los cigarrillos le quitaba oxígeno a la sangre aumentando la coagulación, que la adrenalina y la deshidratación que sufría en los shows también podían contribuir a ese cuadro, que la falta de ejercicio era decisiva y que de alguna manera había tenido suerte, ese coágulo podría haberlo matado.

Después de pasar dos noches en observación, Gustavo volvió a su casa y estuvo dos semanas en reposo, sin levantarse de la cama. Si se movía, otro coágulo en la pierna podía desprenderse antes de que los remedios volvieran a regular su coagulación y el torrente sanguíneo podía arrastrarlo hacia el corazón o los pulmones.

Mientras rodaban las tomas que faltaban con un doble, su producción reprogramó para mediados de junio los shows planeados en mayo para presentar *Ahí vamos* en el estadio de Obras Sanitarias y la noticia enseguida se filtró a los medios. "Preocupación por la salud de Gustavo Cerati", publicó el diario *Infobae*, el 19 de abril. "Sufrió una descompensación y fue llevado de urgencia a la clínica Suizo Argentina."

En su casa, Gustavo pasó esos días mirando con Sofía los capítulos de las dos temporadas de *Twin Peaks* y todos los DVD de una colección de películas de Stanley Kubrick que se había comprado hacía poco. Su madre, sus hermanas y sus amigos más cercanos iban todos los días a visitarlo. *Ahí vamos* ya era Disco de Platino, había vendido 40 mil copias el día que llegó a las disquerías.

La enfermedad de su padre había sido su primer gran encuentro con la muerte. Juan José había muerto de un cáncer de pulmón y al principio Gustavo había sufrido ataques de pánico en los que sentía que se asfixiaba. Con el tiempo, esas secuelas desaparecieron y le dieron lugar a un miedo más grande: desde entonces temía morir también de cáncer de pulmón y se había empezado a hacer exámenes periódicos que siempre le daban bien. Pero esto era real: estaba postrado en su cama, asustado, sin poder moverse. En unos meses iba a cumplir 47 años y, de repente, tenía la certeza de que la vida que había llevado hasta entonces podía matarlo.

Los médicos le recetaron una dieta de anticoagulantes que tenía que tomar todos los días, unas viandas de comida naturista para mejorar su alimentación y que dejara de fumar. Todas las mañanas empezó a hacer ejercicio con un personal trainer y se armó un pequeño gimnasio en su casa con una cinta para caminar y una bicicleta fija. Su abuelo paterno había muerto por problemas circulatorios, tenía que cuidarse.

A las pocas semanas, la salida de *Ahí vamos* lo obligó a retomar su vida de giras y shows, aunque el diseño de los viajes empezó a centrarse en tomar la menor cantidad de vuelos posibles. En julio Gustavo le dio una entrevista a una periodista del diario *La Nación* y se mostró todavía afectado por la trombosis.

—Me pegué tal susto que pasé a ser un fumador que por ahora no fuma más —dijo—. Cuando la alarma suena, uno empieza a revisar lo que venía arrastrando desde hacía tiempo. Hace mucho que quería dejar de fumar, hace mucho que quería cambiar el tipo de alimentación, hace mucho que quería empezar a mover mi cuerpo. Sonó la alarma y tuve que decir basta, porque la próxima vez puede ser más fuerte. Es mejor durar que arder.

Antes de que sucediera, en la letra de "La excepción" había escrito exactamente eso:

Hoy hagamos la excepción de estirar la cuerda
y que durar sea
mejor que arder, mejor que arder

El desencadenante de la trombosis estaba relacionado con su modo de vida pero también con el paso del tiempo: no faltaba demasiado para que Gustavo llegara a los cincuenta, aunque fuera imposible imaginarlo envejecer. Había algo atemporal en él, un porte, una sensualidad, una genética que lo habían mantenido casi fuera del tiempo y él siempre se había encargado de alimentar esa imagen: ser una estrella de rock era una manera de ser joven para siempre.

Mientras Gustavo daba entrevistas sobre su nuevo álbum, su estado de salud y seguía negando un posible regreso de Soda alguna vez, en secreto se empezaba a desplegar un operativo a través de Daniel Kon, Roberto Costa y el estudio de abogados Baker and McKenzie para preparar el primer borrador de un contrato que volviera posible ese regreso. Varias placas tectónicas parecían estar moviéndose a la vez y de forma contradictoria: en el momento en que su sistema circulatorio había estado a punto de colapsar obligándolo a tomar conciencia de su edad y de la fragilidad de su salud, la vuelta de Soda Stereo llegaba como un ticket de regreso a su juventud justo cuando parecía estar perdiéndola, una forma de escaparse del presente.

A comienzos de agosto tuvo que volar a Estados Unidos para una breve gira que empezaba con un concierto gratuito en el Central Park y, en el camino al aeropuerto de Ezeiza, un periodista de *Rolling Stone* lo entrevistó para una nota de tapa. Durante ese viaje por autopista, Gustavo reflexionó sobre su vida como estrella de rock desde un costado existencial y dijo frente al grabador que hacía tiempo que se consideraba un sobreviviente.

—Me encuentro con gente de mi edad, tipos como Pettinato o Mollo, a quienes conozco de la época de Sumo, gente cercana, que crecimos juntos en la popularidad, y realmente somos sobrevivientes. Siento un poco eso. Te metiste de todo y seguís forzando la máquina.

Soda Stereo había empezado a infiltrarse en la escena musical de Buenos Aires compartiendo escenario en los sótanos de Buenos Aires con Virus, Sumo y Los Abuelos de la Nada a comienzos de los 80 y, a finales de la década, los cantantes de esos grupos ya estaban muertos, convirtiéndose en mitos. Él, sin embargo, parecía haber entendido muy temprano la idea del pop como un artificio, en vez del espíritu sacrificial que el rock parecía haberles reclamado a muchos artistas. Gustavo había escuchado las alarmas y su relación con las drogas siempre había sido parte de su curiosidad por experimentar; era consciente de los peligros y nunca había estado a la deriva aunque, cada tanto, se dejaba arrastrar por el canto de las sirenas.

—En los 80 realmente hubo descontrol, porque todavía no veíamos los efectos nocivos de la situación ni teníamos clara la situación en sí: el mercado era algo nuevo —dijo—. A lo largo de los años he jugado con el abuso y con la constricción en varias oportunidades. Sucede que algunos hemos tenido mejores niveles de alarma.

Cuando llegaron al aeropuerto se compró varias revistas del corazón para hojear durante el vuelo. Tantos años de viajes en avión habían tenido otro daño colateral además de los problemas circulatorios: había terminado desarrollando una fobia a volar. Taverna la combatía con cursos para perder el miedo y calmantes que lo hacían dormir durante todo el viaje, pero él no quería tomar nada, así que se compraba revistas para distraerse leyendo y siempre pedía ventanilla para viajar mirando para afuera. Desde la trombosis, además, había sumado el ritual de inyectarse anticoagulantes en la panza antes del despegue y durante los vuelos tenía que levantarse y caminar por los pasillos del avión el mayor tiempo posible.

La entrevista con *Rolling Stone* siguió en Nueva York, en un restaurante naturista en el *downtown* de Manhattan, en el que Gustavo pidió una hamburguesa vegetariana pero que no tuviera soja porque le traía problemas de coagulación, y habló de cómo experimentaba el paso del tiempo en su cuerpo.

—No tengo edad —dijo mientras comía su hamburguesa—. No siento que tenga edad.

Al final de la gira por Estados Unidos, el grupo volvió a Buenos Aires y Gustavo se quedó unos días solo en Nueva York. Necesitaba pensar. Aunque con sus amigos se mostraba seguro de sí mismo y en las entrevistas hablaba de la trombosis como una alarma que lo había hecho despertar y tomar conciencia de su edad y su ritmo de vida, estaba en crisis.

Su relación con Sofía había crecido, convirtiéndose en un verdadero amor, pero en su vida de estrella de rock la monogamia era casi una utopía y odiaba lastimarla. *Ahí vamos* era el mayor éxito de su carrera solista y, por debajo, el operativo de regreso de Soda Stereo prometía una consagración todavía mayor para su obra y un *déjà vu* a los años de la explosión de la sodamanía en todo el continente. Mientras estaba de gira, volvía a adaptarse a esa forma de vida y se encontraba saliendo a la noche, volviendo con chicas al hotel, rodeado de gente más joven, y a veces no podía evitar sentirse a un poco patético. Antes de la trombosis no había tenido una conciencia real de su edad; por primera vez se enfrentaba a lo que significaba envejecer: tenía sus primeras canas, un menú de pastillas diarias, un historial clínico, una novia a la que le llevaba casi veinticinco años.

Cuando volvió a Buenos Aires, el regreso de Soda Stereo tuvo su primer hito. Aunque el operativo del regreso estaba cada vez más avanzado, había una parte fundamental que faltaba probar: que Gustavo, Zeta y Charly volvieran a verse las caras, solos los tres, y ver qué sucedía. En septiembre de 2006 se reencontraron un mediodía en la casa de Charly en Vicente López. Después de almorzar, se quedaron charlando y la reunión que iba a durar una hora terminó durando cinco. A la tarde, cuando se despidieron, el regreso de Soda Stereo estaba sellado.

En octubre se firmó una carta de intención y a fin de año se firmó el contrato que definió que los ensayos, el anuncio y la gira de regreso iban a llevarse adelante en los últimos meses de 2007, después de que Gustavo concluyera la gira de *Ahí vamos*. Además, esa fecha coincidía con los diez años de la separación.

En enero de 2007 Gustavo pasó su primer verano en la chacra de Punta del Este y se dedicó a decorarla con Sofía. El proyecto de la casa en Uruguay se había convertido en la construcción de su paraíso privado. Después de la trombosis había empezado a pensar seriamente en cambiar su forma de vida y, por momentos, se imaginaba yéndose a vivir ahí, o por lo menos pasando varios meses al año en medio del bosque y frente a la laguna, en las afueras de José Ignacio, lejos de todo.

Quería comprarse unas acuarelas y volver a pintar. A Sofía le había empezado a hacer unos dibujos y deseaba reconectarse con ese costado creativo de su infancia, armarse un atelier en Uruguay. En Buenos Aires se sentía casi obligado a hacer una vida de estrella de rock, algo en la ciudad lo empujaba a salir casi todas las noches y quería escaparse de eso, aunque la fantasía le durara solo unos minutos.

Durante ese verano en Punta del Este tocó en el Medellín Polo Club y después del show organizó una fiesta en su casa. Era la inauguración oficial y decidió bautizarla volviendo a tocar con su banda en el living. Oscar Roho, Emmanuel Horvilleur y Leandro Fresco pasaron unas semanas con él.

El campo de Shakira quedaba por el mismo camino que el suyo y, ese verano, varias tardes Gustavo fue a visitarla con uno de los caballos que le había regalado el empresario Jorge *Corcho* Rodríguez, que por esos días estaba en pareja con Susana Giménez. En un granero Shakira había armado un pequeño estudio y se encerraban a zapar durante horas, ella sentada en la batería y él tocando la guitarra, mientras a un par de kilómetros los paparazzis perseguían famosos en las playas.

El éxito de *Ahí vamos* alcanzó su clímax en marzo de 2007, cuando el gobierno de la ciudad invitó a Gustavo a dar un concierto gratuito en la plaza de Figueroa Alcorta y Pampa. Su nuevo disco lo había vuelto a coronar en el corazón del mainstream y unas 150 mil personas fueron a Palermo a ver su show.

Unos días antes, Gustavo llamó a Luis Alberto Spinetta para invitarlo a tocar un par de canciones con él. Varias veces habían estado a punto de concretar una reunión arriba de un escenario, pero nunca se había dado.

—Sí, Gus, esta vez lo hacemos —le contestó Spinetta, cuando lo llamó—, es muy grosso que me hayas invitado.

Spinetta fue a Unísono y, mientras ensayaban "Bajan", se dio cuenta de que en uno de los versos Gustavo cantaba "el día es tibio sin sol" en vez de "el día es vidrio sin sol". Para no incomodarlo, esperó que terminara el ensayo y, antes de irse, se acercó a Taverna y le dijo que le avisara que la letra decía "vidrio" y no "tibio". Ese día, cuando se quedaron solos en el estudio, Taverna juntó fuerzas para decírselo, sabiendo que Gustavo se iba a morir de la vergüenza. Cuando finalmente se lo dijo, Gustavo se tapó la cara y empezó a repetir avergonzado:

—¡No, no, no, no! Encima lo grabé mal en el disco...

El día del show, cuando estaba oscureciendo, después de terminar de tocar "Me quedo aquí", Gustavo miró la marea de gente que tenía enfrente y, después de maravillarse por lo que estaba pasando, dijo:

—Acá en el escenario va a pasar una cosa muy grande. Muchos saben la admiración y la pasión que siento por este artista. Voy a invitar aquí a Luis Alberto Spinetta.

Al día siguiente era domingo y Gustavo fue a lo de su

madre. Después de comer, atendió el teléfono para darle una entrevista al diario *La Nación* desde el living de la casa.

—¡Fui tan feliz! Terminé el concierto, y la verdad es que lo sentí como el mejor show de mi vida —le dijo al periodista—. Por la magnitud de todo, por la presencia de Luis, por cómo tocamos, por la respuesta de la gente... Fue una noche perfecta. Me costó mucho dormirme, quedé en un estado de flotación muy raro y necesité mucho tiempo para bajar la energía.

En abril Gustavo arrasó en los Premios Gardel ganando en ocho categorías, incluido el Gardel de Oro, y en mayo voló a Puerto Rico, República Dominicana, Panamá y México. Mientras tanto, en Buenos Aires Roberto Costa y Daniel Kon se encontraron en el estadio de River durante un show de Bersuit para pautar las fechas de una posible gira de doce shows en Latinoamérica que empezara ahí, en Núñez.

Cuando Gustavo volvió a Buenos Aires, decidieron que el domingo 10 de junio iban a anunciar oficialmente el regreso de Soda Stereo. Gustavo había visto el show de la pirámide de Daft Punk en un Personal Fest y a Nine Inch Nails en el Luna Park y le habían encantado las puestas en escena. Le pidió a Kon que averiguara quiénes eran los encargados del montaje de esos shows y resultó que era la misma persona: Martin Philips. La semana siguiente, dos asistentes viajaron a Nueva York para entrevistarse con él y aceptó diseñar el escenario de Soda. Mientras tanto, en Buenos Aires, Alejandro Ros trabajaba en el diseño de la campaña gráfica del regreso.

Cuatro días antes de la fecha pactada, la noticia se filtró en los medios a través de un cable de la agencia Télam y fue imparable. El lunes 11 se pusieron en venta las entradas para los dos primeros River y en dos días se agotaron 90 mil tickets que los empujaron a agregar una fecha más.

Todo eso estaba empezando a suceder sin que todavía hubiera pasado lo más importante: que Gustavo, Zeta y Charly se encerraran en una sala de ensayo después de más de diez años, que volvieran a tocar juntos. Que volvieran a ser Soda Stereo.

Durante ese tiempo, Gustavo no había parado de tocar y su carrera solista había mantenido la dimensión continental de Soda, pero Charly y Zeta casi no habían continuado sus carreras musicales y era un enigma cómo iba a funcionar la química. Charly se había dedicado a llevar adelante proyectos ligados a internet y aunque había formado Mole y había sacado un disco, tocar la batería ya era una actividad lateral. En esos meses de preparativos, volvió a tomar clases para recuperar el ritmo y después se había ido de vacaciones a la Patagonia, pero la ansiedad era tan grande que terminó volviéndose antes a Buenos Aires y se encerró en su casa a practicar todos los temas de Soda. Zeta estaba abocado a producir grupos y tenía un programa de televisión en el que recorría festivales. Conservaba el anvil con su equipo de bajo en el quincho y durante esos años lo había tenido junto a la parrilla, usándolo para apoyar la tabla donde cortaba la carne cuando hacía un asado.

En julio, mientras todo se ponía en movimiento, Gustavo voló a Europa para tocar con Shakira "Día especial", el tema que habían compuesto juntos, en las ediciones del festival Live Earth en Alemania y Turquía.

—Quiero presentarles a un gran amigo, un artista increíble —dijo Shakira sobre el escenario del HSH Nordbank Arena de Hamburgo, la tarde del 7 de julio, antes de que Gustavo subiera al escenario vestido con un traje celeste, remera roja y su guitarra Gibson ES 355 color cherry—. El cantante de una de mis bandas preferidas en todo el mundo, Soda Stereo. Damas y caballeros, ¡Gustavo Cerati!

Después, volaron a Estambul y tras el show Shakira lo invitó a navegar con unos amigos en un velero por el mar Egeo hasta Grecia. Al final de la travesía, Gustavo le regaló un espejo recubierto en lapislázuli que había comprado en una de las islas en la que habían amarrado y, durante mucho tiempo, Shakira se preguntó qué esperaba él que ella viera de sí misma en ese espejo.

Del viaje Gustavo volvió con una bandera de Turquía que colgó en el control de Unísono, arriba de la consola. Le gustaba que la luna menguante blanca sobre el fondo rojo de la bandera también pudiera ser una "C" de Cerati y la estrella blanca una especie de destino.

Los ensayos finalmente empezaron en Unísono en agosto. El primer día, Barakus fue a media mañana a abrir el estudio y se lo encontró a Charly parado en la puerta, esperando ansioso. El ensayo estaba pactado para después del mediodía, pero Charly había llegado tres horas antes. Durante esa primera semana se juntaron los tres solos en la sala a escuchar otra vez los discos: querían volver a tocar las versiones originales de los temas. El regreso de Soda Stereo empezaba como había empezado el grupo, con ellos tres juntándose en una sala a escuchar música. Aquella primera vez había sido para escuchar los discos de

The Police, ahora eran sus propios discos. Y aprender otra vez a tocar esas canciones que habían compuesto veinticinco años atrás.

En esos primeros días Gustavo fue a tomar algo al hotel Faena y un amigo le preguntó cómo iban los ensayos.

—Somos la peor banda de covers de Soda —le contestó—. ¡Sonamos horrible!

Con el paso de los días, sin embargo, la química se empezó a acomodar y en la segunda semana se sumaron a los ensayos Tweety González, Leo García y Leandro Fresco.

A mediados de septiembre, Gustavo, Zeta y Charly dieron una conferencia de prensa en el boliche Museum, en San Telmo, que convocó a medios de toda Latinoamérica. Después de un video que reconstruía la historia del grupo, aparecieron los tres sobre el escenario y empezó a sonar el bajo robusto de Zeta para "Sobredosis de TV". Gustavo tenía una chaqueta de cuero, corbata y pantalones rojos. Zeta estaba vestido de negro y tenía un sombrero gris. Charly tenía camisa blanca, corbata y chaleco.

Esa noche también tocaron "En la ciudad de la furia" y contestaron algunas preguntas de los periodistas.

—Es una suma de situaciones —dijo Gustavo, cuando les preguntaron las razones para volver a juntarse—. Se habló mucho de las propuestas, que obviamente siempre existieron. Pero realmente en lo personal, me hago cargo de lo que a mí me pasó particularmente, sentí que era un buen momento para celebrar diez años. Yo había venido tocando mucho como solista y había, de alguna manera, terminado con una gira muy extensa. Me pareció que se daba en un buen momento. Por un lado eso, por otro lado hubo una serie de encuentros entre nosotros y fue floreciendo esa posibilidad. La otra cosa tiene que ver con mis hijos. Me gustaba la idea de que mis hijos vean a Soda Stereo alguna vez.

Después de cinco shows en el estadio de River, dos en Chile y uno en Ecuador, el 9 de noviembre, el noveno de los veintidós shows de la gira de regreso de Soda Stereo agotó los tickets del Estadio Universitario de Monterrey, donde juegan de locales los Tigres. Esa noche, 32 mil personas fueron a ver al grupo, convirtiéndose en la banda de rock en español más convocante en la historia de la ciudad.

La crew de Soda estaba alojada en el hotel Camino Real, un cinco estrellas ubicado en Valle Oriente, el barrio más caro. A la tarde, después de la prueba de sonido, Cerati bajó a la pileta del segundo piso del hotel, un largo rectángulo rodeado de paredes ocres y una terraza de piso de cerámica con reposeras acolchadas para quedarse dormido. Tenía puesta una remera celeste que decía "No me voy a morir". Era un miércoles y el calor era soportable. Después de sacarse la remera y dejarla en una de las reposeras con una toalla que le habían dado, se metió al agua.

Al rato también bajó Taverna y estuvieron hablando un rato sobre la lista de temas y algunos detalles técnicos del show de la noche, se quedaron flotando en el agua en silencio. Eran los únicos huéspedes en la pileta. Los stages estaban dejando los equipos a punto en el estadio. Habían pasado sólo cuatro meses del final de la gira de *Ahí vamos*. Zeta y Charly descansaban en sus habitaciones.

—No se te va a ocurrir salir de gira cuando volvamos, ¿no? —le preguntó Taverna, acodado en el borde de la pileta—. No vas a querer hacer otro disco ahora, ¿no?

—No... Estás loco —le respondió Cerati.

—Igual, un par de ideas tendrás.

—Y, algunas ideas tengo...

La gira de regreso de Soda Stereo recién empezaba y ya

estaba siendo un éxito por encima de cualquier proyección, pero mientras llenaban estadios, la cabeza de Cerati estaba fuera de la burbuja, dándole vueltas a ciertas ideas para su siguiente disco solista. Mientras viajaba al pasado, su mente seguía enfocada en el futuro.

El *déjà vu* duró dos meses y terminó otra vez en River el 21 de diciembre. En total, fueron seis shows con los que Soda batió el record que en 1995 habían marcado los Rolling Stones llenando cinco veces el estadio.

A fines de diciembre, después de esa excursión al pasado, Gustavo se separó de Sofía y se tomó vacaciones.

9. Ciencia ficción

Su propio golpe lo despertó.

Esa noche se había quedado hasta tarde mirando la segunda temporada de *Lost* y la tele estaba prendida como una marea liviana y azul. Estiró la mano y prendió el velador. Algo lo acababa de picar en el hombro y se había pegado un manotazo para matarlo. El mar estaba a un kilómetro pero era una presencia áspera en el aire, en la textura de las cosas. Del otro lado de la cama dormía Lisa, que había subido a su cuarto asustada por la invasión de arañas y alacranes en la planta baja.

Entre las sábanas, Gustavo vio al bicho que acababa de matar: un insecto con forma de cucaracha y rayas amarillas en el caparazón. Cuando era chico, en el patio de su casa jugaba a derretir soldaditos con una lupa para atrapar hormigas en pequeños charcos de plástico caliente. Lo agarró del caparazón, lo miró de cerca, lo dejó en la mesa de luz y, antes de volver a apagar el velador, se fijó la hora en su BlackBerry.

Era fines de septiembre de 2008 y en Punta del Este la vida se reducía a las siete cuadras céntricas de la avenida

Gorlero, con las confiterías para tomar café a la tarde, las librerías de saldo, algunas casas de cambio, turistas abrigados, taxis paseando lentos a la caza, el mar rodeando la ciudad como una vaga amenaza de naufragio y el pequeño universo encapsulado del hotel Conrad, con los huéspedes en trance frente a las máquinas tragamonedas, esperando tres frutas iguales como una señal, un segundo de orden en el caos.

Su chacra estaba a treinta kilómetros de la Punta, alejada de los balnearios por la ruta que bordea el mar. Habían sido unos días horribles, pero en el campo las tormentas retenían cierta belleza en su electricidad, en el mar avanzando sobre las casas vacías de José Ignacio, los árboles caídos bajo un cielo húmedo, el viento como una música filosa. Gustavo se había llevado una guitarra acústica, un pequeño teclado, un sintetizador con efectos vocales y había empezado a trabajar en algunas ideas de canciones para su nuevo disco, grabando melodías de voz en una fonética vacía, esperando que la música le sugiriera su propia semántica.

Por primera vez en su carrera tenía una idea clara de la trama general que atravesaría al disco antes de empezar. El regreso de Soda Stereo había sido un viaje en el tiempo a sus años de estrella de rock durante la explosión continental de la sodamanía a mediados de los ochenta y quería recrear en las canciones esa sensación de extrañamiento y familiaridad frente a algo, que el disco funcionara como un viaje en distintas dimensiones, una road movie temporal y sensorial, un viaje externo y a la vez interno, terrestre y cósmico, una confusión con sentido, un espejismo de folk, blues y psicodelia con información del futuro.

Después de terminar de mudarse a una nueva casa en Vicente López, más cerca de Benito y Lisa y de Unísono, empezó a trabajar con la computadora, pero quería que el paisaje invadiera las canciones, así que viajó a Uruguay con sus hijos aprovechado la semana de vacaciones de primavera en el Florida Day School. Y la música fue creciendo e imantándose con la atmósfera de esos días, solos en el campo, viendo cómo Benito y Lisa iban y venían con sus laptops por la casa, caminando por el borde de la adolescencia con languidez y malhumor, los almuerzos en el único restaurante abierto de José Ignacio, la mitología errática de los capítulos de *Lost*, la picadura infectándose en su hombro y las tardes enteras encerrados en esa casa de estilo mexicano que él mismo había dibujado, en medio de la nada, mientras afuera estallaban las tormentas: una zona de confort en el ojo del huracán, como sus canciones.

En Buenos Aires la picadura le siguió molestando y empezó a preguntarse qué insecto era el que lo había picado. Una tarde en el estudio, abrió su Mac y escribió en Google una descripción de lo que se acordaba: caparazón negro, rayas amarillas, parecida a una cucaracha. La primera imagen que apareció fue la de una vinchuca: idéntica al bicho que había matado. Enseguida pensó en su abuelo materno. Eduardo Clarke había muerto cuando él tenía seis meses de un paro cardíaco mientras dormía, supuestamente a causa de un diagnóstico tardío de mal de chagas unas semanas después de atenderse en el Hospital Británico.

La trombosis había sido una señal de fragilidad de su cuerpo. Después de la internación una periodista le había preguntado si le temía a la vejez.

—Cuando lo pienso en perspectiva, sí —le contestó—. Enseguida pienso en los achaques que te pueden aparecer. La verdad es que hoy me siento mucho mejor que tiempo atrás. La vida te va ofreciendo perspectivas más amplias. Pero en cierta forma ese espíritu adolescente no cesa, y sigo en esto por la misma razón por la que empecé. El tiempo en este aspecto parece no pasar, mientras que sí transcurre en otros aspectos, y deja residuos, experiencias.

Aunque había retomado su ritmo de vida y fumaba otra vez casi dos paquetes por día, había quedo asustado. Una picadura podía alterarlo. Después de ver la foto de la vinchuca en Google, empezó a buscar información sobre los síntomas del chagas para chequear si estaba sufriendo alguno sin darse cuenta. En internet decía que la enfermedad podía tardar años en manifestarse. Los síntomas pasaban desapercibidos porque la fiebre, la diarrea y los vómitos se asocian a intoxicaciones o estados gripales. En general, leyó, la enfermedad se volvía crónica y los síntomas aparecían diez o veinte años después como problemas cardíacos, arritmias, infartos o haciendo crecer el corazón.

Después de leer todo eso, empezó a dar vueltas en su estudio nervioso, pensando que tal vez la enfermedad se estaba incubando dentro suyo de forma invisible. Entonces, decidió llamar a los caseros de su chacra para preguntarles si había vinchucas.

—No, qué vinchuca, lo que te picó es otra cosa —le contestó el casero, tranquilizándolo—. Además, si la vinchuca te pica no te das cuenta.

Gustavo pasó lo que quedaba de septiembre y octubre encerrado en Unísono. Mientras componía, dentro del estudio era un animal solitario. Podía pasar días enteros metido ahí sin ver a nadie. Durante esas semanas no tocó ningún instrumento: trabajó con la computadora a partir canciones, sampleando fragmentos y deformándolos, llevándolos hacia atmósferas enrarecidas para convertirlos en disparadores de nuevos temas, como si la música fuera un principio físico maleable, la recombinación de átomos y una energía ya existentes.

Había vuelto de Punta del Este con ideas y climas para las nuevas canciones y, además, el nombre del disco. Quería que se llamara *Viento* y que fuera un viaje. *Ahí vamos* era al mismo tiempo una arenga y una confirmación de que estaba en movimiento y tenía una dirección. Una descarga eléctrica de guitarras que había grabado después de separarse de Deborah. *Viento*, en cambio, contenía la noción de movimiento pero implicaba una mirada menos reflexiva y más cósmica, la aceptación contemplativa de una fuerza externa e incontrolable, una especie de religiosidad.

Estaba escuchando varios grupos de su adolescencia como Led Zeppelin y la Electric Light Orchestra, además de unos discos de Johnny Cash y un compilado con artistas emblemáticos del country que Benito y Lisa le habían comprado en Nashville durante unas vacaciones con Cecilia en las que habían ido a visitar a uno de sus tíos. En el Peugeot 206 que usaba en la ciudad, tenía puestos siempre los discos *Things of the past*, de Vetiver, una banda folk-rock de San Francisco con teclados vintage, efectos vocales y baterías programadas, y *Raising Sand*, un álbum de standards modernos de folk, blues, country, rock y rythm&blues que Robert Plant grabó en 2007 con la cantante de bluegrass Allison Krauss: el disco de un músico maduro mirando sus raíces, buscando una atemporalidad que atravesara el pasado y el presente.

Para alguien como él, que siempre había estado tratando de escuchar el futuro para decodificarlo en canciones pop de una potencia radial masiva, volver a los 70 significaba ir en busca de esa atemporalidad, de una materia o una energía que permaneciera invariable, sin envejecer.

Eran unos años de reconciliación con el pasado después

de una vida entera obsesionado con el futuro. *Ahí vamos* significó un regreso al rock de guitarras y a la masividad. Con la vuelta de Soda Stereo había revivido sus años de estrella de rock en la segunda mitad de los 80 y reponerse le llevó casi toda la primera mitad de 2008: había necesitado purgar toda la radiación de ese viaje turístico y emocional a su juventud.

En marzo viajó a Nueva York con Pedro Aznar invitados por Roger Waters. Durante cinco días se alojaron en su mansión de Southampton y, la mañana que llegaron, Waters los recibió en bata, les preparó el desayuno y se quedaron charlando. El ex cantante de Pink Floyd los había convocado para que participaran en una canción con un seleccionado de superestrellas como Eric Clapton a beneficio de la Fundación Alas.

El final de la gira con Soda lo había dejado con una inesperada sensación de libertad combinada con una conciencia vital más concreta. Por un lado, revisitar esa época de su vida lo había forzado a mirar para atrás y tomar una dimensión más concreta del tamaño y la consistencia de su obra, del impacto que tenía todavía en varias generaciones de América Latina, la vigencia de esas canciones.

Mirar al pasado también le hizo tomar dimensión del tiempo. El año siguiente iba a cumplir cincuenta años, la mayor parte de su obra ya estaba construida y, de pronto, ya no sentía ningún tipo de obligación artística, nada que demostrar. Había inventado la primera gran banda de rock en español, le había aportado modernidad y estilo al rock latino, había grabado un disco clásico del rock nacional con *Canción animal*, que estaba a la altura de *Clics modernos* de Charly García o de *Artaud* de Luis Alberto Spinetta, había reconstruido su carrera por afuera de Soda explorando las posibilidades electrónicas del pop, había vuelto a las guitarras con un disco consagratorio y había reunido a Soda Stereo en una gira de estadios.

Ahora estaba volviendo a su adolescencia. Encerrado en Unísono, empezó a trabajar a partir de pedazos de canciones de artistas como Ney Matogrosso, Todd Rundgren y Yes. Una de las primeras cosas que hizo fue samplear un fragmento de una canción de Billy Bond y La Pesada del Rock and Roll y en el Live, el programa que usaba para componer las canciones, construyó el demo brumoso de una canción que llamó "He visto a Lucy" y a la que tiñó de un clima de psicodelia beatle.

Para otra a la que le puso "Cactus", buscó en su computadora las grabaciones de unos bombos legüeros que le habían quedado de las grabaciones de Domingo Cura para *Siempre es hoy* y empezó a samplearlas en el Live. El track se desplegaba como un paisaje luminoso y en calma sobre el que de pronto empieza a desencadenarse una transformación, el big bang de una tormenta, y dentro de ese clima el bombo suena como un latido de oscuridad debajo de la tierra, como algo ancestral.

Durante esos días de encierro y exploración en los que todavía nada tenía una forma definida, cada tanto llamaba a Taverna para invitarlo al estudio y mostrarle por dónde iba la búsqueda. Al principio, Gustavo se quedaba al lado, tratando de leer en los gestos de su amigo qué efectos causaban las canciones, pero a Taverna le resultaba insoportable escuchar con Gustavo examinándolo, así que terminaron adoptando la rutina de que pusiera play y lo dejara solo en el estudio.

Con el paso de las semanas, las canciones fueron cristalizándose en la computadora, adoptando su forma final en la pantalla del Live. En menos de dos meses, hacia finales de octubre, los sampleos y las programaciones ya eran un disco nuevo. Cuando Taverna volvió a pasar por Unísono a escuchar los demos terminados, le dijo:

—Está buenísimo, ponele la voz y sacalo.

Unos días después, también llamó a Zuker para mostrarle el nuevo material y el DJ le dijo lo mismo que Taverna.

—¿Para qué vas a armar un grupo si ya está buenísimo así?

Pero Gustavo quería grabar el disco con una banda para potenciar el espíritu acústico de las canciones y lograr que la atmósfera psicodélica fuera lo más orgánica posible. Al primero que llamó fue a Richard Coleman y, después de mostrarle el material nuevo, le pidió que lo ayudara con algunas letras.

—Bueno, dale. ¿Y de qué vamos a hablar esta vez? —le preguntó Coleman—. Porque parece que los dos andamos muy felices.

A diferencia de los días de *Ahí vamos*, en los que estaban recién separados, esta vez atravesaban una temporada de calma y armonía: Richard acababa de ser padre y, el último verano, después de terminar la gira de regreso de Soda, Gustavo había conocido a la actriz Leonora Balcarce y rápidamente se habían convertido en un matrimonio: vivían juntos y era una relación que lo estabilizaba.

—Es un disco psicodélico —le contestó—, busquemos por ese lado.

Antes de que se fuera, le dio una hoja con una lista de palabras que quería usar en las canciones y el demo con la música y las melodías de voz para que se llevara a su casa.

Coleman, por su parte, le propuso hacer una investigación más profunda de la poética de las canciones psicodélicas de fines de los sesenta y comienzos de los setenta para impregnar las canciones de ese tipo de imágenes, esa sensibilidad, y se puso a traducir canciones de Jimi Hendrix, Syd Barrett, Pink Floyd y poetas malditos para ver cómo estaban construidas y entender cómo funcionaba ese género de canciones.

Mientras su amigo hacía ese trabajo, Gustavo convocó a Leandro Fresco, Fernando Nalé, Fernando Samalea y sumó a la formación al guitarrista Gonzalo Córdoba. Lo había visto tocar en los 90 con Suárez, un grupo precursor de la escena indie de Buenos Aires que explotó en los 2000, y se habían cruzado en la sala de Córdoba en Chacarita durante unos ensayos para la presentación del disco *Mar* de Leo García en 2001, pero Gustavo se había decidido a llamarlo después de escuchar el trabajo que había hecho con las texturas de las guitarras acústicas de un disco de Hana, un álbum pop pero con cierta oscuridad folk, como la que Cerati estaba buscando para su nuevo disco.

A fines de octubre, cuando ya tenía casi todos los demos de los temas nuevos terminados, lo recibió una tarde en su estudio y le mostró las canciones nuevas. Todo estaba tejido con loops y samples, pero con una meticulosidad que lo dejó impresionado. Esta tarde, Córdoba se fue de Unísono con un CD-R con las pistas nuevas y la misión de traducir todo eso a partituras para convertir los demos en canciones que pudieran ser tocadas por una banda. Se pasó las siguientes semanas calcando en una hoja las armonías y los ensambles que Gustavo había hecho en la computadora, escribiendo cómo había que tocar las guitarras, cuántas guitarras había, tratando de entender de qué estaban hechas esas canciones.

A comienzos de noviembre, Gustavo citó por primera vez a todos los músicos que había convocado para el proyecto en Unísono y sumó a su amiga Anita Álvarez de Toledo para los coros. Aunque le costaba empezar y solía dilatar los preparativos durante meses, una vez que las sesiones arrancaban Gustavo sólo vivía para eso. A la semana, ya estaban ensayando todos los días y, cuando la banda se terminó de acoplar, empezaron a grabar las bases.

Las jornadas de grabación empezaban después de las tres de la tarde y se extendían hasta la madrugada, con interrupciones mínimas para pedir unas pizzas o comida china al delivery y jugar al FIFA 2008 en la Xbox sentados en los sillones negros del living.

Esos días olían a nag champa, un incienso de la India que Gustavo quemaba compulsivamente y, en el pizarrón del estudio, los tracks tenían protonombres alucinados como "Aquablues", "Alba", "Dilón", "Diska", "Orbis" y "ZZ Pop". La búsqueda del sonido fue obsesiva: colgaron telas y alfombras para eliminar frecuencias o rebotes, buscaron las zonas más apropiadas para ubicar los instrumentos, moviendo y golpeando los tambores de la batería para medir su resonancia. En un momento llegó a haber once baterías en el estudio, desde una de los años 50 hasta unos platillos prestados por Charly Alberti. Pero sus ambiciones rítmicas para el disco eran todavía más grandes y, en diciembre, viajó a Nueva York para grabar en los Philip Glass Studios unas baterías con Sterling Campbell, ex miembro de Duran Duran y colaborador de David Bowie.

Cuando volvió, estuvo unos pocos días en Buenos Aires y, antes de Navidad, se fue por dos meses a su chacra de José Ignacio. Había programado pasar enero con Leonora y febrero con Benito y Lisa. En Uruguay, Gustavo alternaba descanso, vida social, eventos y fiestas, pero ese verano estuvo bastante concentrado en el disco. Varias mañanas, cuando se despertaban, encontraban bollitos de papel tirados por toda la casa, con frases que Gustavo había escrito y descartado.

La noche de Año Nuevo la pasaron en la chacra con Leonora, Oscar Roho y Leandro Fresco, que se alojaron en los cuartos de los chicos en la planta baja. Después de comer y brindar en el deck, todos salieron a una fiesta menos Gustavo, que se quedó escribiendo letras para las canciones.

Otra noche fueron a la fiesta de la marca de telefonía Personal en el restaurante La Huella, en José Ignacio, porque habían contratado a Leandro para pasar música. Aunque las grabaciones habían quedado en *stand by*, la banda seguía en contacto. Córdoba estaba veraneando en una casita familiar en un campo cerca de Maldonado, en las afueras de Punta, y esa noche quedaron en encontrarse en La Huella.

A Córdoba la temporada y las fiestas de Punta del Este nunca le habían atraído demasiado y casi todo el verano se la había pasado más en contacto con el cantautor Adrián Paoletti, una pequeña leyenda de culto de Monte Grande, como él, que siempre alquilaba la misma casa en Piriápolis, a media hora de Maldonado. Así que llamó a Paoletti y esa noche se encontraron todos en La Huella.

Cuando Córdoba los presentó, Gustavo lo miró y le dijo:

—¿Cómo se llamaba tu banda? Copiloto Pilato, ¿no?

Paoletti había formado Copiloto Pilato en 1987 y se había convertido en un grupo de culto de la zona sur de Buenos Aires a comienzos de los 90, después de editar un cassette llamado *Cuatro canciones* y el álbum *La misma tierra*. Paoletti le contó que habían mandado un disco para el casting de bandas convocado antes de las presentaciones de *Dynamo* en Obras, pero no habían quedado seleccionados. Después, se pusieron a hablar del disco en el que Gustavo estaba componiendo, su viaje a Nueva York, el trabajo con las guitarras acústicas.

—Todavía me faltan las letras —contó Gustavo—, es lo que me da más fiaca.

—¿Por qué no le pedís a Adrián que te ayude? —le dijo Córdoba.

—Ah, sí, tenés razón —le respondió Gustavo y después lo miró a Paoletti—. ¿Te animás a ayudarme?

Paoletti se volvió esa noche a Piriápolis con un CD-R con los diecinueve demos del disco nuevo de Gustavo. Como en la casita frente al mar que alquilaba todos los veranos no había equipo de música, y el único lugar que tenía para escuchar los demos era el stereo de su auto, se pasó la siguiente semana encerrado ocho horas por día en su Ford Fiesta, pasando una y otra vez los temas, con un bloc de hojas y una birome, escribiendo palabras para esas canciones.

Al fin de semana siguiente, le mandó un mensaje desde su teléfono a Córdoba: "Hola Gonza, avisale a Gustavo que ya tengo las letras para nueve temas".

El domingo, Gustavo los invitó a su chacra a la tarde a tomar algo y ver las letras de Paoletti.

—Estuviste inspirado, eh —le dijo Gustavo cuando llegaron.

Mientras atardecía en la laguna, se sentaron en la alfombra del living a escuchar música y fumar marihuana. Gustavo puso en el equipo el primer disco solista de David Lebón, que había grabado en 1973 con Charly García, Pappo, Claudio Gabis y varios músicos de La Pesada del Rock and Roll, y les contó que había sido una de sus grandes influencias para el disco que estaba componiendo. Después se pusieron a leer las letras que Paoletti había llevado escritas en el bloc y a cantarlas juntos encima de la música.

Cuando leyó la que había escrito para una canción que tenía el nombre provisorio de "Simple ballad", abrió los ojos asombrado.

—Uh, esperá —le dijo levantándose.

En la canción, Paoletti había escrito sobre un hipocampo y Gustavo volvió con uno en la palma de la mano.

—Mirá, Adrián, lo encontré el otro día caminando entre las rocas en una playa de José Ignacio.

En febrero, sus hijos llegaron a Uruguay para pasar todo el mes con Gustavo y durante esas semanas aprovechó para profundizar la dupla compositiva que había germinado en *Ahí vamos* con Benito, que acababa de cumplir quince años.

La forma que encontraron de trabajar ese verano fue ir dejándose un cuaderno con letras para que el otro avanzara o las corrigiera. Entre Paoletti encerrado en su Ford Fiesta frente a la playa de Piriápolis, las letras de Hendrix y Pink Floyd que Coleman traducía al castellano en Buenos Aires y ese ida y vuelta con Benito fueron naciendo las primeras versiones.

En una de las letras que habían ido escribiendo y reescribiendo con Benito para una canción que hasta entonces se llamaba "Hyatt" apareció, de pronto, la expresión "fuerza natural" y pareció encajar perfecto con el concepto del disco.

Todo terminó de cuajar unas noches después, cuando haciendo zapping en la cama, Gustavo vio en un canal de cable *Special*, una película indie sobre un inspector de tránsito retraído y casi sin amigos, que pasa sus días refugiado en las historias de superhéroes de los cómics y decide someterse como voluntario a un ensayo clínico para probar una nueva fórmula de antidepresivos. De pronto descubre que, además de sentirse menos triste, experimenta otros efectos secundarios inesperados: superpoderes para levitar, telepatía y la capacidad de atravesar paredes.

En una escena de la película, mientras el protagonista almuerza al sol en el banco de madera de una plaza vestido con el uniforme color caqui de su trabajo, la voz en off de su conciencia justifica que a los 35 años todavía sea fanático de los cómics.

—Un verdadero superhéroe es como una fuerza de la naturaleza —se dice a sí mismo en un momento.

Después mira la hora y saca la medicación de uno de los bolsillos del abrigo, abre el frasco y toma una pastilla. Nunca queda del todo claro si el protagonista experimenta realmente esos superpoderes o si son simplemente alucinaciones provocadas por los medicamentos.

Viendo esa película, se convenció de que *Fuerza natural* tenía que ser el título del disco y que el jinete enmascarado del verso que había escrito Paoletti tenía que ser el superhéroe de la tapa.

Gustavo volvió a Buenos Aires con las letras terminadas, algunas modificaciones en la cabeza para las partes musicales de las canciones y un nuevo tema inspirado en la numerología al que le puso "Bela".

Las grabaciones recomenzaron en abril y el primer track sobre el que trabajaron fue "Sal", un down-tempo con una letra basada en algo que había escrito Paoletti y que Gustavo había terminado de adaptar, que hablaba sobre el faro de José Ignacio, el lugar donde se habían encontrado: "Un compás de luz el faro dibujó en el mar/ con un beso azul la espuma se convierte en sal/ Sirenas e hipocampos con su canto nos encantarán".

Ese primer día en Unísono sobregrabaron unos tones para hacerlos sonar como timbales sinfónicos y, rápidamente, las cosas cobraron velocidad. Al poco tiempo, estaban grabando de lunes a lunes y muchas veces terminaban al amanecer.

Después de un par de semanas dedicadas a grabar las bases de batería, a mediados de abril empezaron con las guitarras, los teclados y los bajos. Cerati quería que las guitarras sonaran pesadas pero sin usar distorsión, de una forma artesanal, a partir del tramado de arreglos, cargando los arpegios y usando tiempos irregulares sobre regulares para conseguir un sonido psico-country.

Córdoba había traducido los samples y loops a líneas de guitarras y era el momento de grabarlas. El primer día, Gustavo lo llevó al depósito, le mostró todas las guitarras y empezaron a ver, entusiasmados, cuáles podían usar: tenían a su disposición más de veinte modelos y una cantidad avasallante de pedales y amplificadores. Para Córdoba era como estar en Disney.

En las sesiones Gustavo mantenía un nivel de concentración sobrehumano. El día que grabó la introducción de "Fuerza natural", el track que abría el disco, pasó ocho horas probando guitarras y la mejor forma de tocar esa intro, de pulsar las cuerdas, hasta que quedó conforme.

Para "Convoy", un tema con una percusión mínima y una melodía de voz brumosa, le pidió a Córdoba que tocara la guitarra principal, una línea bien limpia y arpegiada. Después de grabar tres tomas que ya tenía ensayadas, Córdoba pensó que había sido suficiente, pero ese fue solo el comienzo. En el control del estudio, Gustavo permaneció varias horas escuchando cada compás, acomodando en la computadora cada nota que estuviera mínimamente corrida.

Córdoba se quedó parado detrás, maravillado. En un momento, Gustavo se dio vuelta, lo miró y sonrió.

—Disculpame, es que me encanta la perfección.

10. Limbo

Dura nueve segundos. En la imagen hay ruido de fondo de unos chicos jugando. Una nena da unos pasos de baile alrededor de la madre para convencerla de que le compre un animalito de peluche mientras la familia pasea entre las góndolas de una tienda de regalos. Es el comienzo del video que Gustavo grabó como material promocional de *Fuerza natural* entre las jaulas de los animales de Temaikèn, un zoológico privado en Escobar, en las afueras de Buenos Aires. Atrás se ven estantes con remeras, buzos y tiburones azules de peluche. Algunos músicos de su banda dan vueltas por el local con sobretodos. Es el 21 de agosto de 2009, diez días antes de que el disco salga a la venta. Y en primer plano está él, con el cuello de su campera negra levantado, guantes de cuero negro y unos anteojos oscuros que le dan un aire de aviador nocturno, un viajero del tiempo extraviado en un zoológico del conurbano bonaerense un sábado a la tarde. Tiene un brillo de transpiración en la cara, barba de tres días y el pelo enrulado. Hay algo vampiro en su palidez.

—Si yo me retirara ahora —dice como al pasar, mirando a cámara con una media sonrisa—, en este momento, que no creo que sea muy factible, pero supongamos que sí, me iría contento... Por *Fuerza natural*.

En la primera parte del año Gustavo se había separado de Leonora Balcarce después de una convivencia de un año y estaba saliendo con una modelo de veintiún años a la que había buscado por Facebook.

Todo empezó con unas fotos. Una tarde, el fotógrafo Pablo Franco retrató a una modelo para una producción de la revista *Remix* en su estudio de Martínez, en las afueras de la ciudad. La chica era muy flaca, tenía un largo flequillo que caía sobre sus ojos delineados y el resto del pelo recogido. Había algo reptil pero delicado en su forma de posar frente a la cámara: hacía que los vestidos futuristas de Tramando parecieran parte de su cuerpo.

Durante la sesión, en un momento empezó a sonar una canción de *Ahí vamos* y ella le dijo a Franco que le encantaba Cerati, que siempre había estado enamorada de él. A la semana, Franco se lo comentó al pasar a un amigo de Gustavo, que se lo contó a Gustavo y, esa misma noche, él buscó fotos de ella en internet. Era alta, tenía el pelo castaño, unos ojos verdes casi transparentes, algunas pecas que resbalaban por su nariz y una clase de belleza que tardaba en descubrirse y resultaba dolorosa: al pasar parecía una chica más, pero cuando se detuvo a mirarla quedó hipnotizado.

Se llamaba Tatiana Cotliar, tenía veintiún años y, además de trabajar como modelo, estudiaba cine. La buscó en Facebook, le escribió un mensaje y a la semana estaban saliendo. Gustavo tenía una cuenta privada bajo el nombre Gustavo A. Clark y la foto de perfil era un primer plano de su ojo derecho.

A comienzos de agosto Gustavo viajó a Chile para presentar una línea de ropa que había desarrollado junto al vestuarista Manuel Morales para Falabella. Después del evento, dio una pequeña ronda de entrevistas y un periodista del diario chileno *La Tercera* le preguntó cómo se sentía a punto de cumplir cincuenta.

—Me siento muy bien. En un gran momento interno, tranquilo —le contestó.

Ni los medios ni muchos de sus amigos sabían que salía con Tatiana y que en unas pocas semanas ya se estaba enamorando perdidamente.

Era una nota al paso, pero las respuestas de Gustavo solían ser más profundas que las preguntas que le hacían: después de contestarle que se sentía bien, habló sobre cómo la trombosis lo había asustado y se puso más reflexivo sobre su edad.

—Estamos más cerca de la muerte —le dijo al periodista—. Uno se cuida más. Hay un miedo de que eso no vaya para otro lado. Pero no es mucho, realmente. No siento que esté con más miedo. Creo que tengo menos miedo.

Mientras tanto, en Buenos Aires Tatiana pensaba en dejarlo. Su carrera crecía cada vez más en el exterior. Diseñadores como Rachel Comey, Jason Wu y Phillip Lim la querían en sus desfiles para la Semana de la Moda de Nueva York en septiembre. La inglesa Vivienne Westwood, que en los 70 ayudó a crear la estética del punk y la new wave, también se había fijado en ella. En medio del romance con Gustavo, Tatiana decidió irse a trabajar a Nueva York y Europa por una temporada.

Habían sido sólo unos meses, pero Gustavo se había enamorado de ella y no entendió que se fuera así: las mujeres siempre dejaban todo para estar con él. Muchos de sus amigos no sabían quién era Tatiana, no habían llegado ni siquiera a enterarse de que estaba saliendo con ella, y se sorprendieron cuando lo vieron triste. Desde que lo conocían, sólo Deborah lo había lastimado.

El 11 de agosto Gustavo cumplió cincuenta y lo celebró con una fiesta en su casa de Vicente López. La propiedad tenía un gran parque con palmeras que caía en una leve colina hacia la calle y, en el frente, había una casa más chica construida originalmente para los caseros que varios amigos le ayudaron a decorar. En el pasillo de entrada escribieron con marcadores. Gustavo puso en varias partes: "Sin cuenta". Era una edad a la que todavía no le había encontrado un significado.

En uno de los cuartos puso almohadones, luces bajas, parlantes y *Fuerza natural* sonando en *repeat* para que en algún momento de la noche, cuando quisieran, sus invitados pudieran entrar y sentarse a escucharlo. Aunque tenía muchos amigos DJ, casi siempre terminaba pasando música en sus fiestas, no se podía resistir. En su casa de Punta del Este había instaurado la tradición de organizar una fiesta todos los veranos y siempre terminaba detrás de la computadora y la bandeja de vinilo poniendo discos. Le encantaba compartir música, mostrarles a sus amigos lo último que estaba escuchando.

Desde finales de julio, en las radios sonaba "Déjà vu", el primer corte de *Fuerza natural*. Un loop atrapado en una percusión envolvente que enseguida disipaba la idea de una melodía desplegándose, como si el tiempo dentro de la canción no pasara. Tenía sentido que Gustavo cumpliera cincuenta mientras en los rankings rotaba un tema suyo en el que hablaba del tiempo como un espejismo, una materia plástica y maleable que el pop podía manipular.

El álbum salió a la venta el 1° de septiembre y después de diseñar un nuevo show y encerrarse con su banda a ensayarlo, en noviembre Gustavo se embarcó en un breve tour por México, Chile, Uruguay y Córdoba, que terminó el 20 de diciembre en el Club Ciudad de Buenos Aires.

En el verano de 2010 viajó a Punta del Este y en una fiesta se puso a hablar con la modelo Chloé Bello. Una chica rubia y casi tan alta como él que se movía con una languidez hipnótica, como si de alguna forma cargara con su belleza. Tenía veintidós años y las revistas del corazón ya se habían fijado en ella por un supuesto romance triangular con una hija del empresario Franco Macri y su novio.

Hacía varios años que Gustavo y Chloé venían cruzándose en fiestas y eventos, mirándose a la distancia, ella siempre con algún novio y él comprometido, pero ese verano los dos estaban solos y él se volvió a enamorar con la misma velocidad que se había enamorado de Tatiana: Chloé era un amor y una revancha.

Cuando volvieron a Buenos Aires, ella lo acompañó a una gira por Rosario, Neuquén y Mendoza. En uno de los hoteles, las paredes de la habitación quedaron todas escritas. Los paparazzis salieron a la caza de ese nuevo noviazgo y fotografiaron a Gustavo saliendo de un boliche de Palermo con ella y un vaso de whisky en la mano.

A fines de abril, empezó el segundo tramo internacional de la gira de *Fuerza natural* y la llevó con él. Antes de viajar, Gustavo visitó a su tarotista y después de tirarle las cartas ella le dijo que no viajara. No lo veía bien. Sentía que no se estaba cuidando, fumaba demasiado y tenía un cosquilleo permanente en el brazo izquierdo. En julio, además, tenía turno para operarse el hombro derecho: se había lastimado andando en segway y últimamente se le salía de lugar bastante seguido.

Gustavo le contestó que no se preocupara, que estaba bien y muy enamorado.

—Por esa chica doy la vida —le dijo antes de irse.

Gustavo y Chloé no se separaron durante toda la gira.

Se quedaban encerrados en el hotel, alquilaban convertibles para pasear por las ciudades, se tomaban un avión a Nueva York para salir una noche a bailar o se escapaban a alguna playa. Sus compañeros de banda sólo lo veían arriba del escenario.

Después del show en Miami, Chloé viajó a España y Gustavo pasó los últimos días de la gira con los músicos. Lo notaron cansado y se sorpendieron de que tomara cerveza en los almuerzos y llegara tarde a algunas pruebas de sonido. Gustavo tenía un régimen bastante estricto durante las giras: tras los shows todos salían de fiesta hasta tarde, pero había una regla tácita de que antes de tocar nadie podía tomar alcohol. El 15 de mayo la gira de *Fuerza natural* terminaba en Caracas.

Vestido con un traje blanco que lo hacía ver como el general de un ejército glam recién llegado de una expedición espacial, la última noche del tour Gustavo pareció entrar en trance mientras tocaba el solo de guitarra al final de "Lago en el cielo", el tema con el que terminaban todos los shows.

Hay guitarristas que parecen sufrir cuando tocan un solo, como si transformaran el dolor en una catarsis caótica y a la vez armónica. Gustavo, sin embargo, parecía disfrutarlo y, esa noche, bajo la bruma que envolvía el valle, tocó el solo más largo de todo el tour, mientras detrás la banda construía el paisaje alejado de la canción.

—¡Chau, Venezuela! —gritó al micrófono cuando terminó y a su alrededor se apagaban las últimas vibraciones del show.

Después caminó hasta el borde del escenario, le tiró un beso a la multitud y se llevó la mano al corazón.

—¡Hasta la próxima! ¡Chau!

Bajó y se echó en el sillón de su camarín. Tomó agua, prendió un cigarrillo y le escribió un mensaje a Chloé con su BlackBerry. Los shows lo dejaban en un extraño estado de flotación, agotado y excitado al mismo tiempo. Siempre le costaba volver al mundo después de tocar.

Taverna se quedó desarmando los equipos en el mangrullo y, cuando terminó, fue a comer y brindar con el resto del equipo al campamento montado detrás del escenario. A la mañana siguiente todo el staff volaba de vuelta a Buenos Aires.

Se sentó al lado de Coleman, charlaron un rato y después de comer fueron al camarín de Gustavo a visitarlo. Cuando entraron, estaba en el sillón, concentrado en su teléfono.

—Fue el show más exitoso de la gira —les dijo, levantando la vista de la pantalla.

Dos días antes había ido poco público al show en Bogotá y los teatros en los que habían tocado en Los Angeles y Miami eran demasiado grandes para la cantidad de gente que Gustavo convocaba en Estados Unidos. Esa noche, en cambio, el campus de la Universidad Simón Bolívar casi había agotado su capacidad y el grupo había sonado perfecto.

Sobre el escenario, Gustavo había estado relajado y no había parado de hablar con el público entre canción y canción, algo de lo que sabía que se iba a arrepentir cuando volviera al hotel a la madrugada y buscara en internet los videos del show que subía la gente.

—¿Dije muchas estupideces? —les preguntó con una sonrisa.

—Como siempre —le contestó Coleman.

Taverna lo miró sobreactuando un gesto de aturdimiento: sabía que era lo peor que podía decirle. Después de más de veinticinco años de carrera, Gustavo seguía siendo inseguro con las cosas que decía arriba del escenario.

—Pero a la gente le encanta que digas estupideces —agregó Coleman para calmar la neurosis de su amigo.

Los tres se rieron y charlaron un rato más hasta que uno de los asistentes entró para avisarle a Gustavo que el productor venezolano del show quería sacarse una foto con él. Taverna y Coleman aprovecharon para levantarse y volver al camarín general.

—¿Te sentís bien? —le preguntó Taverna antes de salir.

—Sí, estoy medio cansado —le dijo Gustavo.

—¿Querés hacer algo después?

—No, no, quiero dormir hoy.

A Taverna la respuesta lo dejó confundido. Gustavo nunca quería dormir. Afuera se encontraron con que Fernando Samalea estaba organizando la foto del final de la gira con todo el staff. Alguien le gritó a Gustavo que sólo faltaba él. Después de cambiarse el traje blanco por un saco y un pantalón, salió del camarín y mientras caminaba hacia la foto sintió que todo empezaba a perder cierta consistencia.

Su sangre se estaba volviendo más espesa. En algún rincón de su cuerpo, un coágulo se desprendió de una pared de su sistema circulatorio y empezó a viajar a través del torrente sanguíneo por las arterias, subió hacia el cerebro empujada por el bombeo del corazón y fue volviendo más pesada la circulación en el hemisferio izquierdo mientras avanzaba entre ramificaciones cada vez más finas y quedó encallado en un capilar demasiado angosto: todo duró dos, tres segundos.

Gustavo se paró detrás de Taverna sin entender qué le pasaba. La cámara disparó la foto sin flash y Samalea les pidió que se quedaran quietos mientras volvía a programarla. Taverna se dio vuelta para hacerle un chiste a Gustavo, pero lo vio pálido, con la cara desencajada.

—¿Te sentís bien?

Gustavo lo miró como para decirle algo, pero su mandíbula no encontró las palabras. Una parte de su tejido neuronal estaba dejando de recibir sangre y comenzaba a apagarse. Esta vez el flash de la cámara funcionó y todos aplaudieron. Algunos se abrazaron mientras el grupito se dispersaba.

Taverna lo vio caminar confundido hacia su camarín y llamó a Nicolás Bernaudo, su asistente, para que lo acompañara a ver qué le pasaba. Cuando entraron, Gustavo se había desabrochado la camisa y estaba tirado en el sillón. Bernaudo buscó a los paramédicos y, después de despejar los camarines, una ambulancia lo llevó a la clínica La Trinidad.

Cuando llegaron no había luz y tuvieron que ir a otro centro asistencial para que lo examinaran. A la madrugada volvieron a La Trinidad y quedó internado en observación. Recién al otro día iba a poder atenderlo un cardiólogo. Las enfermeras le dieron un sedante para que durmiera.

Gustavo pasó el domingo en la clínica, consciente pero sin poder hablar ni mover el lado derecho de su cuerpo. Taverna y Travi estuvieron todo el día con él, ayudándolo a pararse y caminar hasta el baño o a sentarse en el sillón para ver televisión. Gustavo parecía confundido y fastidiado, pero por lo menos estaba más activo que la noche anterior. Los médicos de La Trinidad todavía no tenían un diagnóstico, pero parecía estar recuperándose.

A la noche, mientras dormía, la zona de su cerebro infartada por la falta de irrigación se fue llenando lentamente de agua. El edema pronto provocó una inflamación en el hemisferio izquierdo que empezó a hacer presión contra el cráneo y lo despertó el lunes a la mañana con un dolor insoportable.

Cuando las enfermeras entraron a la habitación, lo encontraron con los ojos apretados, agarrándose la cabeza con la mano que todavía le respondía. En seguida lo llevaron al quirófano y llamaron a su familia. Para ese entonces, a los médicos les quedó claro que la inflamación había sido causada por un accidente cerebrovascular.

Mientras la noticia recorría el continente, en Buenos Aires su hermana Laura se tomó un vuelo a Caracas y en la sala de operaciones los cirujanos le abrieron una parte del cráneo a Gustavo para aliviar la presión que ejercía el hemisferio inflamado.

En la puerta de la clínica varios medios se apostaron para transmitir en vivo a toda la región las novedades médicas de la intervención. ¿Gustavo Cerati podía morir? ¿El accidente cerebrovascular afectaría sus facultades mentales? ¿Podría sufrir secuelas? Los programas de televisión invitaron especialistas para que explicaran qué era exactamente un ACV y cuáles eran las estadísticas de recuperación.

La noche después de la intervención hubo una vigilia de fanáticos en la puerta del hospital y, a la mañana siguiente, el doctor Adolfredo Sáez, director de La Trinidad, dio el primer parte médico para los medios.

—En este momento es muy prematuro evaluar las secuelas que puedan quedar —dijo—. Para eso son las 72 horas que hemos determinado y establecido para estos casos. En ese momento es cuando podremos evaluar el daño residual que pueda quedar en este tipo de lesión.

A la tarde, el canal CNN en Español interrumpió su programación para que el conductor mexicano Daniel Viotto entrevistara vía telefónica a la madre de Gustavo.

—¿Está consciente en estas últimas horas? —le preguntó.

—No, no, todavía no. Necesita que ese cerebro repose, por eso está inducido. Creo que mañana o el sábado van a empezar con la rehabilitación en ese aspecto.

—La siento bastante tranquila, Lillian.

—Yo tengo mucha fe en Gustavo. Le ha tocado el cerebro, que es lo más fuerte que tiene a mi juicio. Además de su corazoncito, por supuesto. Y creo que va a salir, va a salir. Si Dios quiere va a salir.

El conductor le preguntó si Gustavo había mostrado algún síntoma antes de viajar a Venezuela.

—No, para nada —respondió Lillian.

Habían hablado por teléfono cuando la gira de *Fuerza natural* pasó por Los Angeles y por Acapulco. Lillian estaba recién operada de cataratas y Gustavo la llamó para saber cómo había salido todo y cómo se sentía.

—Hablamos por teléfono hace unas dos semanas o tres, que yo me operé de cataratas. Y él se preocupaba desde allá para hablarme —contó—.Y estaba entero, divino, con esa potencia que tiene él. Creo que es una de las cosas que va a tener que bajar, los decibles de su autoexigencia.

—¿Tiene pensado usted viajar a Caracas?

—Sí, entre mañana y pasado. Porque acá no se puede estar, yo estoy muy nerviosa. Quiero verlo.

Lillian viajó al día siguiente a Venezuela con Benito, Lisa, Cecilia y Estela. Mientras se cumplían las 72 horas hasta que le bajaran la sedación y lo despertaran, se quedaron en la clínica, acompañándolo, visitándolo en los ratos que los protocolos de terapia intensiva lo permitían. El resto del tiempo se instalaron en una habitación y miraron por televisión la cobertura de los canales de noticia sobre el cuadro de Gustavo.

Había probabilidades de que el ACV le dejara algunas secuelas. Podía llegar a abrir los ojos como volviendo de un sueño muy profundo del que no iba a recordar casi nada, pero también podía quedar con problemas motrices o en el habla que lo obligarían a una rehabilitación antes de empezar a pensar en su regreso a los escenarios.

Para la cirugía lo habían rapado y, de pronto, parecía mucho más flaco. Era como si en esos días en coma hubieran pasado varios años. Durante la gira de Soda Stereo usaba una remera que decía "No me voy a morir" y tenía otra estampada con la palabra "Inmortal". No era descabellado pensar eso de alguien que parecía no envejecer.

La amenaza despertada por la trombosis en su pierna derecha cuatro años antes se había consumado. Había dejado de fumar un tiempo y había hecho ejercicio, pero lentamente había retomado a su ritmo de vida habitual: giras, shows, dos paquetes de cigarrillos por día y un amor que le hizo olvidar su propia edad.

Tres días después de la operación, los médicos le quitaron los sedantes pero Gustavo no despertó. El plan era que cuando volviera del coma los médicos de Fleni evaluaran qué tan grave había sido el infarto y cuál era el mejor momento para trasladarlo a Buenos Aires.

Los días empezaron a pasar sin que Gustavo abriera los ojos. Su familia pasó las primeras semanas entre el hotel y la clínica, esquivando a los periodistas por un acceso lateral. A comienzos de junio, como su estado no ofrecía novedades, decidieron trasladarlo a Buenos Aires en un vuelo sanitario para alojarlo en Fleni, una clínica especializada en rehabilitación neurológica.

Taverna voló nuevamente a Caracas y volvió a Buenos Aires con Benito y Lisa para evitar que quedaran envueltos en el operativo periodístico que rodearía la llegada de Gustavo. El día de traslado, Telefé anunció que Chloé Bello iba a estar en el living del programa de Susana Giménez para contar los detalles de los últimos días que había pasado junto a Gustavo.

Cuando el entorno de Gustavo vio la publicidad, entró en shock. Era una chica que formaba parte de la vida de Gustavo hacía solo cinco meses. Él siempre había manejado su intimidad con demasiado cuidado como para que, de pronto, estando en coma, su última novia fuera a hablar al prime-time de la televisión abierta.

"Es de una tristeza inconmensurable y de una impotencia atroz ver cómo alguien de manera estúpida e irrespetuosa saca provecho de una situación tan dolorosa como la que está pasando Gus", escribió Anita Álvarez de Toledo en Facebook y todos los medios reprodujeron el mensaje. "Va a ir a hablar de su situación a un programa de televisión, cuando ni siquiera su familia quiere hablar con la prensa. Una persona que no vio ni un show entero de Gustavo en toda la gira, vaya y pase. Pero sacar provecho de este momento tan doloroso es algo ya inadmisible. Todo lo que salga de su boca es y será mentira, porque la gente que no ahonda en su ser vive en la mentira."

El avión sanitario aterrizó el 7 de junio a las 18:40 de la tarde en el Aeroparque Jorge Newbery de Buenos Aires y un cortejo de móviles de televisión, fotógrafos y fanáticos siguieron la ambulancia hasta el hospital. Un helicóptero del canal C5N sobrevoló el lugar para captar alguna toma aérea de Gustavo en la camilla, pero los enfermeros lo cubrieron con paraguas.

En los canales de noticias había médicos que seguían hablando sobre las secuelas que podía tener al despertar. Se hablaba de excesos, de consumo de cocaína, alcohol y viagra durante la gira. De su novia casi treinta años menor. Del cigarrillo y los aviones como factores de riesgo para el sistema circulatorio. De la trombosis que había sufrido cuatro años antes en su pierna derecha y del ritmo de vida que llevaba.

Tres horas antes del comienzo del programa, Telefé

anunció que Chloé no iría al piso y corrieron rumores de que estaba internada en Instituto Argentino de Diagnóstico por un ataque de nervios. Gustavo pasó su primera noche alojado en una habitación del tercer piso de Fleni después de ser sometido a nuevos estudios. "La tomografía computada realizada a su ingreso mostró un infarto extenso en el hemisferio cerebral izquierdo y daño del tronco cerebral secundario", escribieron los médicos en el parte que dieron al otro día.

El informe era mucho más grave que los de Venezuela: medio cerebro y gran parte del tronco cerebral, la ruta a través de la que se comunican casi todas las vías sensoriales, ya no le funcionaban.

En esos primeros días en Buenos Aires varios amigos fueron a visitarlo y cuando lo vieron creyeron que se habían confundido de habitación. Gustavo estaba irreconocible: rapado, mucho más flaco y para la cirugía le habían extraído una parte del cráneo. Unos espasmos sacudían su cuerpo, levantando su torso como si quisiera sentarse.

Alrededor de su cama todo era shock y efervescencia. Todos esperaban el momento en el que despertara. Su cuerpo se movía y parecía tratar de decirles que estaba ahí, vivo, despierto entre sus músculos. La tía Dora le llevaba chupetines para que su boca se mantuviera en movimiento: los médicos les decían que era importante estimularlo. Que tenían que hablarle, mantenerse conectados con él. Esas primeras semanas eran cruciales para su recuperación.

Para que se sintiera cómodo en la habitación, llevaron un tapiz de la Virgen de Guadalupe que Gustavo había comprado en México y tenía colgado en su casa y lo usaron como una manta. También llevaron una guitarra criolla que los amigos tocaban para animarlo. Querían convertir esa habitación en un lugar cálido y familiar: un mundo al que le diera ganas de volver. Taverna cargó un iPod con discos de Pescado Rabioso, Pappo's Blues y Vox Dei. Benito llevó otro con Michael Jackson. Roho y Moscuzza bajaron discos nuevos de Of Montreal y TV On The Radio. Ale Sergi, el cantante de Miranda!, le grabó una versión acústica de "Perfecta", el tema preferido de Gustavo, y también lo cargaron en el iPod.

Todos buscaban su propia manera de comunicarse con él. Lo sentían ahí, cerca de ellos pero en un lugar inaccesible. Cuando Eduardo Capilla fue a visitarlo, le agarró la mano y trató de comunicarse de una forma telepática.

—Bueno, Gus, estoy acá —le dijo.

De pronto, Capilla creyó escuchar algo dentro suyo, una voz que se parecía a la Gustavo y que repetía una frase sin parar.

—Qué cagada me mandé, qué cagada me mandé, qué cagada me mandé.

La voz sonaba desesperada.

—Dale, conectate, ya está —le contestó—. La cagada ya te la mandaste.

El cuerpo de Gustavo comenzó a sacudirse con violencia y el torso se levantó por completo. Capilla estaba solo en el cuarto y no sabía si su amigo estaba por morirse o despertar. Entonces, recordó esa charla en la que Gustavo, diez años antes, le había dicho que querría seguir viviendo aunque sólo le quedara la nariz.

En los meses siguientes empezaron a visitar su habitación curas sanadores, gurús de religiones new age y científicos que ofrecían tratamientos en cámaras hiperbáricas. De todos lados llegaba gente que le prometía respuestas a la familia. Sus hermanas se quedaban a la noche investigando en internet qué tratamientos se desarrollaban para pacientes con su mismo cuadro. Había un laboratorio en el norte de Brasil donde trabajaban en la regeneración de neuronas a través de células madre con buenos resultados. Había otro en Asia. A medida que el coma se prolongaba los pronósticos eran más desalentadores.

Mientras buscaban respuestas, después de leer una nota en el diario *La Nación*, contactaron a Tristán Bekinschtein, un neurocientífico argentino de la Unidad de Cognición y Ciencias Cerebrales del Medical Research Council de Londres, uno de los cuatro laboratorios del mundo especializados en la investigación de trastornos de conciencia.

Bekinschtein tenía planeado visitar la Argentina en unas semanas y, antes de viajar, pidió que le enviaran la historia clínica de Gustavo. En Cambridge había desarrollado una serie de tests para pacientes en coma, que permitía rastrear pequeñas islas de conciencia y establecer con un mayor grado de exactitud si tenían muerte cerebral, mínima conciencia, coma crónico o estado vegetativo. También servía para mejorar la detección de los síndromes de enclaustramiento, un cuadro en el que los pacientes parecen completamente inconscientes pero están ahí, despiertos y lúcidos, atrapados en un cuerpo que no les responde.

¿Gustavo estaba atrapado en su cuerpo? Esa era la hipótesis más alentadora y también la más desesperante. ¿Estaba soñando? ¿Estaba tan cerca de la muerte como todos o la conocería más de cerca? ¿Desde ahí veía algo que el resto no podía ver? ¿Cómo era el lugar en el que estaba?

Antes de viajar, Bekinschtein les envió las imágenes cerebrales de Gustavo a un cuerpo científicos que investigaban trastornos de conciencia en Nueva York, Bélgica y Canadá para que le dieran sus opiniones sobre el cuadro, sin decir a qué paciente pertenecían. De los tres laboratorios le respondieron lo mismo: veían un típico caso de coma crónico.

En Fleni, Bekinschtein se reunió con los neurólogos que

lo trataban y, cuando entró a verlo, le hizo algunos test que le confirmaron el diagnóstico. Tres años antes, había ido al estadio de River para ver el regreso del grupo preferido de su adolescencia y ahora el líder de Soda Stereo estaba ahí, enfrente suyo, dormido en una cama. En los exámenes no hallaba rastros de su conciencia.

A fines de octubre, los médicos de Fleni le comunicaron a la familia que Gustavo no cumplía los criterios para incluirlo en el programa de rehabilitación de pacientes con trastornos de conciencia: su estado no ofrecía ningún tipo de evolución y no podían seguir alojándolo allí.

Pero su familia y sus amigos sí veían mejorías. El electrocardiograma de Gustavo se alteraba cuando Lillian entraba a la habitación. Todas las tardes, cuando llegaba a visitarlo, jugaba un rato con su mano y con el paso de las semanas sentía que Gustavo había empezado a tironearle la mano en cuanto ella se la agarraba. Decidieron trasladarlo a Alcla, una clínica de permanencia para pacientes en coma en el mismo barrio. Contrataron a una señora que vivía a dos cuadras para que se quedara con Gustavo a la mañana. Lillian, Estela y Laura se turnaban por las tardes. Benito y Lisa iban y venían en distintos horarios.

A los pocos días, el cantante mexicano Cristian Castro fue al programa *Almorzando con Mirtha Legrand* y contó que la tarde anterior había visitado a Gustavo.

—Lo pude tocar y le pude hablar —dijo mientras comían—. Supongo que fue una hora en que no estaba la familia. Me hubiese gustado mucho conocerlos, pero no los conozco.

La familia de Gustavo desmintió que el cantante mexicano hubiera pisado la clínica. "Quiero aclarar que el señor Cristian Castro jamás entró a visitar a Gustavo, no es amigo de la familia, no lo conocemos", escribió Cecilia Amenábar en un comunicado.

Unas horas más tarde, sin embargo, se enteraron de que era verdad. Castro había llegado a Alcla y a nadie en la recepción se le ocurrió que no estuviera autorizado. Subió al primer piso, entró a la habitación con uno de sus guardaespaldas y vio a Gustavo dormido, rompiendo el cerco de seguridad que la familia había impuesto alrededor de ese cuarto durante meses, cuidando con celo que ningún extraño contaminara la fragilidad de su estado. El cerco se había vuelto mucho más estricto desde que circulaba el rumor de que el periodista de espectáculos Jorge Rial ofrecía 200 mil pesos a quien pudiera conseguir la foto de Gustavo Cerati en coma.

Después de ese episodio, el guardia que custodiaba la clínica fue despedido e instalaron en la puerta de la habitación un detector de huellas digitales que sólo reconocía las de Lillian, Laura, Estela, Benito y Lisa. El resto de los amigos estaban autorizados en una lista que guardaban las enfermeras.

El parte médico permanecía invariable: "Daño cerebral extenso con incidencia en el hemisferio izquierdo y tronco cerebral secundario, con hipertensión endocraneana".

En febrero de 2011, después de que pasaran la primera Navidad con Gustavo internado, LCD Soundsystem visitó la Argentina y tocó un miércoles en un boliche de Palermo. A la noche, cuando salió de la peluquería, Oscar Roho se subió al auto e hizo lo que hacía siempre antes de un show: llamó a Gustavo para preguntarle si se encontraban en la puerta o adentro. El teléfono sonó varias veces hasta que atendió el contestador automático y entonces se acordó.

A esa altura, su situación clínica se había convertido en un tema de agenda permanente para los medios. Cuando diez días más tarde una infección pulmonar le provocó una neumonía y lo trasladaron al sanatorio Los Arcos para que fuera atendido por especialistas hasta restablecer su estado, la información se viralizó.

En marzo, U2 vino a presentar el álbum *No Line on the Horizon* en el Estadio Único de La Plata y en la introducción del tema "Moment of Surrender", Bono dijo:

—Nos gustaría que piensen en Gustavo Cerati. Le mandamos nuestro amor y respeto, y él escuchará sus voces esta noche.

Al día siguiente, Roho llevó su computadora a la clínica para mostrarle el video a Gustavo. Lillian ya estaba en la habitación. Se acercó a la cama, puso la laptop cerca de Gustavo para que escuchara y apretó play. Cuando terminó el video, Lillian y Oscar vieron unas lágrimas cayendo de sus ojos cerrados.

Mientras se cumplía un año del ACV, en Alcla mantenían su cuerpo como un templo al que esperaban que su conciencia regresara algún día. Aunque su cuadro permanecía invariable, a su alrededor todo estaba en movimiento: una coreografía permanente de enfermeras lo asistía las 24 horas y un pequeño ejército de médicos lo protegía de las guerras internas de un organismo en estado de latencia. Cuando su frecuencia respiratoria bajaba, un respirador se activaba automáticamente.

Todos los días lo vestían con una remera marrón de Queen, jogging y zapatillas deportivas. A la tarde, lo sentaban en un sillón negro con un arnés que lo mantenía erguido y unas tobilleras que conservaban sus músculos firmes. Una musicóloga lo visitaba todas las semanas y le ponía auriculares con una música especial para estimularlo. Un equipo de kinesiólogas le hacía trabajar los músculos de sus brazos y sus piernas para que no perdieran tonicidad. Y le estaban enseñando a tragar otra vez, poniéndole miel y chocolate en los labios. Para despertar su olfato, le acercaban cigarrillos a la nariz.

Aunque todos seguían esperando que despertara, la ansiedad decantó con el paso de los meses. Sus amigos asimilaban lentamente este nuevo estado de Gustavo, acostumbrándose a que no hubiera novedades. El coma se convirtió en un gran enigma que pareció abrir un baldío existencial entre la vida y la muerte, haciendo de su habitación en el primer piso de Alcla una especie de limbo. Cada vez que lo visitaban, Roho y Capilla lo veían mejor, más conectado. Para Taverna, sin embargo, estaba igual. Algunos amigos preferían no verlo así.

Luis Alberto Spinetta fue a visitarlo en junio y dejó la guitarra que su hijo Dante había comprado después de firmar a los quince años el primer contrato discográfico con Illya Kuryaki and the Valderramas. A los pocos días, un periodista chileno lo entrevistó y Spinetta le contó cuánto lo había afectado verlo así.

—Como el sanatorio donde estaba Gustavo está muy cerca de donde vive mi madre, me fui a cuidarla inmediatamente —le dijo—. Eso fue lo que sentí. Una necesidad de abrigo y cuidado. No soy el mismo tras visitar a ese gigante dormido.

En los últimos años la cantante Anita Álvarez de Toledo se había vuelto una de sus amigas más cercanas y cuando le preguntaron por Gustavo en una entrevista, habló sobre lo premonitorio que era su último álbum.

—El disco *Fuerza natural* es un presagio, es un oráculo de todo esto. Lo que le pasó yo lo percibí, lo imaginé y lo hablé con él mil veces. Fue un tema de conversación de meses, pero nada se puede evitar y él tenía que pasar por esto.

Muchos de sus amigos veían su sueño como un trance

existencial que atravesaba temporalmente, una especie de viaje astral prolongado, una excursión fuera del tiempo que había llevado a su conciencia lejos hacia un plano abstracto, pero de la que iba a volver en algún momento. Durante la grabación del disco, Gustavo había visitado a su tarotista y le había dicho que en 2010 iba a dejar de cantar para pasar a un plano más espiritual. Él lo había asociado a su fantasía de irse a vivir a Uruguay para dedicarse a pintar.

—Tengo una fantasía para mi vejez que es la de estar en una casa, en contacto con la naturaleza, y de alguna manera recuperar, como si la vida se pusiera en capicúa, esos tiempos de niño en los que dibujaba —había contado Gustavo en una nota del diario *La Nación* en 2006, tras la salida de *Ahí vamos*—. Tiene que ver con cosas inconclusas. El año pasado estuve a punto de comprarme unos óleos. Lo voy a hacer, y voy a ver qué quedó de aquella época.

Esa misma sensación premonitoria hizo metástasis en su entorno. Cada vez que alguien le hablaba de Gustavo a Oscar Roho en la peluquería, sabía que en cualquier momento el random de la lista de canciones de su computadora iba a caer en una de su amigo, y no podía sacarse de la cabeza una frase de la canción "Fuerza natural": "Viajo sin moverme de aquí".

Richard Coleman tocó una noche con su banda en un bar de San Telmo y una de las canciones del set fue "Uno entre 1000", un tema de *Ahí vamos* al que le había compuesto la letra. Mientras cantaba la parte que dice "Suspendida parece hibernar/ algún día ella despertará/ mientras tanto yo me encargo de evitarlo" sintió que le temblaban las piernas sobre el escenario. ¿Era posible que hubiera escrito una letra premonitoria sobre su amigo cuatro años antes?

En 2009, una periodista mexicana le había pedido a Gustavo que describiera cómo era su nuevo álbum y, de pronto, su respuesta parecía un mensaje en clave para el futuro.

—*Fuerza natural* arranca con la idea de un viaje —le contó él—. Te transmite que está bueno entregarse a ese viaje y que los demás no deben preocuparse por perderte en el trayecto.

Tashi, su novia de los comienzos de Soda, lo visitó en la clínica. Las cosas habían cambiado mucho desde entonces: ella se había convertido en una reconocida cirujana plástica y Gustavo era una leyenda a la altura de Charly García y Luis Alberto Spinetta. Parada junto a la cama, mirándolo dormir, en su cabeza se agolpaban dos formas de ver las cosas. Por un lado, creía que si Gustavo todavía seguía vivo era porque su ego era demasiado poderoso, esa clase de fuerza que lo había llevado a conquistar Latinoamérica con Soda Stereo y que podía empujarlo a un milagro; pero su costado médico le decía que su estado era demasiado grave, casi irreversible: el hemisferio izquierdo y el 70 por ciento de su tronco cerebral estaban muertos.

Se habían visto por última vez en la fiesta por los 49 años de Gustavo en el hotel Faena. En un momento de la noche, antes de irse, Tashi se acercó a saludarlo y él la despidió con un abrazo que duró cinco minutos. Esa noche, ella se tomó un taxi a su casa con la sensación de que no iban a volver a verse. Y ahora estaba ahí, parada en la habitación de Alcla, frente a la cama de Gustavo, sin poder responderse si él seguía estando en su cuerpo o si habría muerto aquella noche en Venezuela.

En esos días había vuelto a escuchar todo el disco *Fuerza natural* en su casa y, para ella, esas canciones sonaban como la descripción perfecta de un estado de coma. No se podía sacar de la cabeza la parte de la canción "Fuerza natural" en la que Gustavo cantaba: "Me puse delante de mis ojos para ver". Entonces se acercó a la cama y le abrió los ojos preguntándose si la estaría viendo.

Sus hermanas buscaban respuestas para su estado. Laura se encargaba de los temas administrativos de Gustavo y Estela, que viajaba varias veces por semana sesenta kilómetros desde City Bell para visitarlo, había empezado a leer el libro *Un ataque de lucidez*, de Jill B. Taylor, una doctora en neuroanatomía del departamento de Psiquiatría de Harvard, que en 1996 sufrió un ACV, cayó en coma y, al despertar, escribió un diario de su viaje a ese lugar donde ahora podía estar él.

Una mañana, Taylor se despertó en su departamento de Boston con un fuerte dolor de cabeza que le palpitaba justo detrás del ojo izquierdo. Se levantó y trató de hacer un poco de ejercicio para activar su sistema circulatorio, pero empezó a sentirse extraña en su propio cuerpo.

Abrió la ducha, pero el estallido del agua le resultó ensordecedor y pudo sentir cómo sus funciones cerebrales empezaban a disgregarse: de pronto dejó de tener claro dónde terminaba ella y empezaba el resto de las cosas. Taylor estaba acostumbrada a estudiar el cerebro y, mientras experimentaba todos esos síntomas, se dio cuenta de que estaba sufriendo un ACV. Al principio se asustó, pero pensó que tenía una oportunidad única de entender cómo funcionaba el cerebro en esos casos y se dejó arrastrar en una excursión sensitiva.

"Mientras los centros del lenguaje de mi hemisferio izquierdo se iban silenciando y me iba desligando de los recuerdos de mi vida, me sentía reconfortada por una creciente sensación de gracia", escribió. "Estando así sumida en las profundidades de la falta de temporalidad mundana, los límites de mi cuerpo terrenal se disolvieron y me fundí con el universo."

El libro le mostró una nueva forma de ver las cosas a Estela y pronto lo empezaron a leer también sus amigos. Taylor contaba que ese estado era sumamente plácido y que la parte del ego y la vergüenza se anulaban por completo. No sentía dolor, no sentía tristeza, y decía que en vez de hablar fuerte, tenían que hablarle muy suavemente al oído. "Desprovisto de toda conexión emocional con personas o con cosas fuera de mí misma, mi espíritu era libre", decía. "Lo sentía como un buen camino a casa y me gustó."

Así como ella describía el accidente cerebrovascular como un regreso a la placenta, durante ese tiempo que transcurría con Gustavo en coma fue como si algo suyo finalmente hubiera vuelto a su madre. Había algo amniótico en su estado. Lillian acompañaba el trance de su hijo al borde de la cama como acunándolo. Y la forma en que todos pudieron ver a Gustavo fue a través de los ojos de ella.

Lillian se convirtió en la voz que los medios y los fanáticos buscaban para saber cómo estaba Gustavo. Después de todo, era el lugar de donde él venía, lo más cerca de él que se podía estar y, también, la mejor manera de entender la génesis y conformación del artista más importante del rock latino.

A un costado de la cama, Lillian le cantaba el arrorró, jugaba a tironearle la mano y sentía cómo su hijo también tironeaba: su última conexión con el mundo parecían ser esas respuestas.

De ella había heredado el porte y su fuerza creativa. A sus 83 años y con esa manera británica de envejecer sin perder la elegancia, Lillian conservaba una intensidad dócil en la mirada y una coquetería obstinada. Mantenía la casa impecable, seguía recibiendo a sus hijas y sus nietos a comer todos los domingos, y llevaba adelante una rutina que incluía guardar y clasificar todas las cartas de los fans en carpetas negras y visitar la clínica por la tarde.

—Todos los días vuelvo fuerte porque veo que está bien,

que está estable, que está tan lindo como siempre, con su cara rosada y, como dicen los médicos, morfológicamente entero y que no va para atrás. Eso es lo más importante —contó Lillian en una entrevista radial—. Notamos que hay ciertas cositas que nos alientan.

En la vereda de enfrente a Alcla, los fans habían convertido el paredón del estacionamiento en un gran santuario donde dibujaron su cara, además de dejarle cartas, mensajes y flores. Cuando se cumplía un nuevo aniversario del ACV o de su cumpleaños, la calle quedaba cortada por los seguidores que se acercaban a rendirle tributo a su ídolo, mientras la familia y sus amigos se reunían en la habitación 116 del primer piso.

—Para mí, Cerati está muerto. Lo digo con todo respeto.

La discusión sobre cuánto tiempo iban a mantenerlo conectado volvía cada tanto a despertarse puertas afuera de esa habitación y uno de los primeros en hablar en voz alta del tema fue Pity Álvarez, líder Intoxicados.

—Es un chabón al que admiro mucho por lo que hizo —dijo—. De hecho, me gusta mucho más la música de Cerati solo que con Soda Stereo. Es un talentoso de la puta madre. Pero no sé si va a salir adelante. Si estuviera en el lugar de Cerati y pudiera decirle algo a alguien, gritaría: 'Mátenme, no quiero seguir como un vegetal'".

Mientras pasaban los años, para muchos en su entorno, entre los fanáticos en las redes sociales y en los medios, mantener a Gustavo conectado era una forma de retenerlo, de no dejarlo irse del todo. ¿Había muerto esa mañana en Venezuela y había dejado su cuerpo como un testamento para que su familia, sus amigos y sus fanáticos pudieran hacerse a la idea? ¿Valía la pena que viviera así?

Para Benito y Lisa era un estado que no les permitía tenerlo con ellos ni empezar el luto por su muerte, aunque siguiera siendo una manera de tenerlo: cuando querían verlo, iban a visitarlo a la clínica y estaban con él, le hablaban y lo tocaban.

—Opté por no ir a verlo ya últimamente, porque quedo quince días out —contó Charly Alberti en una entrevista—. Me hace muchísimo daño. Me parece que hay que dejarlo ir o venir.

Gustavo ya llevaba dos años y medio dormido. Ellos siempre habían tenido una relación conflictiva y la declaración fue tomada por muchos como un pedido de que lo desconectaran, pero transmitía lo que sentían varios de sus amigos.

Zeta, en cambio, decía que las veces que lo había visitado estaba mejor.

—Lo veo más gordito. De aspecto general, de cara, parece como si estuviera dormido —contó—. Parecería que se pudiera despertar en cualquier momento. Ojalá.

En su entorno había una especie de acuerdo tácito de seguir refiriéndose a Gustavo en presente, aunque ese tiempo verbal depositara en él una carga de acción que ya no tenía. Ni siquiera en el lenguaje había una forma de llegar hasta donde estaba, un tiempo verbal preciso para capturar su estado. Hablar en pasado, aunque fuera una forma de referirse a su vida antes de perder la conciencia, para sus amigos era como darlo por muerto, un matiz demasiado fino para la gravedad de la situación.

Desde la muerte de su padre, Laura se había encargado de asistir operativamente a Gustavo en temas administrativos, pero desde que estaba en coma su papel se había vuelto más protagónico. Había sido la primera en apoyar su carrera cuando Gustavo había dejado la facultad y su trabajo para dedicarse completamente a Soda Stereo. Lo acompañaba a los shows, le sacaba fotos y, además, era la que había recibido un viernes a la tarde, treinta años atrás, el llamado de Charly invitándola a salir, que terminó con la formación del trío. Desde entonces, aunque era psicóloga, siempre había estado involucrada en la carrera de su hermano.

Era la que tenía la fuerza para enfrentar todas las burocracias que imponía la internación en asuntos incómodos como el manejo de regalías, alquileres, ganancias e impuestos que hubiera que pagar. Además, como era su apoderada, hasta que Benito y Lisa cumplieran la mayoría de edad, ella estaba a cargo de las cuentas de Gustavo y de las decisiones sobre por ejemplo el manejo de Unísono, que en los primeros tiempos se alquiló a Illya Kuryaki y Gustavo Cordera para que grabaran sus discos y que finalmente alquilaron de forma completa al grupo Tan Biónica.

También manejaba las cuentas oficiales en las redes sociales como Facebook o Twitter a través de las que la familia publicaba los partes médicos y sus comunicaciones hacia la prensa. Y era la encargada de velar por que la intimidad del sueño de Gustavo se mantuviera a puertas cerradas: hacia adentro del entorno era la voz autorizada de la familia a la que todos obedecían.

En noviembre de 2013, la noche en que cumplía veinte años, Benito lanzó oficialmente su carrera musical y presentó en el boliche Mod de San Telmo su disco *Trip tour*. Antes tocó Leandro Fresco y en el público, además de su familia, estuvo todo el entorno de Gustavo. Durante esos años, se habían mantenido unidos, moviéndose como una especie de clan. El lugar también se llenó de periodistas: Gustavo Cerati tenía un heredero.

A comienzos de 2014, cuando se estaban por cumplir cuatro años del coma, entrevistaron a Benito en el diario *Clarín* por su disco nuevo y le preguntaron cómo vivía la situación en la que estaba su padre.

—Estoy esperando que ocurra lo que tiene que ocurrir —contestó—. Por supuesto que uno espera lo positivo y Dios quiera que así sea. Sería el milagro más grande de todos y lo mejor que podría pasarnos a la familia entera, pero hay que caer en la realidad de vez en cuando.

El 14 de mayo, un día antes de que se cumplieran cuatro años del ACV, la familia publicó un comunicado con un nuevo parte médico firmado por el doctor Gustavo Barbalace. "El Sr. Gustavo Cerati continúa internado, encontrándose clínica y hemodinámicamente estable, sin complicaciones agudas, manteniendo un buen estado nutricional y sin presentar lesiones por decúbito. Neurológicamente no ha tenido cambios significativos y permanece con asistencia ventilatoria mecánica."

En una entrevista en el canal C5N, Charly Alberti habló nuevamente de Gustavo.

—Lo vivo mal —dijo—. La verdad que lloriqueo varias veces por semana… no dejo de emocionarme cada vez que hablo de eso. ¿Dónde está? En realidad, hay varias teorías. Los médicos te dicen: "Hay una situación médica muy compleja". Por otro lado, la gente que lo va a ver más a diario te dice: "No, mirá, mueve tal cosa…". Pero la realidad es que nadie sabe dónde está. Y a mí me desespera pensar que él pueda estar consciente en un cuerpo que no puede mover.

Tashi volvió a visitar a Gustavo unos días más tarde y, aunque había escuchado a varios amigos decir que estaba más gordito, ella lo vio hinchado. En la clínica le cambiaron la medicación para ver cómo reaccionaba y, algunos días, los brazos se le cruzaban repentinamente sin que los enfermeros pudieran separárselos. Era como si los tuviera agarrotados. Para sus amigos, verlo así era verlo vivo. En esos años internado se le había empezado a caer un poco el pelo y lo tenía más canoso, pero salvo eso, Gustavo estaba igual, fuera del tiempo.

En junio, Laura publicó en el sitio cerati.com un nuevo comunicado: "Con gran emoción les compartimos algo de lo que esta tarde fue la ceremonia en la que hemos recibido, acompañados por los amigos íntimos, el nombramiento de Gustavo como Ciudadano Ilustre de la Ciudad de Buenos Aires que fuera promulgado por la Legislatura de la Ciudad, el 5 de diciembre de 2013".

El 11 de agosto Laura publicó otro comunicado: "Hoy Gustavo cumple 55 años. Hace poco compartimos un parte médico. Desde entonces no ha habido cambios que ameriten actualizarlo. Agradecemos las expresiones de afecto y acompañamiento, como así también las actividades que difunden y mantienen vigente su extensa obra".

Durante esos días, su hermana Estela lo vio más colorado que de costumbre y un amigo que lo visitaba los viernes notó que tenía los brazos más flacos. En esas semanas, Lillian y Dora se quedaron hasta tarde un día que tenía las pulsaciones altas, pero se fueron tranquilas una vez que se estabilizaron. Laura estaba de vacaciones en Villa La Angostura.

La mañana del jueves 4 de septiembre amaneció nublado en Buenos Aires. Las radios anunciaban lluvias para la tarde. En la Patagonia había sol y el cielo estaba completamente despejado. Mientras desayunaba, Laura escuchó que su teléfono empezaba a sonar. Era uno de los médicos para darle la noticia.

AGRADECIMIENTOS

A Lillian Clarke, por las tardes que me recibió en su casa para contarme la historia de su familia, por las veces que me atendió el teléfono para aclararme dudas y por llevarme una de esas tardes al cuarto en el que creció Gustavo.

A todos sus amigos que me recibieron varias veces y respondieron los cientos y cientos de preguntas que la historia me iba abriendo, muy especialmente a Oscar Roho, Adrián Taverna, Eduardo Capilla y Richard Coleman. A Anastasia Chomyszyn, Noelle Balfour, Paola Antonucci y Sofía Medrano por todas las horas que me dedicaron en cafés, teléfono, WhatsApp y Skype. Y a los que pidieron no ser nombrados pero fueron cruciales en esta historia.

Muchos amigos leyeron, corrigieron, releyeron y me ayudaron a pensar cuál era la mejor forma de contar esta historia. Algunos fueron cruciales y su trabajo como editores de este libro me resultó invalorable. Muchísimas gracias otra vez a Juan Ortelli, Cecilia Pinedo, Alejandro Seselovsky, José Santamarina y Josefina Jolly.

También fueron muy enriquecedores los aportes de Emiliano Pérez Garay, Franco Rinaldi, Natalia Moreno Casco, Florencia Monfort, Valentina Varas, Male Pinedo, Cecilia Fanti, Magalí Etchebarne, Majo Moirón, Oscar Jalil y el grupo de los lunes. A Nacho Román tengo que agradecerle las charlas por Skype para pensar el libro, sus lecturas y el tren a Oxford que se tomó un fin de semana. A Marcelo Fernández Bitar, su generosidad y su libro sobre Soda

Stereo, que fue una fuente de consulta indispensable. A
Agustín Dusserre. A Allan Kelly Márquez del sitio enre-
molinos.com, su compromiso. A Esteban Schmidt y Pablo
Plotkin, todo lo que aprendí cerca de ellos.

A mi madre.

ÍNDICE

Cerati. La biografía, de Juan Morris
se terminó de imprimir en septiembre de 2015
en los talleres de Litográfica Ingramex, S.A. de C.V.
Centeno 162-1, Col. Granjas Esmeralda,
C.P. 09810 México, D.F.